JN428895

Tourism Management Strategy

관광경영전략

서용건 저

(주)백산출판사

머리말

세계관광기구(UNWTO)는 2030년 국제관광객이 18억 명으로 증가하고 관광산업 규모도 연간 6.9%씩 성장하여 2030년에는 세계 GDP의 10~15%를 차지할 것으로 전망하고 있다. 이는 국제관광객 수만 본 것으로 국내관광객 수를 포함하면 그 수는 엄청나다고 할 수 있다. 이렇듯 관광시장은 다른 시장과 비교해 볼 때 가장 빠르게 성장하고 있는 시장이라고 할 수 있다.

그러나 시장규모가 커지고 성장이 빠른 시장이라고 해서 해당 분야에 있는 기업이나 지역들의 성공확률이 반드시 비례적으로 자연스럽게 높아지는 건 아니다. 그만큼 경쟁이 심해지고 시장은 곧 레드오션이 되고 만다. 지혜롭고 신중하게 전략적 마인드를 갖추고 접근하면 성공확률이 높아지지만 그렇지 못하면 실패할 가능성이 높아진다. 관광객은 한마디로 일반화시키기 어려운 개인들의 집합체다. 따라서 미래의 관광트렌드에 대한 이해는 거시적인 메가트렌드도 중요하지만 그럴수록 더욱 미시적인 마이크로트렌드에도 초점을 두어야 한다. 비유하자면 관광현상을 보는 데 망원경과 현미경이 모두 필요하다는 뜻이다.

관광경영전략은 "제한된 관광경영자원을 집중하여 기업(지역)에게 경쟁우위를 제공하고 유지시킬 수 있는 주요한 의사결정"으로 정의할 수 있다. 본서는 학부 및 대학원에서 관광분야를 전공하는 관광학도와 관광 및 서비스 일선에 있는 경영자들에게 관광경영전략에 대한 지식과 통찰력을 전달하기 위해 쓰였다. 관광경영전략은 민간부문(기업)과 공공부문(지역)의 협력이 중요한 만큼 두 축에서 접근이 필요하다.

이 책이 출판될 수 있도록 도움을 주신 여러분들에게 이 자리를 빌려 감사를 드린다. 사례 정리에 최광웅, 김경보 선생님이 큰 도움을 주었고 ㈜백산출판사 진욱상 사장님과 원고 편집을 위해 수고해 주신 모든 분들께 고마운 마음을 전하고 싶다. 책을 집필하는 데 정신적으로 많은 지지를 해 준 가족과 본인의 성장과 학업 등 모든 것을 가능케 하신 아버님과 어머님의 은혜에 깊은 감사를 드린다. 부족한 부분이 너무 많은 책이지만 독자 여러분의 충고와 조언에 따라 앞으로 정기적으로 보완해 나갈 것을 약속드린다.

2020년 3월

연구실에서 **저자**

이 책의 구성

본서는 관광경영학(또는 관광학)을 전공하는 학부와 대학원에서 관광경영전략 교과목의 교재로 사용할 수 있다. 아울러 현업에 종사하는 경영자와 관리자들에게 관광경영전략에 대한 지식과 안목을 쌓을 수 있도록 기획되었다. 이 책은 크게 다음과 같이 세 부분으로 구성되어 있다.

- 제1부 관광경영전략의 이해
- 제2부 관광경영전략의 수립과 실행
- 제3부 관광경영전략의 실제

제1부는 민간부문과 공공부문으로 나누어 관광경영전략에 대한 개념과 이론에 관한 내용들을 다루고 있다. 제2부는 관광경영전략의 수립과 실행절차를 다섯 가지 단계(비전수립, 외부환경분석, 내부역량분석, 전략도출, 실행계획)별로 제시하고 있다. 제3부는 관광경영전략의 사례들을 전략유형별로 다루고 있다. 굳이 이론적으로 분류하자면 사업부 수준의 전략(비용우위, 차별화), 기업수준의 전략(전략적 제휴, 인수합병 및 다각화, 해외시장 진출, 아웃소싱), 그리고 통합적 측면에서 마케팅 전략으로 구분할 수도 있다. 그러나 관광경영의 현실에서는 통합적으로 의사결정이 이루어지는 경우가 많다.

이론과 실무 스펙트럼을 놓고 보면 제1부는 이론적 내용, 제2부는 이론과 실무 중간적 내용, 그리고 제3부는 실무적 내용이라고 할 수 있다. 1~3부 각각을 구성하는 주요 장은 다음과 같이 구성되어 있다.

Introduction

이론
제1부 관광경영전략의 이해
제1장 민간부문 관광경영전략
제2장 공공부문 관광경영전략

제2부 관광경영전략의 수립과 실행
제3장 비전수립
제4장 외부환경분석
제5장 내부역량분석
제6장 전략도출
제7장 실행계획

사례
제3부 관광경영전략의 실제
제8장 사례연구

부록 (재무제표분석/재무 및 비재무 자료원)

부록은 두 부분으로 구성되어 있다. 하나는 내부역량분석에서 필요한 재무제표분석에 대한 내용이다. 둘째는 기업경영분석에 필요한 자료원을 제시하고 있다. 자료원은 재무자료와 비재무자료로 구분되어 있고 재무자료의 경우 인터넷상 자료원과 국내외 기업경영분석 통계자료로 제시되어 있다. 비재무자료의 경우 기업 내부자료와 외부자료로 구분되어 있다.

참고로 16주 학사일정에 따른 학습진도는 제1부와 제2부(이론 부분)를 중간고사까지 나간 다음 중간고사 이후 제3부 사례를 중심으로 발표하고 토론하는 것으로 구성할 수 있다. 전략유형별로 사례를 다루고 수강생 팀별로 한 개의 기업 또는 지역을 선정하여 전략분석 보고서를 작성해 보면 실제적으로 매우 유용한 학습이 될 것으로 기대한다.

다음은 팀별로 작성할 전략분석 보고서의 기본구성을 제시하고 있다.

Introduction

전략수립(IV)의 경우 현재 해당 기업(또는 지역)의 전략 현황과 비교하면서 보완 및 개선 또는 혁신해야 할 사항을 제시하면서 새로운 전략 내용을 도출한다.

종합요약(5페이지 이내)
Ⅰ. 보고서의 목적(조사방법, 범위 등)
Ⅱ. 외부환경분석
  1) 거시적 환경분석(STEEP 등)
  2) 산업현황분석(세계시장규모, 국내시장규모, 산업평균수익률, 시장성장률 등)
  3) 경쟁환경분석
  4) 시사점
Ⅲ. 내부역량분석
  1) 경영현황분석(사업/재무 성과분석 등)
  2) 내부역량분석(현재 회사의 비전, 전략방향, 공감수준, 핵심역량분석 등)
  3) 시사점
Ⅳ. 전략수립
  1) 비전체계
  2) 전략방향
  3) 전략평가
  4) 실행계획
출처

성공적인 전략을 위한 체크포인트

(1) 간단명료한 전략목표를 가지고 있는가? 이들 목표는 과감하게 잡혀 있는가? 이러한 전략목표는 경영성과에 대한 평가와 긴밀하게 연결되어 있는가?
(2) 전략목표는 장기적인 기업의 비전과 일관되게 연결되어 있는가?
(3) 내부역량보다는 산업 및 경쟁자에 대한 이해 등 외부환경에만 지나치게 초점을 맞추고 있지는 않은가?
(4) 경영자원의 배분이 전략적 중요성에 따른 순위도와 일치하는가?
(5) 전략의 성공적 실행을 위한 커뮤니케이션전략은 무엇인가?

차 례

Contents

제1부 관광경영전략의 이해

제1장 민간부문 관광경영전략

차 례

Contents

차 례

Contents

차 례

부록

제 1 부 관광경영전략의 이해

❐ 개요

관광경영전략은 어떤 장소를 효율적, 효과적으로 소비자들에게 매력 있는 곳으로 만드는 것이다. 따라서 이러한 전략을 기획하는 주체는 사업체뿐만 아니라 공공부문과 지역주민을 포함한다. 관광경영전략은 민간과 공공부문의 성공적인 파트너십을 통해 이루어진다.

제1부 관광경영전략의 이해는 두 개 장으로 구성되었다.

제1장 민간부문 관광경영전략은 제1절 개념적 틀, 제2절 전략이슈, 그리고 제3절 전략관리로 구성되었다. 제1절은 관광경영전략의 전반적인 이해를 위해 필요한 기초적인 내용을 포함하고 있다. 제2절은 관광경영전략에서 많이 다루어지는 내용들을 주제(이슈)별로 구성하여 제시하였다. 제3절은 전략을 효과적으로 실행하기 위해 필요한 관리의 내용을 포함하고 있다. 제2절은 사업전략(Business strategy), 제3절은 기능전략(Functional strategy)을 다룬다고 할 수 있다.

제2장 공공부문 관광경영전략은 제1절 서비스투어리즘 전략의 개념적 틀, 제2절 서비스투어리즘 전략분석, 그리고 제3절 서비스투어리즘 전략실행으로 구성되었다. 제1절은 공공부문 관광경영전략으로 제시한 서비스투어리즘 전략의 이해를 위한 개념적인 내용을 포함한다. 제2절은 전략분석으로서 어떤 활동이 필요하고 평가가 이루어져야 하는지를 다루었다. 끝으로 제3절은 전략실행에 대한 내용으로 관광객, 비즈니스 그리고 외부주민 유치를 위한 활동에 대해 다룬다.

❐ 무엇을 알 수 있는가?

- 관광분야 기업의 경영전략에서 다루어지는 주요 이슈는 무엇인가?
- 전략을 효과적으로 실행하기 위한 관리는 어떻게 수행되는가?
- 서비스투어리즘이란 무엇이며 지역발전 전략으로서 왜 필요한가?

제 1 장 민간부문 관광경영전략

제1절 개념적 틀

1. 정의

전략(戰略)의 기원은 동서양을 통해 군사학에서 유래한 것이다. 중국 고대의 손자병법[1]이나 마케도니아(Macedonia)의 알렉산더 대왕[2]이 쓴 병법서 등이 그 예이다. 영어의 'strategy'는 고대 그리스의 '군대를 이끈다'라는 의미의 'strategos'에서 나온 것이다. 이러한 개념이 현대에서는 기업경영에 도입되었고 경영전략이라는 학문분야로 성립하게 되었다. 경영전략의 핵심을 규명하는 몇 가지 정의들은 다음과 같다.

1. 전략이란 기업의 기본적인 장기 목표를 결정하고 이를 달성하기 위한 일련의 활동 및 이에 필요한 자원을 배분하는 것이다(Chandler, 1962).[3]
2. 경영전략은 기업의 경쟁우위를 구축하고 구체적인 경쟁방식을 선택하는 의사결정이다(Porter, 1996).[4]
3. 경영전략의 핵심은 고객을 위한 가치창조에 있다(Ohmae, 1982).[5]
4. 경영전략이란 희소한 경영자원을 배분하여 기업에게 경쟁우위를 창출하고 유지시켜 줄 수 있는 주요한 의사결정이다(장세진, 2010).[6]

---

1) B.C. 6세기경 중국 춘추시대. 오나라 재상이었던 손자(孫子)가 쓴 책.

2) 마케도니아의 왕(재위 B.C. 336-323)으로 그리스, 페르시아, 인도에 이르는 대제국을 건설하여 그리스 문화와 오리엔트 문화를 융합한 새로운 헬레니즘 문화를 이룩한 것으로 평가됨.

3) Chandler, A.D. (1962). Strategy and Structure, Boston: MIT Press.

4) Porter, M. (1996). 'What is strategy', Harvard Business Review. Nov-Dec.

첫 번째 Chandler의 정의는 전략이 '운영의 효율성'이나 '기능별 활동'과는 구별되는 미래지향적이며 통합적인 특성을 강조하는 개념이다. 두 번째 Porter의 정의는 전략의 상대성 및 경쟁우위의 중요성을 강조하는 관점이다. 세 번째 Ohmae의 견해는 구체적으로 경쟁우위는 자사가 제공하는 고객에 대한 가치가 경쟁사보다 뛰어날 때 발생한다고 보는 것으로 고객을 위한 가치창조를 강조한다. 끝으로 장세진의 정의는 한정된 경영자원을 어떤 사업 및 활동에 집중할 것인가에 대한 것으로 '선택과 집중'을 내포하는 개념이다. 아울러 피터 드러커(Peter Drucker) 교수는 '전략은 자사의 현재 위치를 바탕으로 미래에 어느 곳으로 가려고 하는지, 그리고 어떻게 하면 그곳에 도달할 수 있는지를 이해하는 것이다'라고 정의하였다. 이를 등산에 비유하면 전략은 현재의 캠프 위치를 확인하고 올라갈 산을 결정하여 등산 루트를 정하는 것이라고 할 수 있다(가와세 마코토, 2011).[7]

관광경영전략(Tourism management strategy)은 경영전략의 개념이 관광분야에 적용된 것이다. 따라서 소위 관광산업에 해당하는 항공사, 호텔, 리조트, 여행사, 테마파크, 외식업계, 크루즈, MICE(Meeting, Incentive, Convention, Exhibition), 카지노 등의 민간부문과 관광정책을 다루는 지방자치단체, 정부 및 공기업 등의 공공부문에 적용되는 개념이다.

1950~60년대 미국에서 경영학이 생산관리, 마케팅관리, 인사관리, 재무관리, 회계관리 등 기능별로 세분화되면서 이를 종합할 수 있는 이론의 필요성이 대두되었다. 이러한 필요성에 따라 경영전략은 한때 경영정책(Business policy)이라는 이름으로 불리어 각 기능별 분야를 종합하는 학문으로 정의되기도 하였다(장세진, 2010). 이러한 배경하에 관광경영전략도 관광경영정책(Tourism business policy)과 혼용되어 사용되는 측면이 있다. 사실 엄밀하게 두 용어를 구분할 수 있는 기준은 없으나 후자는 조직의 제도적 측면을 강조할 때 더 많이 쓰인다고 할 수 있다. 아울러 관광정책(Tourism policy)은 정부와 지방자치단체가 관광부문의 목적을 달성하기 위해 고안하고 제시하는 지침으로서 민간부문의 개념과는 다르다고 할 수 있다. 이상을 종합하여 각 개념을 정리하면 다음과 같다.

---

5) Ohmae, K. (1982). The mind of the strategist, New York: Mcgraw-Hill.
6) 장세진 (2010). 글로벌 경쟁시대의 경영전략, 박영사.
7) 가와세 마코토 (2011). 경영전략 워크북, 케이펍.

1. 관광경영전략: 기업이나 지역이 관광분야에 목표를 정하고 자원을 배분하여 경쟁력을 확보하는 주요한 의사결정
2. 관광경영정책: 관광경영전략과 유사개념으로서 해당 관광기업의 전략이 대내외적으로 제도화되었을 때 사용되는 용어[8)]
3. 관광정책: 정부와 지방자치단체가 관광부문의 목적을 달성하기 위해 고안하고 제시하는 지침

2. 전략수립 및 실행체계

전략수립의 과정은 회사의 규모, 최고 경영자의 의지, 조직구성원의 역량, 경영환경 등에 따라 다르다. 그러나 대체적으로 현황분석, 전략방향수립, 전략수립, 실행계획 및 실행과정의 5가지 단계로 구성된다.

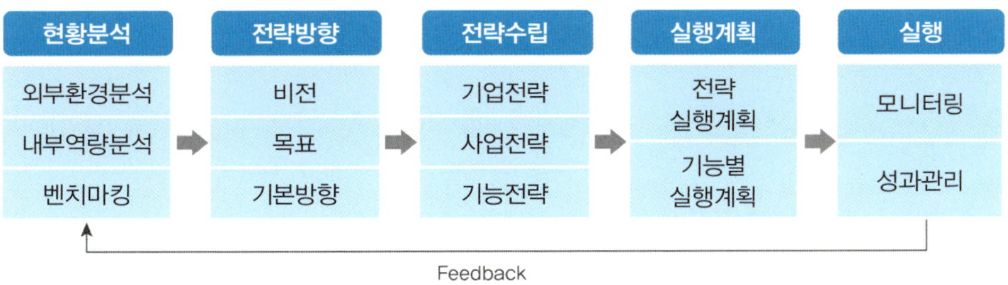

그림 1-1 전략수립과 실행체계

전략수립 및 실행은 궁극적으로 순환의 과정이다. 현황분석을 통해 전략을 도출하고 실행하면서 변화하는 경영환경에 따라 일정부분 수정 및 보완을 하게 된다. 전략수립과정의 첫 번째 단계는 자사가 처한 1) 내・외부 경영환경을 파악하고, 2) 거시적 전략방향을 설정한 후, 3) 구체적인 경영전략을 수립한다. 다음은 이에 대한 4) 실행방안을 세우고, 실행과정 중에 5) 성과평가를 통해 변화에 대처해 나간다.

---

8) 대내외적으로 제도화가 되었다는 것은 회사의 방침으로 정해졌다는 것이다. 예를 들어 여행사의 환불 규정 등을 포함한 '가격전략'이 결정되면 회사 내부 구성원과 고객들에게는 이것이 '가격정책'이라는 방침으로 인식되고 알려지게 된다.

위에서 제시된 체계는 기본적인 틀로서 변화하는 관광기업 환경에 따라 다양하게 응용될 수 있다. 아울러 전략수립에 있어 회사 규모에 따라 차이는 있을 수 있으나 크게 기업전략(Corporate strategy), 사업전략(Business strategy) 그리고 기능전략(Functional strategy)으로 나눌 수 있다.

1. **기업전략**: 기업 전체적으로 참여할 사업영역(business domain)과 회사의 장기적인 방향을 결정하는 전략(예 다각화, 전략적 제휴, 인수합병, 합작투자, 해외시장진출, 수직적 통합, 아웃소싱 등)
2. **사업전략**: 회사가 목표하는 고객시장과 이들에게 전달하고자 하는 서비스에 관한 경쟁전략(예 비용우위, 서비스품질 향상, 개별화 등)
3. **기능전략**: 서비스의 가치를 효율적이고 효과적으로 생산하기 위한 회사의 내부지향적 전략(예 인적자원관리, 서비스품질관리, 마케팅관리 등)

3. 전략의 선순환과 악순환

피터 드러커(Peter Drucker) 교수는 다섯 가지 경영원칙[9]으로 다음을 제시한다.

① 우리의 사명은 무엇인가?

② 우리의 고객은 누구인가?

③ 고객을 위한 가치는 무엇인가?

④ 우리의 성과는 무엇인가?

⑤ 우리의 계획은 무엇인가?

위에서 제시된 다섯 가지 경영원칙은 앞서 제시된 전략수립 및 실행과정 안에서 필수적으로 고려해야 할 사항들이다. 전략의 수립 및 실행이 순환의 과정인데 이러한 경영원칙을 상실하고 매너리즘에 빠지게 되면 부정적 사이클에 빠지게 된다. 따라서 조직이 전략수립과 실행과정 안에서 긍정적 사이클의 선순환이 될 수 있도록 활성화시켜야 한다.

---

9) Drucker P. (2008). The five most important questions you will ever ask about your organization, John Wiley & Sons.

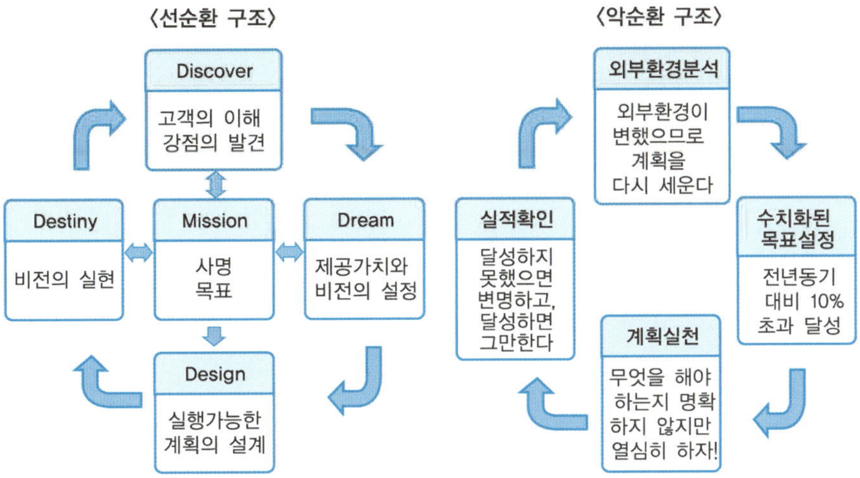

그림 1-2 전략의 선순환과 악순환 구조

＊출처: 가와세 마코토 (2011)[10]

〈그림 1-2〉에서 선순환 구조의 중심에는 미션(Mission: 사명)이 있다. '경영철학' 또는 '가치관'으로 정의할 수 있으며 이는 살아있는 언어로서 조직 구성원 모두가 공유하고 공감해야 한다. 즉, 사장실 벽에 걸려있는 그럴듯한 미사여구 또는 아무도 쳐다보지 않는 회사 복도 귀퉁이에 붙어있는 표어는 미션으로서 가치가 없다.

관광서비스 기업의 경쟁력은 사람으로부터 창출된다. 리더십 분야의 권위자인 스티븐 코비(Stephen Covey)[11]는 인간은 동기를 유발하고 감독해야 할 물건이 아니라 신체, 감정, 지성, 영성 4개 차원의 욕구를 가진 존재로서 오늘날 직장의 근본적인 문제점과 해결책이 이러한 인간의 4가지 보편적인 욕구에 근거한 패러다임에 있다고 주장하고 있다.

이러한 패러다임에 근거한 미션은 조직 구성원 모두가 공감하는 구체적인 꿈(Dream)을 설정하게 되고 이는 계획의 설계(Design), 실행(Destiny), 그리고 고객에 대한 이해와 자사의 강점 발견(Discover)을 통해 목표를 실현하게 된다. 반면에 악순환구조는 조직의 미션은 있으나 유명무실하며 수치화된 목표는 어찌됐건 있기 때문에 달성하기 위해 노력은 한다. 이러한 목표는 달성하면 좋은 것이고 달성하지 못하면 여러 가지 이유를 들어 변명하면 그만이다. 조직을 둘러싼 외부환경은 항상 변화하기 마련이므로 이에 따라 적절한 목

10) 가와세 마코토 (2011). 경영전략 워크북, 케이펍.
11) Covey, S. (2004). The 8th habit from effectiveness to greatness, New York: Free Press.

표와 계획은 다시 세우면 된다. 악순환의 구조는 주먹구구식으로 조직이 운영되고 결국 지속적이지 못하고 한계에 다다르게 된다.

4. 전략적 사고의 특성

김위찬, 마보안 (2005)의 블루오션전략(Blue Ocean Strategy)[12]에서는 기업이 유혈경쟁의 레드오션에서 벗어나 어떻게 블루오션을 창출하는지를 파악하기 위한 분석의 기본단위를 해당기업과 산업이 아닌 '전략적 이동(Strategic move)'에서 찾았다. 전략적 이동[13]이란 주요 시장(비즈니스 기회)을 창출하기 위한 경영실행과 결정을 말하는데 이는 곧 '전략'을 뜻한다.

참 고

Cirque du Soleil (태양의 서커스)

캐나다에서 1984년 길거리 공연가 몇 사람이 모여 설립한 '태양의 서커스'는 현재 캐나다의 최대 문화산업 수출업체가 되었고 현재 전 세계 100여 개 도시에서 공연중에 있다. 이 회사는 전통 서커스 업계에서 세계 최고라고 인정받는 'Ringling Brothers & Barnum & Bailey'가 100년 이상 걸려 달성한 매출액을 20년도 안 되어 달성하였다. 서커스는 매스 미디어가 발달하기 전 성행했던 것으로서 오늘날에는 대표적인 사양산업으로 인식되었다. 한마디로 어린이들은 유랑극단이 공연하는 서커스보다는 스마트폰과 인터넷 게임이나 비디오 게임기인 플레이스테이션을 갖고 놀고 싶어 한다.

그러나 이러한 변화 속에서 '태양의 서커스'는 가치혁신을 통해 기존 서커스 내 경쟁구도를 벗어났다. 즉 '태양의 서커스'는 경쟁업체보다 더 스릴 있고 스피디한 곡예기술을 위해 노력하는 레드오션전략이 아니라 서커스를 엔터테인먼트산업으로 정의하고 서커스에 콘텐츠를 집어넣어 종합예술공연으로 탈바꿈시켰다. 아울러 전통서커스에서는 빠지지 않는 핵심공연이지만 비용이 많이 들고 해외 이동이 어려운 동물쇼의 경우는 과감히 없애고 이를 화려한 무대장치와 음악 등에 투자하여 환상적인 무대분위기를 연출하여 관객들로 하여금 몰입하게끔 유도하였다.

---

12) 블루오션은 현재 경쟁이 치열한 시장을 일컫는 레드오션과는 다른 미개척 시장공간으로 새로운 수요창출과 고수익 성장을 할 수 있는 기회를 말한다. 이는 기존 산업의 경계선 바깥에서 완전히 새롭게 창출되는 경우도 있으나 대부분은 기존 산업을 확장하여 만들어진다고 주장하였다.

13) 저자들은 블루오션을 창출한 기업들을 이해하기 위해 연구의 중심을 해당기업의 '전략'에 두고 1880년부터 2000년까지 120년 동안 30개 이상의 산업분야에서 150여 개 전략적 이동을 조사하였다.

이들은 전략적 사고의 초점이 경쟁을 기반으로 한 레드오션전략은 분명한 한계가 있으며 가치혁신을 통해 지속적으로 새로운 수요를 창출할 수 있는 블루오션 전략을 제시하였다.

이러한 차원에서 전략적 의사결정(Key strategic issue)은 세 가지 이슈를 포함한다〈그림 1-3〉.

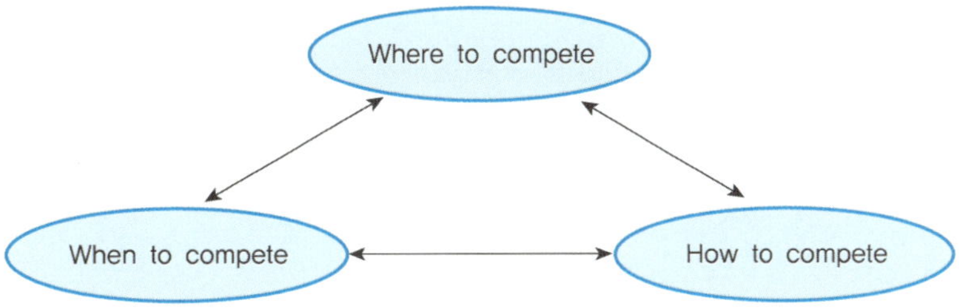

그림 1-3 전략적 의사결정

* 출처: 이승주 (2010)[14]

- Where to compete(사업영역): 기업의 사업영역(Business domain)을 결정하는 이슈로서 경영자원의 배분과 관련된 중요한 의사결정이다. 사업영역을 결정하기 위해서는 산업과 시장의 매력도, 서비스와 고객의 믹스, 유통채널 및 지역시장에 대한 전략적 선택이 필요하다.
- When to compete(타이밍, 일정 및 속도): 변화하는 시장환경에서 의사결정의 타이밍 및 업무추진의 일정 및 속도를 결정하는 이슈로서 기업의 성패를 좌우하는 중요한 의사결정이다.
- How to compete(경쟁방식): 선정된 사업영역에서 어떻게 경쟁할 것인가를 결정하는 이슈로서 고객을 위한 가치명제의 설정, 가치전달을 위한 시스템 구축, 핵심역량의 구축 등과 같은 이슈들을 포함한다.

앞서 '전략의 선순환과 악순환'에서 언급되었듯이 전략수행은 수치화된 목표를 설정하고 실행하는 기계적인 활동이 아니다. 정교한 분석기법과 같은 기술적 지식(Technical knowledge)을 넘어서 '전략적 사고능력'이 중요하며 이는 '분석적 능력과 통찰력의 조합'으

14) 이승주 (2010). 경영전략 실천 매뉴얼, 시그마인사이트그룹.

로 정의된다〈그림 1-4〉.

전략적 사고: 현상에 대한 치밀한 분석에 기반을 두면서 기존의 고정관념을 벗어나 새로운 발상을 지향하는 혁신적인 사고방식

Strategic Thinking = Analysis + Intuition

- 전략적 사고는 사실에 근거한 논리적 분석에 기반한다.
- 전략적 사고는 지혜와 혁신적 아이디어 그리고 통찰력에 기반한다.
- 전략적 사고는 실천과 뚜렷한 목표에 기반한다.
- 전략적 사고는 꾸준한 훈련과 학습을 통해 계발된다.

그림 1-4 전략적 사고의 틀

* 출처: Ohmae, K. (1982)[15]

5. 성공적인 관광경영전략의 요소

성공적인 관광경영전략을 위한 질문은 다음과 같이 요약할 수 있다(이승주, 2006).[16]

1. 외부환경
   (1) 고객, 경쟁 및 전반적인 산업 환경에 대해 철저한 이해를 하고 있는가?
   (2) 목표 고객층에 대하여 경쟁사보다 우수한 가치를 제공하고 있는가?
2. 내부역량
   (1) 핵심역량에 입각한 지속적인 경쟁우위를 창출하고 있는가?
   (2) 한정된 경영자원을 효율적으로 활용하고 있는가?
3. 전략수립
   (1) 전략목표가 명확하고 성공을 염두에 두고 있는가?
   (2) 전략안은 경제적 타당성을 갖고 있는가?
   (3) 예상되는 위험요인은 무엇이며 이를 어떻게 극복할 것인가?
   (4) 기업의 비전달성을 위한 장기적인 안목을 유지하고 있는가?

15) Ohmae, K. (1982). The mind of the strategist, New York: McGraw-Hill.
16) 이승주 (2006). 경영전략 실천 매뉴얼, 시그마인사이트그룹.

결국 이러한 질문들은 관광경영전략이 성공적으로 수행되기 위한 다음과 같은 네 가지 조건으로 귀결된다(Grant, 1998).[17)]

① 외부환경, 특히 경쟁상황에 대한 철저한 이해
② 내부역량, 자사의 강점과 약점에 대한 객관적 평가
③ 명확하고 일관성 있는 전략목표의 설정
④ 전 조직원의 참여에 입각한 전략의 효과적 실행

이러한 관광경영전략의 성공적인 수행을 위해서는 서비스기업과 제조업의 근본적인 차이점을 항상 염두에 두어야 한다. 제조업에서는 경쟁력 제고를 위해 생산과 영업에 투입되는 비용을 절감하거나 더 많은 제품의 판매를 위해 광고나 세일즈 등의 예산을 증가시키거나 신제품 개발을 위해 노력한다. 제조업에서는 이러한 결정을 통하여 제품의 품질저하 없이 생산 효율성 증대와 비용감소를 달성할 수 있다. 그러나 서비스기업에서 대부분의 비용을 차지하는 인건비를 줄이기 위해 과도한 아웃소싱, 인원 감축, 셀프 서비스 증가, 인력의 기계 대체 등의 전략적 결정을 하게 되는 경우 제조업과 같은 효과가 발생하지 않는 경우가 많다. 즉, 서비스기업은 전통적인 의미의 생산성인 내부 효율성(Internal efficiency)과 고객이 인식하는 서비스 품질인 외부 효율성(External efficiency) 모두를 고려해야 한다.

1. **내부 효율성**: 기업이 투입하는 노동력과 자본 대비 생산되는 결과물의 양과 품질로서 측정될 수 있는 개념. 생산과 운영자원의 효율적 사용을 뜻하며 전통적인 의미의 생산성을 의미함
2. **외부 효율성**: 기업의 효율성에 대한 고객의 인식으로서 고객이 기업운영과 결과물을 어떻게 인식하는가를 의미함

17) Grant, R. (1998). Contemporary strategy analysis, New York: Blackwell.

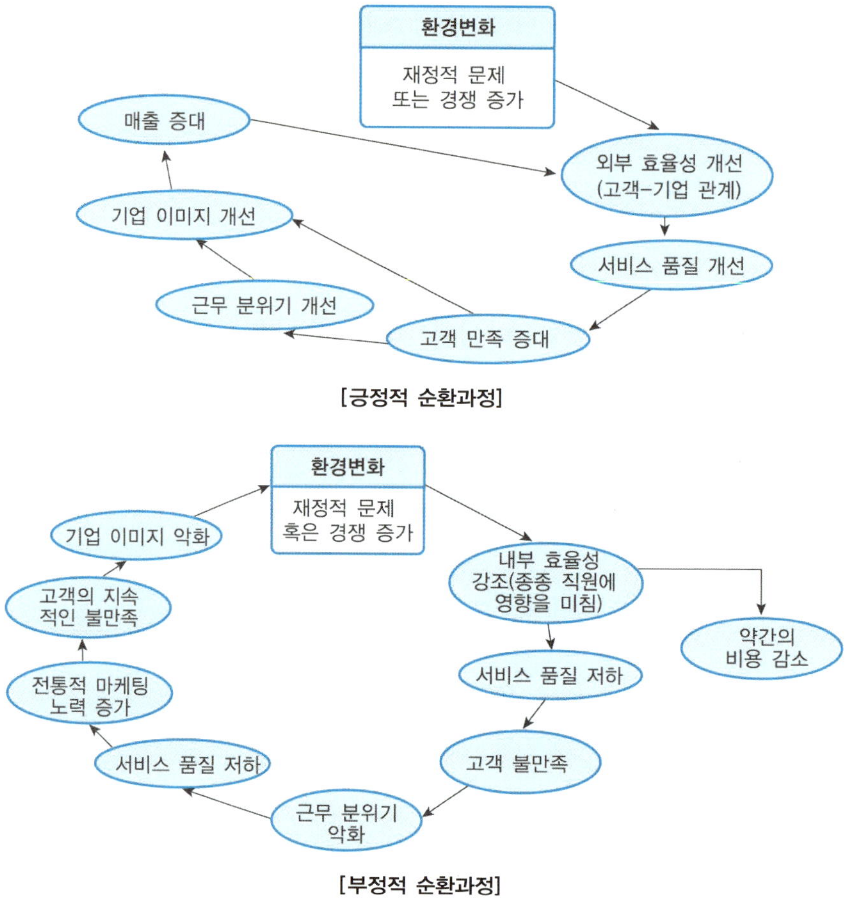

그림 1-5 서비스 전략의 긍정적 순환과정 대 부정적 순환과정

서비스 기업의 소비자는 서비스 접점을 통해 이를 직접 경험하기 때문에 서비스 생산과정에서 참여자로서 과정 자체를 인지한다. 따라서 회사가 내부 효율성에만 중점을 두고 전략을 수행할 경우 많은 경우 고객이 느끼는 서비스의 품질은 낮게 평가될 수 있다. 따라서 서비스 기업에서는 고객이 인식하는 서비스에 초점을 두는 외부 효율성과 전통적인 의미의 생산성 향상을 추구하는 내부 효율성과의 균형 있는 의사결정을 해야 하는 전략적 과제를 안고 있다(이유재, 2012).[18] 〈그림 1-5〉는 외부 효율성 선도를 통해 이루어지는 서비스 지향 전략의 긍정적 순환과정과 내부 효율성에 과도하게 초점을 둘 경우 발생하는 부정적 순환과정을 나타내고 있다.

18) 이유재 (2012). 서비스 마케팅, 학현사.

6. 관광경영전략의 발전과정

관광경영전략은 경영전략이 관광기업에 적용된 것으로서 우선 경영전략이 기업에 도입되고 정착되는 과정을 다음과 같이 단계별로 살펴볼 수 있다〈그림 1-6〉. 이러한 발전과정에서 유의할 점은 단계별 패러다임의 변화는 과거의 패러다임이 소멸되는 것은 아니며 새로운 패러다임의 중요도가 강조된다는 것이다.

제1단계는 미국의 1950~60년대 수요대비 공급이 부족했던 판매자 위주의 시장(Seller's market)시기이다. 그 당시에는 미국의 기업들이 다각화 차원에서 중단기 경영계획을 세우고 그에 맞춰 재무 및 예산관리가 이루어졌다. 재무 및 투자계획이 중요한 의사결정이었다는 것은 기업이 판매할 제품 또는 서비스와 시장을 선택한다는 것으로서 시장의 성장성과 매력도와 같은 외부환경에 초점을 두었다는 것이다.

제2단계는 미래 환경변화에 대처하기 위한 장기경영계획이 수립되는 시기이다. 전략수립에 있어서 장기적인 관점이 고려되지만 업무와의 연계성이 부족하고 분석내용이 주로 거시적인 환경요인의 예측에 중점을 둔다. 보스턴 컨설팅 그룹(Boston Consulting Group)

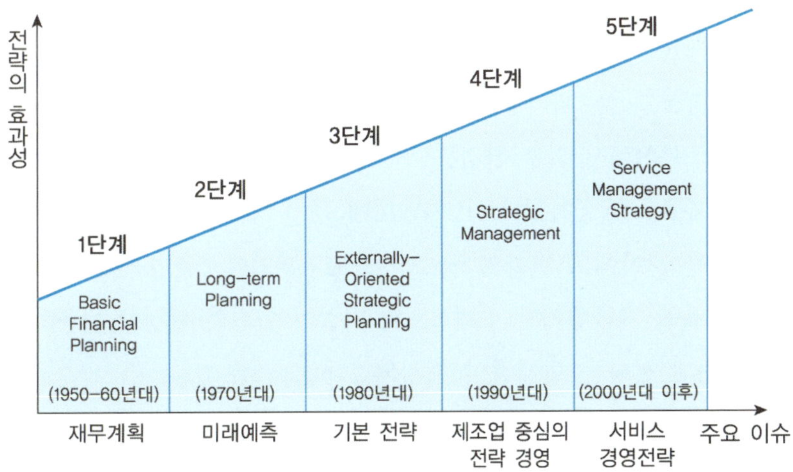

그림 1-6 경영전략의 발전과정

* 출처: Gluck (1980) 근거 저자 재구성[19]

19) Gluck, F. (1980). Strategic management for competitive advantage, Harvard Business Review.

의 BCG 매트릭스는 이런 시대적 경영상황에 맞추어 제시된 것이다. 즉, 연평균 시장성장률(Y축)과 상대적 시장점유율(X축)을 두 축으로 하여 여러 사업들을 2차원 공간에 표시함으로써 상호비교가 가능하게 한 것이다. 이것은 포트폴리오 관리기법으로서 시장점유율도 낮고 성장률도 낮은 산업(Dog)에서는 철수를 하고 두 개 모두 높은 산업(Star)에서는 성장전략을 취한다는 것이다. 점유율은 높으나 성장률은 낮은 사업(Cash cow)은 현상유지 전략을 취하고, 반대로 점유율은 낮으나 성장률은 높은 사업(Question mark)은 Cash cow에 있는 사업으로부터 창출되는 자금을 투자하여 가능한한 Star 사업 부문으로 전환을 시켜야 한다는 것이다.

제3단계는 판매자 위주의 시장에서 소비자 위주의 시장(Buyer's market)으로 전환되면서 전문적이고 체계적인 전략기획이 보강되는 시기이다. 이 단계에서는 비용, 경쟁, 고객 등에 대한 전략적 분석이 이루어지나 현장의 업무와는 연계가 미흡하다. 이 시기에는 하버드 경영대학원의 마이클 포터(Michael Porter) 교수가 제시한 산업구조분석이 장기 전략계획을 보다 구체적으로 수립하는 데 유용한 틀을 제공하였다. 포터 교수는 기업의 수익성이 그 기업이 참여하고 있는 산업의 구조적 특성에 의해 결정된다고 밝히면서 기업이 경쟁우위를 갖기 위해서는 산업의 특성을 이해하고 그 안에서 전략적 포지셔닝을 갖는 것이 중요하다고 주장하였다.

포터 교수의 산업구조분석은 과거부터 상황분석의 틀로 사용되어온 SWOT(Strength, Weakness, Opportunity, Threat) 분석에서 외부 환경분석의 요소로 사용된 기회와 위협요인 부분에 이론적인 배경과 구체성을 제공하였다. 1990년대에 들어 경영환경이 더욱 경쟁적으로 변화함에 따라 경영전략 분야에도 변화의 필요성이 제기되었다. 산업구조분석은 외부환경을 분석하는 데 좋은 틀을 제공했지만 구체적으로 기업이 이러한 환경에 대응하기 위한 실천전략을 제시하지는 못한다는 한계점이 제시되었다〈그림 1-7〉.

제4단계는 제조업중심의 전략경영이 정착된 시기이다. 1990년대 초반부터 경영전략 분석의 관점은 산업과 같은 기업의 외부환경에 대한 것으로부터 기업의 내부적인 경영자원과 핵심역량을 분석하는 것으로 전환되었다. 이 시기는 1990년대 후반부터 인터넷의 폭발적인 성장과 함께 온라인 시장의 출현을 앞두고 제조업 중심의 경영전략이 서비스 분야에도 적용되는 초기 시기이다.

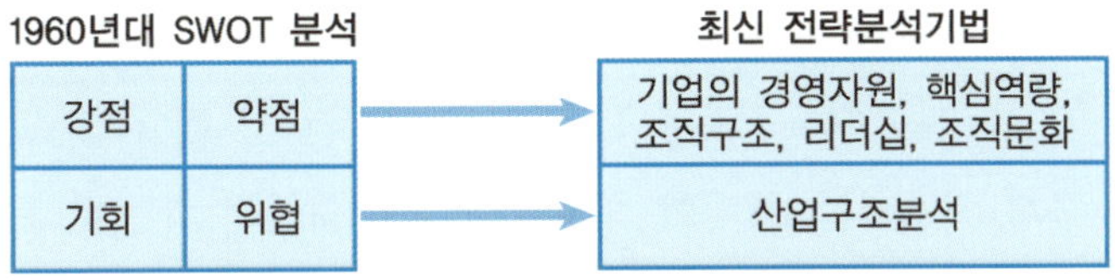

그림 1-7 과거와 최신 경영전략 분석기법

* 출처: 장세진 (2010)[20]

제5단계는 2000년대 이후 인터넷의 확산과 스마트폰으로 대표되는 소셜 네트워크 서비스(Social Network Service) 등의 트렌드로 인해 관광 기업을 포함한 서비스기업뿐만 아니라 제조업 분야에도 서비스 경영전략의 중요성이 제기된 시기이다. 21세기 현대사회에서 이제 상품의 개념은 다양한 가치들의 총체적 개념으로써 최소한의 본질적 기능만 있는 상품은 Generic product, 고객의 기대를 최소한 충족할 수 있는 상품은 Expected product,

참고

고객만족 결정요인

관광과 같은 서비스산업뿐만 아니라 제조업 분야에서도 고객만족도의 요인은 서비스가 50%, 제품이 50%를 차지하는 것으로 알려져 있다. 가전제품의 경우, 고객만족도는 제품요인(50%)과 서비스요인(50%)에 의해 결정되는데 서비스 요인은 보증 서비스(Warranty)와 영업사원의 서비스 태도 등이 매우 큰 부분을 차지한다. 산업용 기계의 경우도 서비스 부분이 50%의 중요성을 차지하며 이는 유지 및 보수(Maintenance), 영업지원(Sales), 설치(Installation), 교육(Training) 등과 같은 요소들이 고객만족도의 중요한 결정 요인이다.

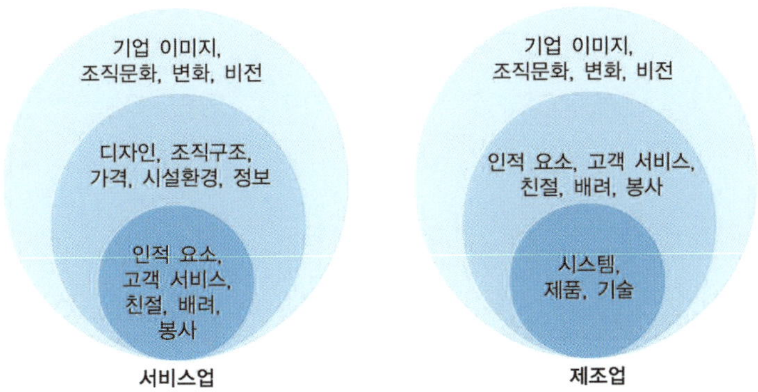

〈고객만족 결정요인〉

---

20) 장세진 (2010). 경영전략, 박영사.

여기에 추가적인 가치를 제공하는 상품은 Augmented product, 나아가 궁극적으로 고객의 잠재적인 욕구까지 충족하는 상품은 Potential product가 된다(Levitt, 1986).[21] 이런 차원에서 소비자들에게 제공되는 가치의 대부분이 하드웨어적 측면보다는 소프트웨어적인 '서비스' 부분이기 때문에 서비스 경영전략의 중요성이 현대 기업경영의 이슈로 부각되고 있다.

참고

총체적 관광상품의 개념

여행상품의 최소한의 본질적 기능(Generic product)은 여행욕구의 충족이다. 여기에 고객의 기대를 최소한 충족할 수 있는 기능(Expected product)은 교통, 숙박, 관광일정 등이 기본적으로 체계화된 상품이라 할 수 있다. 나아가 추가적인 가치를 제공하는 상품(Augmented product)은 고객의 다양한 욕구를 보다 충족시켜 줄 수 있는 상품을 뜻한다. 예를 들면 가족여행을 통해 유대감을 느끼고 추억을 만들고자 하는 사람들에게 추가적인 가족 할인 혜택이나 맞춤형 서비스를 제공하는 것을 들 수 있다.

궁극적으로 잠재적인 욕구까지 충족시켜 줄 수 있는 Potential product는 소비자의 내면에 있는 심층적인 욕구(예 자기계발, 자아발견, 영성 욕구 등)를 만족시켜 줄 수 있는 서비스를 제공한다.

21) Levitt, T. (1986). The marketing imagination, New York: Free Press.

제2절 전략 이슈

1. 경쟁

1) Porter의 본원적 전략

하버드 경영대학원의 마이클 포터[22] 교수는 기업의 경쟁우위 전략을 비용우위와 차별화 우위 차원에서 추구할 수 있다고 주장하였다. 비용우위는 동일한 서비스나 제품을 낮은 비용으로 생산하는 것이며 차별화 우위는 독특하고 개별화된 서비스 또는 제품을 통해 높은 수익을 달성하는 것이다. 이러한 두 가지 전략이 적용되는 범위가 세분시장(Niche market)에 타겟을 두는 경우를 집중화(Focus)라고 한다. 따라서 Porter 교수가 제시한 본원적 전략(Generic strategy)은 비용우위, 차별화 우위, 집중화를 포함한다〈그림 1-8〉.

경쟁의 범위 \ 경쟁우위의 유형		낮은 비용	차별화
경쟁의 범위	산업 전반	비용우위	차별화 우위
	단일 영역	집중화 비용우위	집중화 차별화 우위

그림 1-8 본원적 전략

* 출처: 장세진 (2010)

Porter 교수는 비용우위와 차별화 우위가 서로 상반된 전략으로서 기업은 양자택일형 전략을 취해야 한다고 했으나 실제 기업경영에서는 두 가지 전략을 동시에 추구할 수 있다. 예를 들어 항공사의 경우 신 항공기 도입, 단순 체크인 업무의 자동화, E-ticketing 등을 통해 비용절감을 하면서 서비스 품질을 향상시키고 고객 맞춤형 서비스 등을 통해 차별화 전략을 동시에 실행할 수 있다. 그러나 일반적으로 두 전략을 동시에 추구할 수 있

---

22) Porter, M. (2008). Competitive strategy, 조동성 역, 21세기북스.

는 경우는 시장점유율이 높은 기업들이다. 기본적으로 시장점유율이 높은 기업은 광고와 판촉 등 마케팅활동을 증대함으로써 여러 세분시장에서 시장점유율을 높일 수 있고 이에 따라 규모의 경제효과를 활용하여 원가를 더욱 낮출 수 있다. 이러한 차원에서 관광분야의 대다수 기업들은 비용우위와 차별화 우위 중 하나를 선택하는 것이 전략의 효과성을 극대화 할 수 있다.

2) 서비스 경쟁전략

관광분야의 서비스기업들이 소비자를 대상으로 서비스 상품을 제공하고 경쟁하는 유형에는 기본적으로 ① 원가효율성(Cost efficiency), ② 서비스 품질(Service quality), ③ 개별화(Customization)가 있다〈그림 1-9〉. 본원적 전략 차원에서 원가효율성은 비용우위 전략이며 서비스품질과 개별화는 차별화 우위 전략에 해당된다.

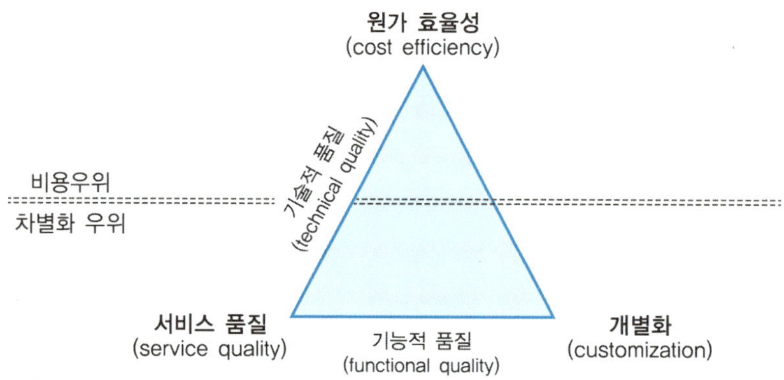

그림 1-9 서비스 경쟁전략

* 출처: 이유재 (2012)[23] 근거 저자 재구성

(1) 원가효율성

경쟁사보다 원가우위를 확보함으로써 가격 경쟁력(낮은 가격)을 통해 서비스를 제공하는 전략이다. 서비스의 단순화와 표준화에 초점을 두고 서비스의 품질이 유지될 수 있도록 하는 것이 관건이며 주요 저가항공사들이 취하는 전략이 좋은 예이다.

23) 이유재 (2012). 서비스 마케팅, 학현사.

(2) 서비스 품질

경쟁사 대비 더욱 높은 서비스 수준을 확보하는 전략으로서 이에는 기술적 품질(Technical quality)과 기능적 품질(Functional quality)이 있다.

① **기술적 품질**(결과 품질): 원가 효율성을 높이면서 동시에 서비스 품질을 유지하는 것으로서 서비스의 결과, 유형성, 신뢰성에 중점을 두는 전략유형이다. 이에는 E-ticketing, 항공사 체크인 카운터 자동화 서비스 등이 해당된다. 기술적 품질을 결과 품질(Outcome quality)이라고도 하는데 이는 고객이 기업과의 상호작용에서 결과적으로 무엇을 받았는가를 나타낸다. 「서비스 제공과정의 결과 고객에게 남은 것은 무엇인가」에 초점을 둔 것으로서 일반적으로 이것을 객관적으로 평가할 수 있고 특성상 문제해결이 기술적(Technical)인 경우가 많기 때문에 기술적 품질이라고 부른다.

② **기능적 품질**(과정 품질): 개별화(맞춤형)에 초점을 두고 서비스 품질을 향상시키는 것으로서 공감성, 응답성, 보증 차원에서 고객만족에 중심을 두는 전략방안이다. 의료관광, 호텔, 리조트, 여행사 등 관광서비스 기업에서 이루어지는 광범위한 고객관계관리(CRM: Customer Relationship Management)가 이에 해당한다. 기능적 품질을 과정품질(Process quality)이라고도 하는데 그 이유는 「고객이 서비스를 어떻게 받는가」 또는 「서비스 제공 과정을 어떻게 경험하는가」에 초점을 두고 있기 때문이다. 구매자–판매자 간의 상호작용에서 진실의 순간들이 어떻게 다루어지는가 또는 서비스 제공자가 어떻게 기능을 수행하는가를 나타내기 때문에 서비스 과정의 기능적 품질이라고 한다(이유재, 2012).

(3) 개별화

시장세분화에 따라 고객층을 분류하고 이들을 수익성 및 충성도 등의 전략 목표에 따라 맞춤형 서비스를 제공하고 관리하는 전략방안이다. 파레토 법칙[24]에 근거하여 충성도가 높은 장기 단골고객의 이익기여도가 신규고객확보에 따른 기여도보다 크다는 것을 고려

---

24) 이탈리아 경제학자 Vifredo Pareto(1848–1923)가 부의 분배와 관련하여 연구결과 '이탈리아 인구의 20%가 전체 부의 80%를 소유하고 있다'고 주장한 이후 사회구조상 전체 결과의 80%가 20%의 원인에서 일어나는 것을 파레토 법칙이라고 한다. 마케팅분야에서는 20%의 우량(단골)고객이 전체 매출의 80%에 기여하는 것으로 적용된다.

하여 고객이탈을 최소화하고 맞춤형 서비스를 통해 만족도를 유지하는 경영활동을 뜻한다.

3) 핵심역량

기업이나 지역이 관광분야에서 경쟁전략을 수립할 때 고려해야 할 3가지 요소는 다음과 같다〈그림 1-10〉.

외부환경
- ① 산업구조, 경쟁의 특성 및 소비자의 수요 특성
- ② 경쟁사의 경영자원, 조직, 문화, 리더십 및 전략

내부역량 — ③ 자사의 경영자원, 핵심역량, 조직, 문화, 리더십

외부환경에 해당하는 두 가지 요소들에 대해서는 제2부 관광경영전략의 수립의 외부환경분석 부분에서 구체적으로 다룰 내용이다. 내부역량에 해당하는 세 번째 요소는 내부역량분석에서 다룰 내용이며 앞서 제1절 개념적 틀의 관광경영전략의 발전과정에서 최신의 전략으로서 제시된 바 있다.

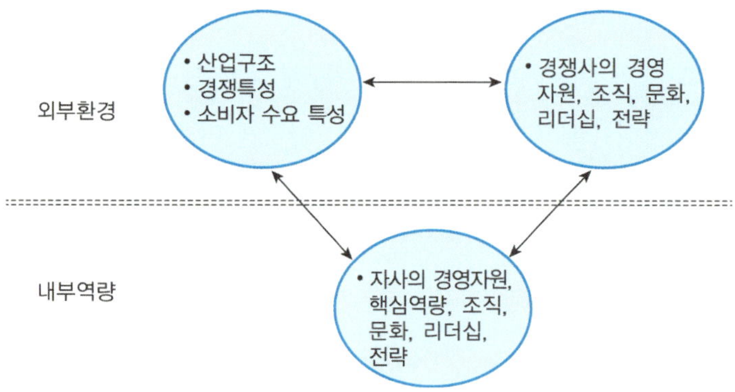

그림 1-10 경쟁전략 수립의 3대 고려 요소

* 출처: 장세진 (2010) 근거 저자 재구성

핵심역량(Core competence)이란 「기업의 여러 가지 경영자원 중 경쟁기업에 비하여 우월한 능력」으로서 경쟁우위의 원천이라고 할 수 있다. 이는 사용한다고 해서 소멸되는 것이 아니라 지속적인 학습과 공유를 통해 더욱 향상될 수 있다. 핵심역량은 다양한 경영자

원에 기반을 두고 있는데 이러한 경영자원은 유형자원(Tangible resource), 무형자원(Intangible resource), 인적자원(Human resource)을 포함한다.

① **유형자원**: 기업이 보유하고 있는 물적자산(설비, 유통망, 건물 등)과 금융자산(현금 등)
② **무형자원**: 브랜드, 명성, 디자인, 고객 데이터베이스, 특수한 관계, 노하우 등과 같은 보이지 않는 기업 특유의 자원과 특허, 저작권, 기업비밀과 같은 기술력
③ **인적자원**: 인적자원은 현대 경영사회에서 가장 중요한 경영자원으로서 경쟁우위가 되는 기술이나 노하우를 축적하고 관리하는 근본적인 주체가 사람이다. 인간이 갖고 있는 생산적인 능력으로서 기업에 체화된 문화로 형성될 수 있으며 학습, 동기부여, 의사소통 등이 중요한 요소이다.

다음 그림은 경영자원과 핵심역량 그리고 경쟁우위의 관계를 나타낸다〈그림 1-11〉.

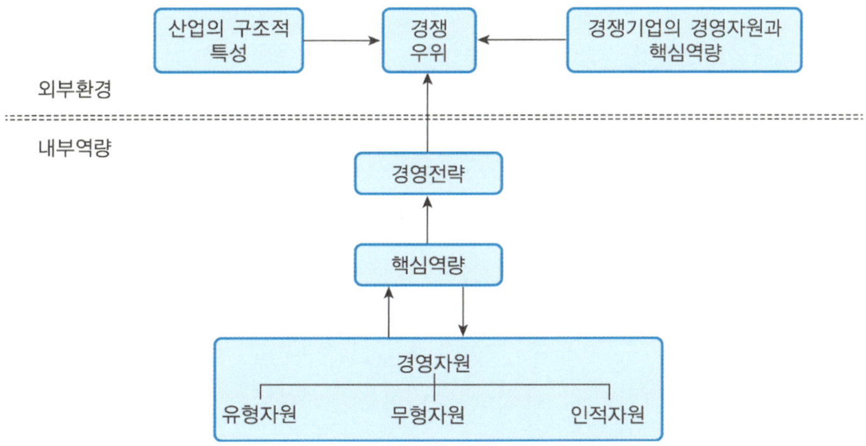

그림 1-11 **경영자원, 핵심역량, 경쟁우위**

* 출처: 장세진 (2010)

핵심역량은 이러한 「경영자원에 기반하여 조직에 체화된 능력」으로서 연구·개발, 마케팅, 브랜드 등의 특정 기능별 분야의 능력과 이러한 여러 가지 기능별 능력을 조합해서 새로운 서비스 또는 제품을 만들거나 자사가 갖지 못한 능력을 벤치마킹 등을 통해 빨리 학습하는 능력을 말한다.

나아가 핵심역량을 바탕으로 수립된 경영전략의 궁극적인 목적은 기업이 경쟁우위를 갖는 것이다. 〈그림 1-11〉에서도 제시되었듯이 경쟁우위는 ① 외부환경의 변화와 대응, ② 혁신을 통한 내부역량의 강화로부터 창출된다. 그리고 이러한 경쟁우위의 유지는 지속성(Sustainability), 획득가능성(Resource mobility) 그리고 경쟁사의 모방가능성(Resource replicability)과 같은 기준을 통해 판단할 수 있다. 다음 그림은 경영자원을 모방가능성 기준에 따라 제시한 예를 들고 있다〈그림 1-12〉.

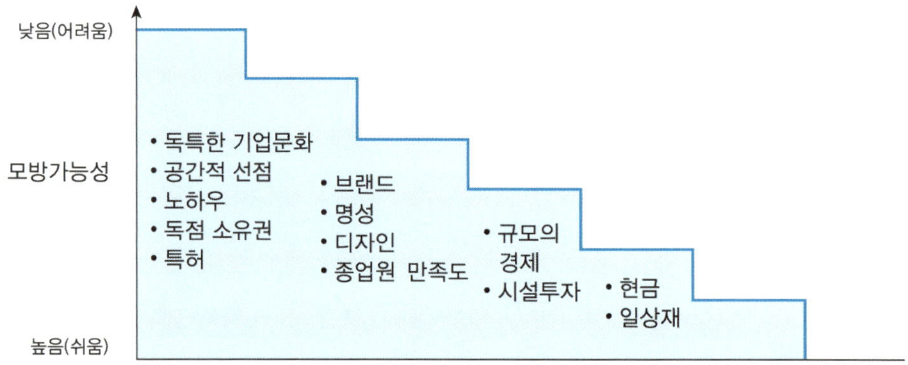

그림 1-12 모방가능성 수준에 따른 경영자원

* 출처: Collis & Montgomery (1997)[25]

4) 상황 전략(Emergent strategy)

앞서 언급되었던 마이클 포터 교수의 본원적 전략 등은 분석과 계획에 의해 '의도된 전략'들이다. 이러한 '의도된 전략'과 관점을 달리하는 '상황(또는 우발적) 전략'을 제안한 캐나다 맥길대 경영대학원 교수인 헨리 민츠버그(Henry Minztberg) 교수는 전략 수립의 권한을 현장 관리자 및 실무자에게 위임하면 보다 유효하고 현장 친화적인 전략패턴을 만들 수 있으며 '의도된 전략'은 현재와 같이 저성장과 불확실성이 높은 경영환경에 효과성이 떨어진다고 주장하였다.

상황전략의 전제는 경영은 시행착오를 겪으며 발전하는 것이기 때문에 각 상황마다 우연적 발견과 이를 통해 나오는 혁신적 아이디어가 중요하며 따라서 현장학습에 더 많은

25) Collis, D. and Montgomery, C. (1997). Corporate strategy, New York: Irwin.

시간을 할당해야 한다는 것이다. 그는 하버드 MBA 출신 유명 CEO들이 경영실패로 물러나는 이유를 숫자(분석)에 기반을 둔 계획과 전략에 너무 치중한 결과라고 하면서 CEO들이 매일 현장을 학습하고 각 부서의 매니저들이 부서의 핵심역량을 직접 맡아 처리하며 현장에서 발생하는 아이디어를 중간관리자에게 수시로 보고하는 시스템을 구축해야 한다고 주장하였다. 그는 인적자원이란 용어도 위해적인 용어로 간주하면서 자원이란 인식 때문에 대량해고가 가능해지기 때문에 대신에 그냥 '사람'으로 불러야 한다고 주장하였다.

기업전략경영의 키워드가 관리(1950~60년대)를 시작으로 경영환경(1970~80년대), 역량(1990년대), 지식(2000년대)에서 지금은 '실시간적 학습'을 통해 장기성장을 도모하는 것으로 진화하고 있으므로 전략을 의도적으로 관리하거나 개입하지 말고 현장으로부터 배우고 응용하는 자연스러운 패턴으로 만들어야 한다는 것이다. 결론적으로 경영일선에서는 의도된 전략과 상황전략을 적절하게 조합하여 수립하는 것이 중요하다고 할 수 있다.

2. 협력

1) 전략적 제휴의 정의

협력전략으로서 대표적인 전략적 제휴는 「특정사업 또는 기능분야에서 두 개 이상의 회사가 경영자원과 조직역량을 공유함으로써 상호이익을 추구하는 것」을 뜻한다. 전략적 제휴는 다음과 같은 다양한 목적을 위해 이루어진다.

① 자원공유를 통한 규모의 경제 달성 및 위험분산
② 파트너 간 협력을 통한 신속한 시장진입
③ 새로운 기술/서비스의 확보 및 내부역량의 강화
④ 새로운 산업표준의 확립
⑤ 수직적 거래관계의 개선
⑥ 유연성 확보를 통한 인수합병(M&A: Mergers & Acquisitions) 준비

2) 전략적 제휴의 유형

전략적 제휴는 다양한 형태를 취할 수 있는데 크게 계약형 제휴와 지분형 제휴로 구분할 수 있다. 일반적으로 계약형 제휴보다 지분형 제휴는 지분과 관련이 있기 때문에 보다 높은 수준의 제휴형태라고 할 수 있다〈그림 1-13〉.

① **계약형 제휴**(Contractual alliances): 장기적인 공급/유통 관계 구축, 국내 · 외 사업 프로젝트 공동참여, 공동판매 및 마케팅, 공동 연구개발 수행 그리고 로열티를 받고 기술 및 노하우를 제공하는 라이센싱 등을 포함한다.

② **지분형 제휴**(Equity-based alliances): 모기업으로부터 독립된 기업을 설립하는 합작투자, 기존 사업에 지분참여, 제휴 기업 간 상호 주식보유 등이 있다.

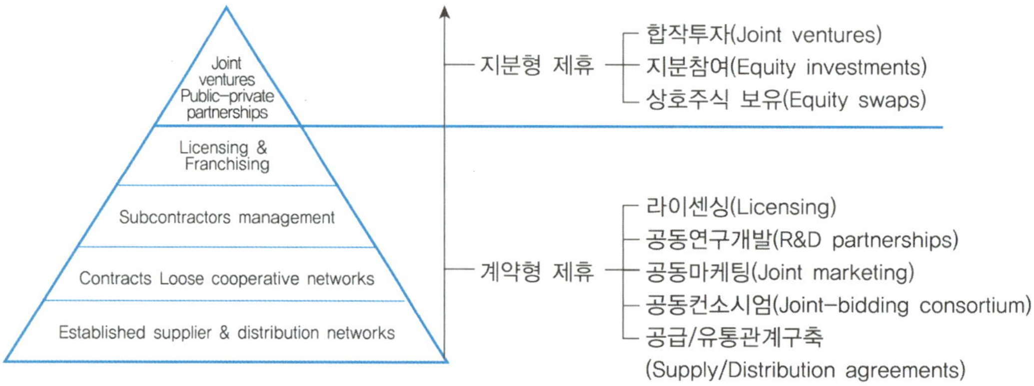

그림 1-13 기업 간 협력수준 체계

* 출처: Faulkner (1995)[26]

3) 제휴구조의 내용과 성공조건

전략적 제휴는 기업 간 협상을 통해 이루어지기 때문에 제휴구조의 주요 내용은 다음을 포함한다.

26) Faulkner, D. (1995). Strategic alliances: cooperating to compete, New York: McGraw-Hill.

1. 제휴의 범위: 제휴대상 서비스/제품, 지역, 자산, 활동, 기술 및 노하우
2. 법률적/재무적 측면: 제휴의 법률적 형태, 소유구조, 자본금, 퇴출조항
3. 경영구조: 이사회의 구성, 모기업의 역할, 경영진의 역할과 책임, 의사결정 과정

* 출처: 이승주 (2008)[27]

전략적 제휴가 성공하기 위해서는 다음과 같은 네 가지 활동이 필요하다.

① 명확한 목표 설정

전략적 제휴의 목적을 분명히 하고 대안들과의 장점과 단점을 비교분석하여 제휴를 통한 가치창조 가능성을 평가한다.

② 제휴 파트너 선정

제휴 파트너는 제휴 당사자 간의 전략적 목표의 양립성, 경영자원의 보완성 및 조직문화의 융화가능성을 고려하여 선정한다.

③ 협상

협상단계에서는 사업의 범위, 파트너의 공헌, 의사결정 구조와 책임관계를 명확히 할 필요가 있다.

④ 상호 발전적 관계 구축

전략적 제휴는 양측의 신뢰관계를 바탕으로 상호학습이 이루어질 수 있어야 하며 전략적 제휴의 만료에 대비하여 합리적인 대안을 사전에 협의할 필요가 있다.

경영 컨설팅 회사인 맥킨지(Mckinsey)연구에 의하면 전략적 제휴가 실패하게 되는 주요 요인은 다음과 같다(이승주, 2008).

1. 문화적 갈등
2. 핵심역량의 상실
3. 불명확한 의사결정구조
4. 파트너 간 공헌의 불균형

27) 이승주 (2008). 경영전략 실천 매뉴얼, 시그마인사이트그룹.

5. 파트너 간 전략 목표의 불일치
6. 인수합병이 보다 적합한 상황에서 전략적 제휴를 하는 경우

아울러, 전략적 제휴의 성공확률은 다음과 같은 상황일 때 높다고 할 수 있다.

1. 지역시장 간 중복이 최소일 경우
   중복이 많을 경우 전략적 제휴보다 인수합병의 성공가능성이 높음
2. 강한 기업 간의 제휴일 경우
   한쪽만이 강하거나 두 기업 모두 약한 경우보다 성공가능성이 높음, 즉 강자 간의 제휴는 서로의 약점을 보완할 수 있으나 약자와의 제휴는 공헌할 수 있는 경영자원과 조직역량의 불균형으로 실패가능성이 높아짐

4) 제휴파트너의 선정기준

제휴파트너를 선정하기 위해서는 다음과 같은 사항을 고려해야 한다(이승주, 2008).

(1) 전략적 목표 일치성(Strategic fit)

① 전략적 제휴에 대한 양측의 목표가 일치하는가?

② 이해 상충의 소지는 없는가?

(2) 경영자원의 공헌성(Resources fit)

① 전략적 제휴의 성공을 위해 양측 모두 충분한 공헌을 할 의사와 능력이 있는가?

② 양측 공헌 수준은 공평한가?

(3) 조직문화 융화성(Organizational cultural fit)

① 양측의 사업논리와 조직문화는 융화될 수 있는가?

② 양측의 의사결정 및 관리시스템은 양립할 수 있는가?

3. 서비스 품질

1) 서비스 특성과 대응전략

일반적으로 서비스는 제품과 비교하여 다음과 같은 네 가지 특성을 나타낸다.

① **무형성**(Intangibility): 서비스는 형태가 없기 때문에 그 가치를 파악하거나 평가하는 것이 어렵다.

② **비분리성**(Inseparability): 서비스는 생산과 소비가 동시에 일어난다. 따라서 소비자가 서비스 공급에 참여해야 하는 경우가 발생하며 집중화된 대량생산체제를 구축하기 어렵다.

③ **이질성**(Heterogeneity): 서비스의 생산 및 공급은 결국 사람이 하는 것이기 때문에 상황과 환경에 따라 제공되는 서비스의 내용이나 질이 달라진다.

④ **소멸성**(Perishability): 서비스는 정해진 시간에 판매되지 않으면 재고로 보관할 수 없고 사라지고 만다.

이러한 서비스의 특성은 요소별로 문제점과 기회를 동시에 제공하는 측면이 있으며 이에 따른 대응전략을 정리하면 다음과 같다〈표 1-1〉.

표 1-1 서비스 특성에 따른 문제점과 대응전략

서비스의 특성	문제점	대응전략
무형성	• 소비자에게 보여주거나 설명이 어렵다. • 지적재산권으로 보호가 어렵다.	• 회사 이미지를 세심히 관리하라. • 구매 후 커뮤니케이션을 강화하라. • 구전활동을 적극 활용하라. • 실체적 단서를 제공하라.
비분리성	• 집중화된 대규모 생산이 곤란하다. • 서비스 제공시 고객이 개입하게 된다.	• 직원의 채용 및 교육에 세심한 고려를 하라. • 고객 관리를 철저히 하라. • 여러 지역에 서비스망을 구축하라.

서비스의 특성	문제점	대응전략
이질성	• 표준화와 서비스품질 통제가 어렵다.	• 서비스 표준화 또는 개별화 전략을 시행하라.
소멸성	• 재고로써 보관할 수 없다.	• 수요관리 또는 가용능력 관리를 시행하라. • 수익관리(Revenue management)를 시행하라.

* 출처: 이유재 (2012)[28] 근거 저자 재구성

2) 서비스 품질 향상전략

앞에서 언급되었듯이 서비스의 특성은 유형적인 제품과는 매우 다르다. 결국 중요한 것은 소비자들이 무형적인 서비스를 어떻게 인식하고 평가하는지를 이해한다면 서비스의 품질을 향상시키는 데 큰 도움이 될 것이다. 서비스 품질을 평가할 수 있는 측정 기준은 학자에 따라 조금씩 차이가 있는데 몇 가지를 제시하면 다음과 같다.

(1) 결과 품질과 과정 품질(2차원 품질 모형)

스웨덴 학자 Gronroos[29]는 서비스 품질이 결과 품질과 과정 품질로 이루어져 있다고 주장하였다. 결과 품질은 기술적 품질(Technical quality)로서 고객들이 궁극적으로 서비스로부터 얻는 것의 품질을 말한다. 즉 '무엇'에 해당하는 품질이다. 예를 들면 '전문성'과 '기술'은 대표적인 결과 품질로서 고객의 문제를 전문적으로 해결하는 데 필요한 지식과 기술 등을 포함한다. 과정 품질은 기능적 품질(Functional quality)로서 고객들이 서비스를 받는 과정의 품질을 말한다. 즉 '어떻게'에 해당하는 품질로서 서비스 공급자의 태도와 행동, 접근성과 유연성, 신뢰성 및 서비스 회복 등의 개념이 포함된다〈그림 1-14〉.

28) 이유재 (2012). 서비스 마케팅, 학현사.

29) Gronroos, C. (2007). Service management & marketing: Customer management in service competitions, New York: John Wiley & Sons.

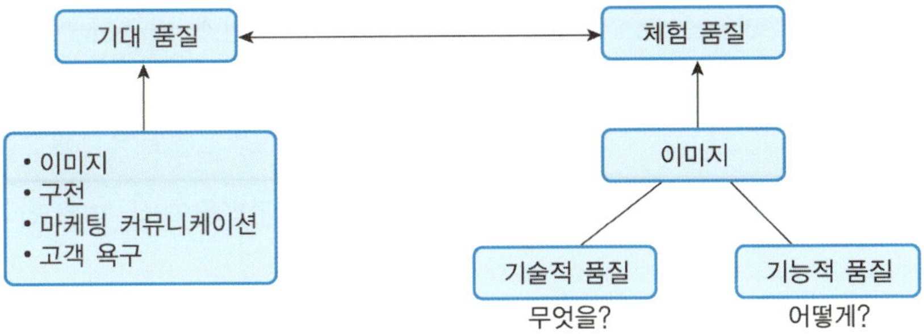

그림 1-14 Gronroos의 2차원 품질 모형

(2) SERVQUAL 모형

Parasuraman, Zeithaml & Berry[30]는 다차원적인 서비스 품질(Service quality) 측정모형인 SERVQUAL 모형을 제시하였다. 이는 다음과 같은 다섯 가지 차원을 포함한다.

① **유형성**(Tangibles): 시설, 직원의 용모, 복장 등과 같은 외형적인 요소들

② **신뢰성**(Reliability): 약속된 서비스를 정확히 수행하는 능력

③ **응답성**(Responsiveness): 고객의 문의나 요구에 즉시 응답하는 신속성

④ **확신성**(Assurance): 능력, 예절, 신용도, 안전성

⑤ **공감성**(Empathy): 접근성, 커뮤니케이션, 고객에 대한 이해

구체적으로 확신성(Assurance)의 구성요소에 대한 설명은 다음과 같다.

① **능력**(Competence): 서비스를 수행하는 데 필요한 기술과 지식의 소유

② **예절**(Courtesy): 서비스 접점에서 직원의 친절, 배려, 공손함

③ **신용도**(Credibility): 서비스 제공자의 진실성, 정직성

④ **안전성**(Security): 물리적, 금전적 안전, 비밀보장과 같이 위험, 의심으로부터의 자유

아울러 공감성(Empathy)은 다음과 같다.

① **접근성**(Accessibility): 전화예약, 대기시간, 서비스 제공시간 및 장소의 편의성 등과 같은 서비스 접근가능성과 접촉 용이성

---

30) Parasuraman, A., Zeithaml, V., and Berry, L. (1985). A conceptual model of service quality & its implications for future research, Journal of Marketing, 49(4): 41-50.

② 커뮤니케이션(Communication): 서비스에 대한 설명, 서비스 비용의 설명, 문제해결 보증 등과 같이 고객의 말에 귀 기울이고 쉬운 말로 알림

③ 고객의 이해(Understanding the customer): 고객과 그들의 욕구를 알려는 노력으로서 예를 들면 고객의 구체적인 요구사항에 대한 학습, 개별적 관심 제공 등을 말한다.

(3) 3차원 품질 모형

앞서 Gronroos의 2차원 품질인 '결과 품질'과 '과정 품질'에 '서비스 환경' 요소를 더하여 Rust & Oliver는 3차원 품질 모형을 제시하였다. 이는 최근에 각 차원을 결과 품질(Outcome quality), 상호작용 품질(Interaction quality), 물리적 환경 품질(Physical environment quality)로 정의한 3차원 모형으로 발전하여 후속 연구들이 진행되고 있다(이유재, 2012). 아울러 인터넷과 스마트폰 시장의 성장과 함께 온라인 서비스 품질에 대한 관심이 높은 만큼 이에 대한 다양한 연구가 시도되고 있다.

참고

서비스 품질의 인식

시장환경과 소비자 성향에 따라 중요하게 인식하는 서비스 품질은 약간씩 다를 수 있다. 해외여행 시장의 경우 동일한 지역을 여행하는 관광상품이라도 어떤 패키지 상품(예 테마세이투어 여행상품)은 매우 비싼 편이다. 그러나 일반 패키지 상품과는 차별화된 서비스, 즉 문화관광에 특화된 여행일정과 고객 맞춤형 서비스, 현지문화 체험 등으로 구성된 관광상품은 해외문화관광에 관심과 호기심 및 가치를 두고 있는 수요층에게는 가격보다 이러한 서비스 내용이 훨씬 중요하다. 다른 예로서 인터넷상의 B2B(Business to Business) 시장에서는 가격과 같은 경제적 요인이 서비스 품질을 포함한 다른 요인들에 비해 더 중요하게 인식되는 경향이 있다.

요약하면 특정시장의 고객들에게 최고의 서비스 상품은 이들이 가장 중요하게 인식하는 가치에 초점을 둔 것들이다. 문화 관광에 관심이 높은 사람들에게 주마간산식 일반 여행상품은 가치가 없고 인식되는 서비스 품질도 낮아질 수밖에 없다.

4. 혁신

1) 서비스 혁신

혁신(Innovation)은 오늘날 관광분야를 포함한 대부분의 산업부문에서 경쟁우위의 중요한 원천이며 산업의 구조적 변화를 결정하는 요인이다.

참 고

혁신의 정의

- 새로운 서비스, 비즈니스 시스템 또는 제품을 성공적으로 개발하고 상업화하는 과정을 의미한다.
- 혁신의 범위는 서비스 과정의 혁신, 새로운 시장의 창조, 조직혁신, 기술 혁신 등 다양한 형태를 취한다.

서비스 혁신의 중요성에 대한 연구결과를 살펴보면 다음과 같다(Jemke & Sharp, 1990).[31]

① 우수한 서비스를 제공하는 기업은 기본적인 서비스를 제공하는 기업보다 평균 9~10% 이상의 더 높은 가격을 받는다. 그러나 이러한 높은 가격에도 불구하고 서비스가 좋지 않은 경쟁기업보다 두 배 이상의 성장을 기록하였고 시장점유율도 연평균 6%씩 성장했다. 반면에 서비스 평가가 좋지 않은 기업의 시장점유율은 매년 2%씩 감소했다.

② 우수한 서비스를 제공하고 있는 기업의 평균 매출 수익률은 12%에 달했지만 서비스에 문제가 있는 기업은 1%에 그쳤다.

③ 미국 연방항공사무국(Federal Aviation Administration)의 조사에 의하면 고객 1천 명당 불만 접수건수가 가장 낮은 Southwest 항공사의 매출 이익률은 불만 건수가 세 배 많은 American 항공사의 매출 이익률에 비해 6배 이상 높게 나타났다.

④ 아메리칸 익스프레스의 여행사업 부문은 자사 내의 영업소를 대상으로 한 조사에서 항공권 발권 업무의 신속성과 정확성에 대한 고객만족도 점수는 영업소의 판매 이익률과 매우 높은 상관관계가 있는 것으로 나타났다(Hasket et al., 2000).[32]

이렇듯 서비스 혁신의 중요성을 인식함에도 불구하고 서비스의 특성과 인식 등으로 인해 서비스 혁신을 지속적으로 유지하는 데는 큰 어려움이 있다. 결국 이러한 제약조건을 극복하는 기업만이 경쟁우위를 가질 수 있는데 혁신이 일회성으로 끝나지 않고 지속적으로 이루어지기 위해서는 조직구조(Structure), 인사(Staff), 시스템(System) 및 문화(Culture & leadership) 측면에서 다음과 같은 변화가 필요하다(이승주, 2008).

---

31) Jemke, R. and Sharp, D. (1990). The service edge: 101 companies that profit from customer care, Plume.

32) Hasket, J., Sessor, E., & Schlesinger, R. (2000). The service profit chain, 서비스경영연구회 · 삼성경제연구소 역.

1. 조직구조: 책임소재가 명확한 프로젝트팀 중심의 수평적 조직을 지향할 필요가 있음.
2. 인사정책: 서비스 혁신, 기술적 능력과 사업가적 자질을 갖춘 인적자원 육성 필요
3. 시스템: 탄력적인 예산 운영, 주요 단계별 명확한 평가기준의 설정과 혁신 노력에 대한 보상 시스템 마련
4. 기업문화와 리더십: 실패를 용인할 수 있는 조직 분위기 형성 및 최고 경영자의 혁신에 대한 강한 집념

2) 가치혁신

앞서 언급된 서비스 혁신이 과거 대비 매우 차별화되었다고 하더라도 고객에 대한 가치를 창조하지 못하는 혁신은 실패로 끝나고 만다. 고객 가치를 창조하기 위해서는 고객의 기존욕구뿐만 아니라 고객이 표현하지 못하는 잠재적 욕구를 파악하여 시장을 창조할 수 있다. 즉, 성공적인 서비스 혁신은 가치혁신으로부터 시작된다고 할 수 있다〈그림 1-15〉.

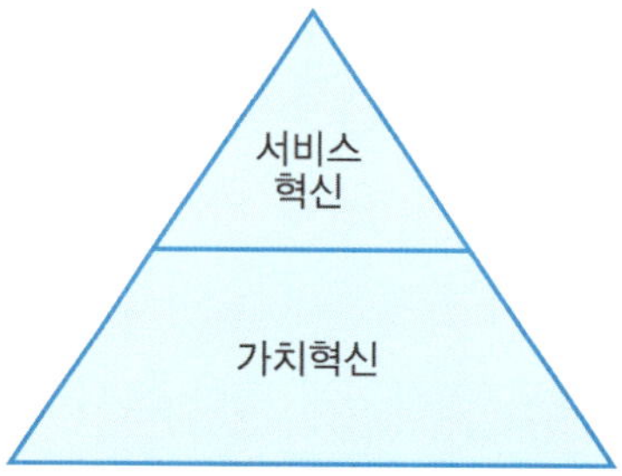

그림 1-15 가치혁신에 근거한 서비스 혁신

가치혁신을 통해 새로운 시장영역을 창조하기 위해서는 다음과 같은 기본질문에 초점을 둔 혁신이 필요하다(Kim, 1999)[33]〈그림 1-16〉.

① 지금까지 기존업체들이 제공하지 못했던 가치는 무엇이며, 어떤 요인들이 새롭게 창출되어야 하는가?

---

33) Kim, W. C. (1999). Creating new market space, Harvard Business Review.

② 지금까지 기존업체들이 당연하게 생각했던 가치는 무엇이며, 어떤 요인들이 제거되어야 하는가?

③ 어떤 가치를 현재 수준보다 월등히 향상시킬 수 있는가?

④ 어떤 가치를 현재 수준보다 월등히 낮출 수 있는가?

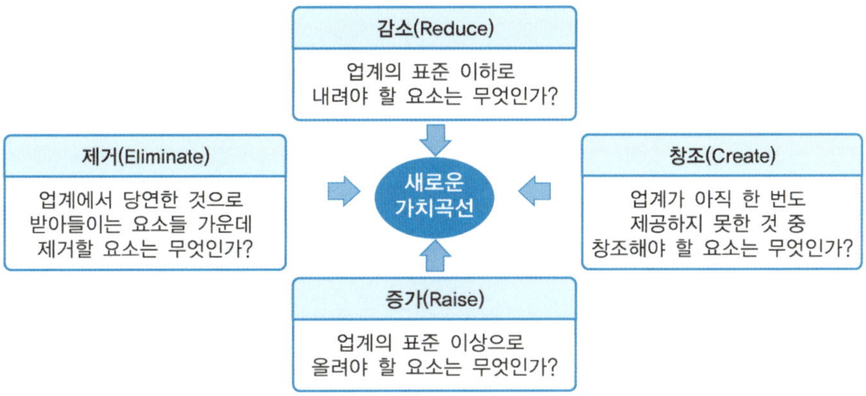

그림 1-16 새로운 가치곡선을 도출을 위한 4가지 Action Framework

이러한 4가지 Action Framework가 구체화된 것이 실행 프레임워크로서 미국 Southwest 항공사의 예를 들면 다음과 같다〈그림 1-17〉(김위찬, 르네 마보안, 2005).[34]

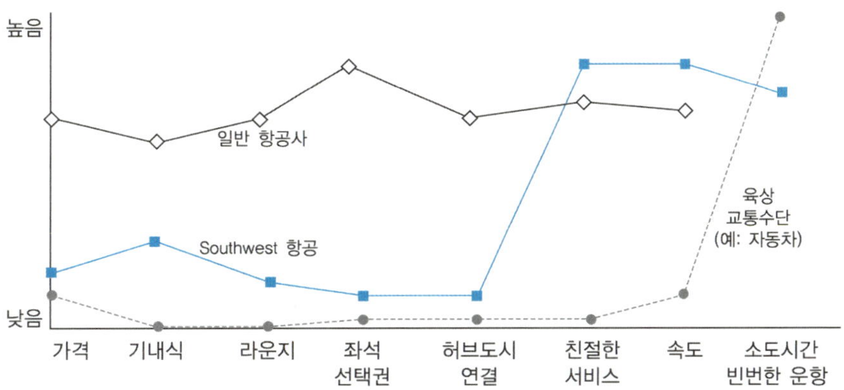

그림 1-17 Southwest 항공사의 전략 캔버스

34) 김위찬, 르네 마보안 (2005). 블루오션전략, 교보문고.

5. 마케팅

마케팅 전략의 주요 목적은 특정 시장에서 경영목표를 달성하기 위해 마케팅 자원을 효과적으로 배분하고 마케팅활동을 조정하는 것이다. 이러한 마케팅 전략의 수립과 실행은 다음과 같은 과정을 포함한다.

① 시장세분화(Market segmentation)
② 표적시장의 결정(Targeting)
③ 자사 서비스 또는 관광상품의 포지셔닝(Positioning)

이런 과정 속에서 구체적으로 오프라인 차원에서는 서비스 마케팅 믹스(7Ps: Product, Price, Promotion, Place, Process, People, Physical evidence) 구성요소에 대한 결정이 포함되며 온라인 측면의 마케팅 믹스(7Cs: Content, Community, Customization, Communication: Connection, Commerce, Context) 구성요소에 대한 결정이 포함된다. 편의상 오프라인과 온라인으로 구별은 하였으나 실제 경영현장에서는 통합하여 운영되는 경우도 있다.

1) 마케팅 전략 구성내용

마케팅 전략이 포함해야 할 기본적인 구성내용은 다음과 같다(안광호 외, 2010).[35]

(1) 사업범위

표적시장에 대한 정의, 브랜드 전략, 고객관계관리(CRM: Customer Relationship Management) 전략 등

(2) 목표

기업 목표와 사업부 목표에 따른 세부 목표 설정, 시장별 목표 설정(매출, 시장점유율, 고객만족도, 신규고객확보율, 고객유지율, 고객수익성 등)

35) 안광호, 김동훈, 김영찬 (2010). 마케팅 전략, 학현사.

(3) 자원의 배분

각 시장에서의 마케팅 믹스 구성요소별 자원할당

(4) 경쟁우위의 원천

특정 시장에서 경쟁사보다 우수한 포지셔닝 및 마케팅 믹스 요소

(5) 시너지의 원천

특정 시장에서 마케팅 자원과 역량의 공유

2) 서비스 마케팅 전략 구성요소

서비스 마케팅 전략 구성요소는 고객과 의사소통을 하거나 고객을 만족시키기 위해 기업이 관리하는 주요 요소로서 '상품(Product), 가격(Price), 촉진(Promotion), 유통(Place), 서비스과정(Process), 인적자원(People), 그리고 서비스 환경(Physical evidence)을 말한다.

표 1-2 서비스 마케팅 전략 구성요소

상품	가격	촉진	유통	과정	인적자원	서비스환경
• 서비스 상품 • 서비스 품질 • 브랜드	• 가격결정 방법 • 가격정책 • 할인제도	• 광고 • 홍보 • 판촉 • 온라인 판매 • 인적판매	• 채널관리 • 입지 • 채널유형 • 중간상	• 서비스 활동의 흐름 (표준화/개별화) • 서비스 제공 단계 (단순/복잡) • 고객의 참여 수준	• 고객관계 관리 • 내부구성원 교육 및 선발	• 시설 • 장비/설비 • 직원 복장 • 건물 • 팸플릿

* 출처: Booms & Bitner (1981)[36]

이들은 마케팅 전략 수립에 있어 매우 중요한 변수이며 각 요소들 간의 상호의존성도 높

36) Booms, B. and Bitner, M. (1981). Marketing strategies & organizational structures for service firms. In Donnelly, J & George, W(ed), Marketing services, Chicago: AMA.

다. 성공적인 서비스 마케팅은 해당 세분시장 내에서 주어진 시점에서 이 7가지 요소가 최적으로 믹스되어 있을 때 달성된다고 할 수 있다〈표 1-2〉.

3) e-마케팅 전략 구성요소

앞에서 제시된 서비스 마케팅 전략 구성요소가 오프라인에 해당하는 것이라면 온라인 상에서는 다음과 같은 e-마케팅 전략 구성요소가 존재한다〈표 1-3〉.

표 1-3 e-마케팅 전략 구성요소

요소	주요 구성내용
Content	• 기본적인 여행정보(환전, 입국요건, 관습, 쇼핑, 관광지 안내 등) • 관광지도 • 관광정보 및 여행안내 • 탐색기능 • 서비스 보증 등 질적 보장성 정도
Community	• 지역별 관광 웹사이트 사용자 또는 특정 여행사 사용자들 사이의 상호 정보 교류 서비스
Customization	• 개인 맞춤형 서비스 • 국가별 맞춤형 서비스 • 탐색기능
Communication	• Q&A(Question & Answer), FAQ(Frequent Asked Question) • e-mail, 콜센터 서비스 • Contact details
Connection	• 다른 관련 사이트와의 링크 여부
Commerce	• 예약 및 결제 • 보안성 • 온라인 쇼핑몰 기능(장바구니 서비스 등)
Context	• 웹 디자인 • 세련도, 단순성, 명료성 • 사이트 맵

* 출처: Rayport & Jaworski (2002)[37]

제3절 전략 관리

1. 인적자원관리

1) 인적자원관리 개념

관광산업은 초기 투자 시점에서는 자본집약적인 산업이지만 경영적 측면에서는 노동집약적인 산업이다. 서비스 산업으로서 인적자원의 중요성은 아무리 강조해도 지나치지 않을 것이다. 항공사, 호텔, 리조트, 여행사 등은 기업의 조직 구성원과 고객 간의 서비스 접점(Moment of Truth)이 곧 기업의 경쟁력이기 때문에 조직 구성원에 대한 지속적인 교육과 훈련이 매우 중요하다.

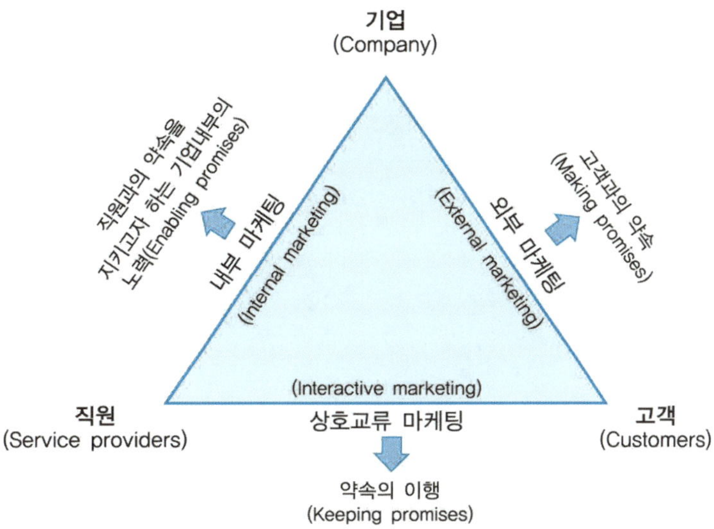

그림 1-18 기업-직원-고객의 관계에 따른 서비스 마케팅 개념

* 출처: Zeithaml & Bitner (2000)[38]

37) Rayport, J. and Jaworski, B. (2002). Introduction to e-commerce, New York: McGraw-Hill.

38) Zeithaml, V. and Bitner, M. (2000). Services marketing: Integrating customer across the firm, New York: McGraw-Hill.

서비스 기업은 고객과 직원 모두를 잘 관리해야만 성공적으로 기업을 운영할 수 있다. 서비스를 제공받는 고객을 외부고객이라 한다면 직원은 내부고객이다. 외부고객을 대상으로 하는 마케팅을 외부 마케팅 또는 관계 마케팅이라고 한다면 내부고객을 대상으로 하는 마케팅은 내부 마케팅이다. 따라서 서비스 마케팅은 기업 내 조직 구성원을 대상으로 하는 내부 마케팅(Internal marketing)과 기업이 고객을 대상으로 하는 외부 마케팅(External marketing), 조직 구성원들이 고객을 대상으로 하는 상호교류 마케팅(Interactive marketing)을 포함한다(이유재, 2012)〈그림 1-18〉. 기업 경영진이 직원을 대상으로 한 효과적인 내부 마케팅은 높은 서비스 품질로 연결되며 고객과의 상호교류 마케팅 차원에서 고객 만족과 충성도, 나아가 지속적인 수익창출을 가져오게 한다〈그림 1-19〉.

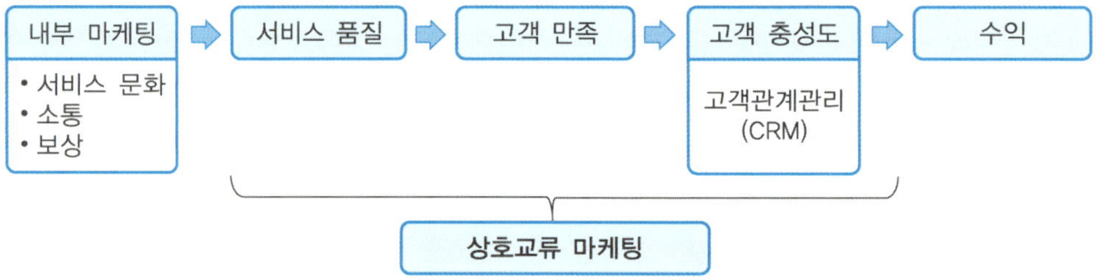

그림 1-19 내부 마케팅, 상호교류 마케팅, 수익 간 연결체계

이러한 인적자원관리에 있어 근본적으로 고려할 사항은 인간의 4가지 보편적 욕구이다. 리더십 분야의 권위자인 스티븐 코비(Stephen Covey)[39]는 인간의 동기를 유발시키고 감독해야 할 물건이 아니라 신체, 지성, 감성, 영성의 4개 차원의 욕구를 가진 존재로서 오늘날 직장의 근본적인 문제점과 해결책을 인간 본성의 패러다임에서 찾아야 한다고 주장하였다〈그림 1-20〉.

39) Covey, S. (2004), The 8th habit: From effectiveness to greatness, Franklin Covey Company.

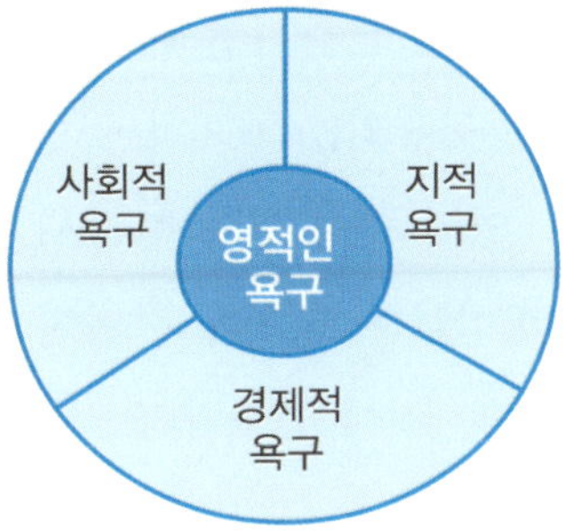

그림 1-20 인간의 4가지 보편적 욕구

① **경제적 욕구**: 사는 것 – 신체 – 생존 (예 급여, 복리후생 등 근무조건)

② **사회적 욕구**: 사랑하는 것 – 감성 – 대인관계 (예 상사, 동료와의 커뮤니케이션 및 인정, 소속감 등)

③ **지적 욕구**: 배우는 것 – 지성 – 성장과 발전 (예 일을 통한 자기계발 및 학습 등)

④ **영적인 욕구**: 유산을 남기는 것 – 영성 – 의미와 기여 (예 일을 통한 자아실현 및 사회공헌성 등)

2) 내부 마케팅 구성요소

내부 마케팅의 구성요소는 서비스문화, 소통과 보상을 포함한다.

(1) 서비스문화(Service culture)

서비스문화는 내부고객과 외부 고객에 대해 좋은 서비스를 제공하는 것을 당연하고 가장 중요한 것으로 인식하는 기업문화를 뜻한다. 관광기업의 경우 잘 확립된 서비스문화는 매우 중요하다. 왜냐하면 관광상품의 경우 생산과정이 표준화될 수 없고 고객과의 상호작용이 필수적이므로 예기치 못한 상황에 어떻게 대응해야 하는가에 서비스 지향적 문화는 결정적 역할과 기능을 하기 때문이다. 서비스문화가 제대로 정착되지 않은 관광기업의 경우 공유하는 가치나 규범이 없거나 명확하지 않다. 따라서 다양하게 발생되는 상황에 어떻게 반응해야 하는지, 다양한 고객 욕구에 어떻게 대응해야 하는지가 분명하지 않다. 예를 들어 고객이 뜻밖의 요구를 했을 때 직원이 어떻게 해야 하는지를 모르고 유연하게 대처하지 못하여 고객이 무시당한다는 느낌을 받게 할 수도 있다.

반면에 서비스문화가 제대로 정착된 관광기업의 경우 직원들이 다양한 상황에 처하더라도 일관성 있게 행동할 수 있다. 공유되는 가치나 규범이 명확하기 때문에 직원들이 어떤 행동을 취해야 하는지를 알고 있기 때문이다. 따라서 직원들이 긍정적인 태도와 행동을 일관적으로 취할 수 있도록 끊임없는 교육과 훈련이 필요하다. 서비스문화를 확립한 이후에는 이러한 문화를 유지시키는 것이 중요하다. 서비스문화 확립을 측정할 수 있는 기본질문은 다음과 같다.

① 서비스에 대한 명확한 사고방식이 확립되어 있는가?
② 모든 직원들이 서비스 품질의 중요성을 알고 있는가?
③ 고객 중심적 사고가 관리자들에게 정착되어 있는가?
④ 경영자가 서비스의 중요성에 대해 직원들에게 지속적으로 교육시키고 있는가?
⑤ 높은 서비스 품질에 대해 고객평가가 있을 시 적절한 보상 시스템이 구축되어 있는가?

(2) 소통(Communication)

조직 내 최고 경영자부터 말단사원에 이르기까지 회사의 비전과 목표, 마케팅활동 등을 서로 소통하고 공유하는 것은 매우 중요하다. 그러나 현실에서는 많은 조직들이 이러한 소통과 공유가 뜻대로 이루어지지 않고 불신과 갈등, 경직화 및 관료화 등의 문제를 낳는다. 따라서 직장 내 커뮤니케이션을 강화할 수 있도록 임파워먼트와 팀워크를 장려하여 조직문화를 유연하게 만드는 것이 중요하다.

(3) 보상(Reward)

관광분야 대부분의 직무들은 전문적인 숙련을 요구한다. 따라서 직무에 따라 숙련의 정도가 다르고 경력의 경로도 달라져야 하는데 현실적으로 많은 조직들이 모든 직무에 공통적으로 적용되는 승진제도를 유지하고 있다. 직무에 관계없이 사원-대리-과장-부장으로 이어지는 인사제도는 직무의 전문성을 개발하려는 의지를 약화시킬 수 있다. 아울러 직무에 따라 차별화된 임금 시스템을 직원들 스스로도 원하지 않을 수 있다. 장기적으로 직무의 전문성이 강화되고 맡은 직무에서 최선을 다함으로써 경쟁력을 갖추길 원한다면 직무중심의 보상제도는 필연적이라고 할 수 있다. 따라서 전통적인 연공서열 임금제도와의 적절한 조화가 필요하다(유규창 외, 2006).[40]

3) 내부 마케팅 실행 가이드라인

관광기업의 내부 마케팅을 효과적으로 실행하기 위한 가이드라인은 다음과 같이 제시할 수 있다.

(1) 감정 근로자로서 직원들의 갈등과 스트레스를 관리하라

서비스업은 제조업보다 사람을 접하는 일이 많기 때문에 대인관계상 갈등이 제조업보다 많이 발생한다. 직원이 겪는 갈등의 유형은 크게 다음과 같다〈표 1-4〉.

표 1-4 직원이 겪는 갈등의 유형

유형	원인	해결책
직원-역할 갈등	• 직무 부적합 • 의복 규정	• 채용시 지원자 선별에 신중을 기한다. • 교육과 훈련을 실행한다. • 직원의 불평·불만 소통창구를 만든다.
직원-조직 갈등	• 두 상사 딜레마	• 직원에게 회사의 목표와 정책을 확실히 이해시킨다. • 직원에게 권한을 부여한다. • 직원의 의사결정을 지원한다.
직원-직원 갈등	• 명쾌한 의사소통의 부족 • 명령체계의 부족 • 성격 갈등 • 고객에 대한 경쟁 • 업무량에 대한 인식 차이	• 갈등의 원인을 파악한다. • 가능한 해결책을 탐색한다. • 직원 양측을 갈등 해결 노력에 포함시킨다. • 후속조치를 취한다.
직원-고객 갈등	• 다양한 고객의 행동 • 고객의 역할 수행 부족	• 여러 유형의 고객들에 대한 응대 태도를 교육한다. • 고객과 직원 양측이 본인의 역할을 충분히 이해해야 한다.

* 출처: 이유재 (2012)[41]

40) 유규창, 서용구, 신도철 (2006). 호스피탈리티 산업의 직업구조 특성과 인적자원 개발전략, 한국직업능력개발원.

41) 이유재 (2012). 서비스마케팅, 학현사.

(2) 직무에 적합한 사람을 고용하고 최고의 사원을 유지하라

우수한 인적자원을 확보하는 방법은 두 가지인데 첫째는 외부로부터 채용하는 것이고 둘째는 현존 인력에 대한 교육과 훈련이다. 사실 이 두 방법은 별개의 것이 아니라 연계되어 시너지를 발휘할 수 있다. 글로벌 호텔 기업인 Marriott의 부사장인 Roger Dow는 "우리는 직원이 어떤 직무든 수행할 수 있도록 훈련시킬 수 있다. 그러나 친절한 태도를 갖게 하기 위해서는 채용 및 선발부터 시작되어야 한다"라고 말하고 있다.

Disney사는 지원자들이 입사원서를 작성하기도 전에 비디오를 보여주는 것으로 사원 선발과정을 시작한다. 비디오는 디즈니사의 업무와 지원자 간의 '적합성'을 중심으로 디즈니사에 취직하면 그들에게 필요한 소양과 능력이 무엇인지를 보여준다. 디즈니사에 따르면 이러한 비디오 시청을 통해 약 10~15%의 지원자가 스스로 지원을 포기한다고 한다. 채용 후, 최고의 사원을 유지하기 위해서는 교육 및 훈련, 보상 시스템 등 앞서 언급된 인간의 4가지 욕구를 충족할 수 있도록 하는 회사 문화와 시스템이 구축되어야 한다. 이러한 사항들을 반영한 기업의 경영철학 또한 매우 중요하다. 예를 들면 Ritz Carlton 호텔의 슬로건인 "We are ladies & gentlemen serving ladies & gentlemen"은 고객을 존중하고 직원들 스스로도 존중받도록 하는 서비스 철학의 의미를 담고 있다.

(3) 학습조직을 장려하라

항공사, 호텔, 리조트, 테마파크, 여행사 등 관광기업들의 핵심은 서비스이고 서비스는 사람에게서 나오는 것이기 때문에 결국 성공의 요인은 인재를 양성하고 제대로 배치하는 데 있다. 미국의 Institutional investor지에서 2009년까지 4년 연속 세계 100대 베스트호텔에 등재된 조선호텔은 서울에 있는 특1급 호텔 중에서도 평균 객실료가 가장 비싼 편이다. 그럼에도 불구하고 이 호텔이 고객들의 평가에서 최고의 서비스로 100대 베스트 호텔에 들 수 있었던 비결은 경쟁사 대비 최고의 직원 교육 투자에서 찾을 수 있을 것 같다. 2008년 기준으로 한 해에 이 호텔이 직원 교육에 투자한 금액은 6억 9천만 원으로 동종업계 A호텔의 6억, B호텔의 2억 7천만 원, C호텔의 2억 2천만에 비해 압도적으로 높다. 강의 형태의 아카데미는 물론이고 100여 개의 학습조직에 총 400여 명이 참여하고 있고 학습효과가 우수한 팀에는 단기 해외연수의 기회도 주어진다.

(4) 내부 커뮤니케이션을 강화하고 외부 커뮤니케이션을 활용하라

외부를 대상으로 한 광고 및 매스 커뮤니케이션 활동은 의외로 기업내부에도 미치는 영향이 크지만 이러한 사실은 많이 알려지지 않고 있다. 즉, 직원들은 자기 회사가 외부에 내보내는 광고 캠페인, 홍보 및 기타 커뮤니케이션 수단에 대해 매우 관심 있게 반응한다. 외부에 대한 광고 및 커뮤니케이션 전략은 사내보 등에 반영되어 직원의 동기부여, 교육, 기업의 의사전달을 위한 수단이 된다. 외부로 나갈 광고 캠페인 및 소책자들은 직원들의 공모를 통해 제작되어 내부 커뮤니케이션 수단으로 활용될 필요가 있다.

나아가 경영자나 중간 관리자들은 직원들이 새로운 아이디어를 실현하도록 적극적으로 권장하고 업무에 어떻게 적용될 수 있는가를 깨닫도록 도와주어야 한다. 교육과 훈련 프로그램이 끝나고 나서 연장선상에서 현장교육의 역할과 기능은 직원들에게 도움을 주고 격려를 제공하는 것이다(이유재, 2012).

2. 서비스 품질관리

서비스 품질의 전략적 관리를 위한 방법으로 '서비스 기대와 인식 차이(Gap)' 모형과 '6시그마' 서비스 품질관리에 대해 살펴보기로 한다.

1) 서비스 기대와 인식 차이(Gap) 모형

일반적으로 서비스 기업의 경우 다음과 같이 고객의 기대와 서비스 결과 사이에는 4가지 차이(Gap)가 존재한다.

1. Gap Ⅰ: 기업이 고객 기대를 알지 못할 때 (경영자와 고객 기대의 인식 차이)
2. Gap Ⅱ: 서비스 설계(또는 기준)가 고객 기대와 다를 때 (경영자의 인식과 서비스 설계의 차이)
3. Gap Ⅲ: 서비스 설계(또는 기준)가 서비스 성과와 다를 때 (서비스 설계와 실제 서비스의 차이)
4. Gap Ⅳ: 서비스 결과가 고객 기대와 다를 때 (실제 서비스 제공과 고객 인식의 차이)

이러한 4가지 차이에 의해서 궁극적으로 서비스 기대와 인식의 차이(Gap V)가 발생한다. 즉 Gap V = Gaps I + II + III + IV라는 등식이 성립한다(Parasuraman et al., 1985).[42] 서비스 기업은 이러한 차이가 서비스 실패를 가져옴으로써 기업 이미지가 훼손되고 매출 감소로 이어지기 때문에 이 차이들을 없애거나 최소화해야 하며 이를 위해 다음과 같은 노력을 기울여야 한다.

(1) 서비스 품질의 결정요소를 파악하라

서비스 품질 개선은 고객에게 중요한 서비스 품질 결정 요소를 이해하는 것부터 시작된다.

(2) 고객의 기대를 관리하라

① 기대가 낮을수록 만족도는 올라가고 기대가 높을수록 만족도는 내려갈 가능성이 높다. 고객약속에 대한 유혹에서 벗어나 적절한 서비스 정보를 제공하는 것이 기업에 대한 신뢰도를 높인다.

② 고객의 기대는 고정된 것이 아니라 변화한다. 일반적으로 이러한 변화는 두 가지 차원에서 이루어지는데 ㉠ 기대의 수준이 높아지는 것이며, ㉡ 고객의 관점이 변하는 것이다.

(3) 고객의 서비스 접근성을 최대한 높여라

① 고객들이 편리하고 쉽게 원하는 서비스에 접근할 수 있도록 시스템을 구축하는 것은 매우 중요하다. 예를 들어 항공사나 호텔 및 리조트의 예약을 위해 전화하는 경우 일반화된 자동응답시스템(ARS: Automatic Response System)의 복잡한 단계와 기계적 응답 및 대기시간은 고객 불만족 1순위에 들어간다. 단순성과 응답성을 높인 서비스 접근성은 중요한 요소이다.

② 서비스 제공은 인적 활동과 물적 활동으로 이루어지는데 인적 활동 측면에서 기술적으로 자동화가 가능한 영역은 자동화 시스템으로 전환되고 있다. 그러나 근본적

---

42) Parasuraman, A., Zeithaml, B., and Berry, L. (1985). A conceptual model of service quality & its implications for future research, Journal of Marketing, Fall(p. 44).

으로 서비스 접근성이 떨어지는 자동화는 오히려 서비스 품질을 매우 떨어뜨린다. 따라서 단순성과 인적 응답성을 높이는 것은 매우 중요하다.

(4) 기업 내부와 외부에 서비스 품질 문화를 정착시켜라

① 지속적으로 높은 서비스 품질을 유지시키기 위해서 기업은 내부적으로 서비스 품질 개념을 정착시켜야 한다. 특정한 서비스 품질 기준을 확립하고 이 기준을 충족시킬 수 있는 능력을 갖춘 직원을 채용하고 아울러 이러한 기준이 달성될 수 있도록 교육과 훈련을 실시한다.

② 외부적으로 서비스 기업은 교육을 통하여 고객들로 하여금 만족도를 향상시킬 수 있다. 서비스 사용의 적절한 시기, 방법, 또는 서비스가 수행되는 과정을 설명하거나 서비스 과정에 고객을 참여시키는 방법 등을 통해 고객의 지식을 증대시킬 수 있다. 서비스에 대한 지식이 있는 고객은 더 좋은 의사결정을 할 수 있으며 이는 고객만족 증대를 가져온다.

(5) 서비스 품질과 관련하여 회사 이미지를 향상시켜라

① 실무적으로 서비스 품질 지수[43] 산출을 통해 객관적으로 평가를 하고 고객들에게 공개함으로써 회사의 서비스에 대한 신뢰도를 높일 수 있다.

② 인천국제공항은 국제공항협의회(Airports Council International: 전 세계 협의체로서 1,700여 개의 공항이 가입되어 있음)로부터 2006년부터 7년 연속(2012년 시점) 최우수 공항으로 선정되어 명실상부한 세계 최고의 공항으로 이용객들에게 인식되고 있다.

---

43) 국내에서 다양한 목적으로 사용되고 있는 서비스 품질 지수 몇 가지를 소개하면 다음과 같다.

① 한국 서비스 품질 지수(KS-SQI: Korean Standard-Service Quality Index): 한국표준협회에서 주관하는 국내 첫 서비스 품질평가 지수로서 2000년에 개발되었다.

② 한국 산업의 고객만족도 지수(KCSI: Korean Customer Satisfaction Index): 한국능률협회 컨설팅 주관하에 1992년 이후 매년 실시하여 언론에 공개되고 있다.

③ 국가 고객만족도 지수(NCSI: National Customer Satisfaction Index): 미국고객만족 지수를 생산성본부에서 채택하여 평가지표로 활용되고 있다.

④ 공공기관 고객만족도 지수(PCSI: Public Sector Customer Satisfaction Index): 2004년 공기업 및 정부산하 기관 관리 기본법 제정과 함께 도입된 고객만족도 평가지표이다.

2) 6시그마(Sigma) 서비스 품질관리

(1) 개념

시그마(σ)는 통계학 용어로 평균값을 중심으로 흩어진 정도(분포도)를 의미하는 것으로서 '표준편차'를 뜻한다. 품질관리에서 시그마는 품질수준(불량 정도)을 표시하는 척도로 사용되는데 6시그마는 정품률이 99.99966%로서 사실상 불량률 0%를 의미한다. 서비스업에 적용하면 고객 불만/불평 건수가 0%라는 것으로 완벽한 서비스 품질을 뜻한다.

참고

불량 서비스에 따른 기회 손실비용

리조트 회사인 클럽 메드(Club Med)의 고객 1인당 수익은 1,000달러이며 고객은 평생 동안 평균 4회 정도 클럽 메드를 이용한다. 따라서 고객 1인당 평생수익은 1,000달러×4회=4,000달러이다. 클럽 메드는 한 해에 20만 명의 고객을 모집하는데 이 고객들 중 80% 고객은 만족을 느끼고 20%의 고객은 불만족스러워 한다. 만족한 고객 중 평균 30%는 지속적으로 재방문하는 고객이 되므로 24%(80%×30%)의 고객이 평생고객이 되는 것이다. 이에 따라 서비스가 훌륭하면 4,000달러×20만 명×24%=1억 9200만 달러의 수익이 창출된다.

그러나 서비스 품질이 떨어지면 만족도가 낮아지고 평생이용횟수도 줄어든다. 서비스 불량으로 만약 만족도가 80%에서 79%로 1% 하락하고 평생 이용횟수가 4회에서 3.5회로 된다면 (1,000달러×3.5회)×20만 명×(79%×30%)=1억 6590만 달러의 수익이 창출되므로 1억 9200만 달러 − 1억 6590만 달러=2,610만 달러의 손해가 발생하게 된다. 결론적으로 매우 작은 폭의 서비스 품질 저하에 의한 1%의 만족도 하락이 2,610만 달러라는 엄청난 손해를 발생시킨다.

* 출처: 이순철 (1997)[44]

6시그마 품질관리 기법은 1986년 모토로라의 엔지니어인 빌 스미스가 정립하였는데 이전에 제조업 분야에서 많이 쓰이던 불량률 제로운동, 총체적 품질경영기법 등의 다양한 품질관리 기법에서 영향을 받아 체계화되었다. 이후 1995년 잭 웰치가 제너럴 일렉트릭에 도입하면서 보편화되기 시작했다.

(2) 방법

6시그마 경영은 한마디로 '경영의 모든 부문에서 발생하는 결함의 원인을 통계적으로 측정·분석하고 그 원인을 제거하는 체계적인 혁신활동'이라고 할 수 있다. 6시그마에서

44) 이순철 (1997). 서비스 기업의 운영전략, 삼성경제연구소.

결함은 프로세스나 서비스를 방해하는 모든 요인을 포함한다.

6시그마에서 두 가지 방법론은 다음과 같다.

① DMAIC: 현재 존재하고 있는 프로세스의 문제점을 개선하는 데 초점을 둔 방법으로서 정의(Define) → 측정(Measure) → 분석(Analyze) → 개선(Improve) → 관리(Control)의 단계를 거쳐 혁신 프로젝트를 완성한다.

② DMADOV: 신제품 또는 새로운 서비스를 설계할 때 처음부터 6시그마 수준을 설계하기 위한 방법으로서 정의(Define) → 측정(Measure) → 분석(Analyze) → 설계(Design) → 최적화(Optimize) → 검증(Verify)의 단계를 거쳐 혁신 프로젝트를 수행한다.

두 가지 방법론의 각 단계별 내용을 요약하면 다음과 같다.

① DMAIC

㉠ 정의(Define): 프로젝트 선정배경(문제점)을 기술하고 추진목표 및 프로젝트 범위를 결정한다.

㉡ 측정(Measure): 프로젝트의 성과를 측정할 수 있는 지표(Y)를 정의하고 그 지표의 현재 수준을 측정한다. 이러한 성과지표에 영향을 줄 수 있는 잠재적인 원인변수(X)들을 도출하여 우선순위를 결정한다.

㉢ 분석(Analyze): 측정단계에서 발굴한 원인변수(X)들을 대상으로 통계적인 방법이나 과학적인 분석과정을 통해 성과지표(Y)에 가장 확실한 영향을 미치는 핵심요인들을 선별하는 단계이다.

㉣ 개선(Improve): 성과지표(Y)에 해당하는 목표를 달성할 수 있도록 핵심요인의 최적 개선안을 도출하는 단계이다.

㉤ 관리(Control): 개선결과를 지속적으로 유지하기 위한 관리계획을 수립하고 실행하는 단계이다.

② DMADOV

㉠ 정의(Define): DMAIC 정의단계와 동일함

㉡ 측정(Measure): DMAIC 측정단계와 동일하며 현재의 서비스 프로세스 능력, 서비스 수준 등을 측정하고 어떤 사항이 서비스 수준 등을 측정하고 어떤 사항이 서

비스 품질에 결정적 영향을 끼치는 요소(CTQs: Criticals to Qualities)인지 밝혀내고 최종 산출물로서 Design Scorecard를 만든다.

㉢ **분석**(Analyze): Design Scorecard에서 제시된 가이드라인을 충족시킬 수 있는 서비스 디자인 컨셉트 대안들을 발굴하고 이를 평가하여 최종 디자인 컨셉트를 확정한다.

㉣ **디자인**(Design): 디자인의 최적화와 검증을 위한 세부사항들을 수립하고 시뮬레이션을 수행하는 단계이다.

㉤ **최적화**(Optimize): 시뮬레이션 수행을 통해 최적의 서비스 프로세스를 선정하고 기업 현실에 맞게 적합화시키는 단계이다.

㉥ **검증**(Verify): 최적화 단계를 거쳐 확정된 디자인 안이 현장에 실제로 적용되더라도 문제가 없는지를 파일럿 테스트를 통해 확인하고 만약의 경우 발생할 수 있는 문제점에 대해서는 디자인 안을 보완하는 단계이다(노재범 외, 2007).[45)]

참고

Starwood Hotel & Resorts

스타우드 호텔은 전 세계 80개국 이상에 750여 개의 거점과 12만 명의 종업원이 있는 글로벌 기업으로 쉐라톤, 웨스터, 럭셔리 콜렉션 등의 호텔과 리조트를 소유하고 있다. 2001년 2월 호텔업계 최초로 6시그마를 도입한 스타우드는 고객만족도가 크게 향상되었고 향후 영업이익이 크게 증가하였다. 스타우드의 6시그마 서비스 품질은 현재의 서비스 품질 수준이 99%라고 가정했을 때 다음과 같은 향상을 의미한다.

99% 품질 수준	6시그마 품질 수준
• 30만 예약 고객당 3,000명의 고객이 예약 불이행 • 청소한 5만 개의 룸에서 410건의 클레임 접수 • 400개 지점의 월말 결산 중 손실 지점수가 연간 48개	• 단 1명의 고객이 예약 불이행 • 2건 미만의 클레임 • 6년 동안 월말 결산에서 1개 지점이 손실

스타우드는 6시그마의 체계적인 도입을 위해 GE캐피탈의 전임임원을 6시그마 담당 임원으로 임명하고 전문적인 컨설팅을 받아 5분기 동안 약 450명의 6시그마 전문인력을 육성하였다. 스타우드의 6시그마 전개 로드맵은 다음과 같다.

45) 노재범, 이팔훈, 이승현 (2007). 서비스 이노베이션 엔진 6시그마, 삼성경제연구소.

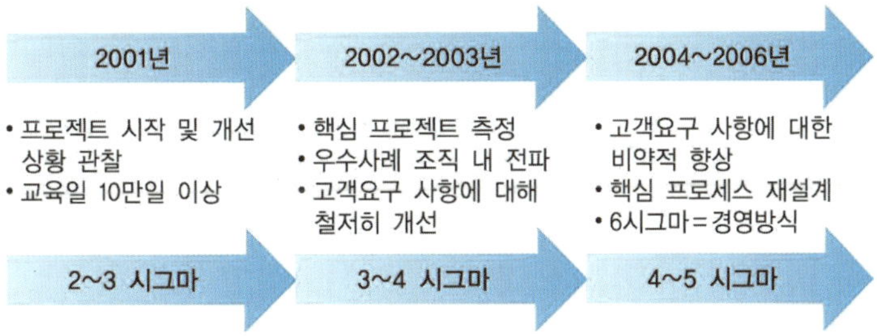

＊출처: Barber (2002)[46]

3. 브랜드관리

브랜드란 「특정 상품이나 서비스를 경쟁자의 상품 및 서비스와 구분시키고 차별화를 통해 상품이나 서비스의 지각, 느낌, 경험, 신뢰 등을 소비자에게 인식시킴으로써 상품 또는 서비스에 대해 형성된 통합적인 감정」을 의미한다. 기업이 보유하는 유형자원과 무형자원 중 후자의 비중과 중요성이 나날이 증가하고 있는데 특히 브랜드는 이러한 무형자원 중에서 매우 큰 비중을 차지한다. 다음 부분에는 서비스 브랜드의 특성과 성공적인 브랜드 이미지 구축을 위한 전략을 살펴보기로 한다.

1) 서비스 브랜드 특성

서비스 브랜드란 일반적인 제품 브랜드와 달리 관광분야를 포함한 서비스 기업의 브랜드를 의미하는데 그 특성을 요약하면 다음과 같다.

(1) 서비스 브랜드에서 기업 브랜드(Company brand)는 매우 큰 부분을 차지한다

서비스는 외형적으로 제품처럼 포장되는 실체가 없기 때문에 기업자체의 브랜드가 큰 의미를 갖는다. 예를 들어 소비자들은 초코파이, 오징어 땅콩 등의 제품이 오리온이라는

46) Barber, A. (2002). "The necessity of voice of the customer", 6 sigma for service & transaction conference, Oct 1-2.

식품회사의 것이라는 데 큰 비중을 두거나 굳이 알려고 노력하지는 않는다.[47] 다만 고객들은 포카칩과 포테이토칩, 감자깡 등과 같이 제품 브랜드는 구분하려고 할 것이다. 그러나 롯데호텔, 조선호텔, 신라호텔 등과 같이 호텔을 선택할 때는 해당 기업의 브랜드 자체가 의사결정에 큰 영향을 미칠 수 있다.

(2) 고객관계관리(CRM: Customer Relationship Management)는 서비스 브랜드 전략의 핵심이다

일반적으로 소비자가 단골고객이 되었을 때 제품구매와 비교하여 서비스 구매는 다른 브랜드로 바꾸는게 힘든 것으로 알려져 있다. 즉 브랜드 전환비용(Brand switching cost)이 높다는 것이다. 서비스 구매나 제품구매 양쪽 모두 마일리지 혜택이 있다. 그러나 전자의 경우가 이러한 혜택에 대한 충성도가 높은데 예를 들어, 자주 이용하는 항공사, 여행사, 카드 등과 같은 서비스와 자동차, 가전제품과 같은 제품들의 사용전환에 대해 생각해 보면 이해하기가 쉬울 것이다. 따라서 고객확보와 개발, 유지에 초점을 둔 고객관계관리 전략은 서비스 브랜드 관리에 있어 매우 중요한 사항이다.

(3) 서비스산업에서 브랜드 내재화는 중요한 이슈이다

브랜드 내재화(Brand internalization)란 외부고객보다 내부고객인 직원들이 우선적으로 먼저 자사 브랜드에 대한 신뢰와 애착 및 자부심을 갖고 서비스를 수행하는 것을 말한다. 관광산업은 인적산업이며 경쟁력은 결국 사람으로부터 창출된다. 고객에게 브랜드를 가장 효과적이며 강력하게 전달하는 수단은 무엇일까? 여러 가지 매체들이 일정부분 효과가 있겠지만 궁극적으로 내부고객인 직원들이야말로 최상의 전달매체일 것이다. 서비스 기업의 직원들은 다른 매체와는 달리 브랜드에 생명력과 활기를 불어넣을 수 있고 브랜드에 개성을 심을 수 있다. 예를 들어 서비스 상품 브랜드를 개발할 때 사내 공모를 통해 결정하거나 회사 유니폼을 직접 선택하게 하는 직원 참여방법을 들 수 있다. 서비스 직원들은 회사의 브랜드를 전달하는 홍보대사라 할 수 있다(이유재, 2012).

---

47) 오리온이라는 식품회사의 기업 브랜드가 고객에게는 간접적인 영향을 주지만 이 회사를 취급하는 도매와 소매상에게는 매우 중요한 역할을 한다. 따라서 이러한 기업 브랜드는 도·소매상에게는 매우 큰 영향을 미친다고 할 수 있다.

(4) 서비스 브랜드는 복합적인 요소를 갖고 있다

앞서 서비스 브랜드에서 기업 브랜드가 큰 부분을 차지한다고 하였다. 물론 기업 브랜드가 중요한 부분이기는 하나 서비스 브랜드는 보다 복합적인 특성을 지니고 있다. 기업 브랜드와 함께 이에 수반하는 심벌 및 로고, 시각적 홍보물 등을 포함한 하드웨어 측면의 디자인 등이 기업의 브랜드 정체성(Identity)을 결정한다. 이러한 브랜드 정체성은 통합적 마케팅 커뮤니케이션(IMC: Integrated Marketing Communication) 활동을 통해 소비자들에게 전달되고 그들에게 특정한 브랜드 이미지로 포지셔닝된다〈그림 1-21〉.

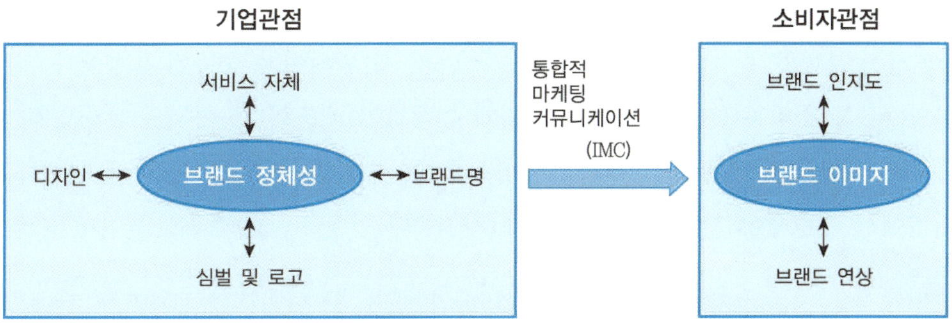

그림 1-21 서비스 브랜드 자산 형성과정

* 출처: 안광호 외 (2012)[48] 근거 저자 재구성

2) 브랜드 IDEA 모형

그렇다면 위에서 언급된 서비스 브랜드 특성에 따라 어떻게 성공적인 브랜드를 창출할 것인가가 기업입장에서는 중요한 과제가 될 수 있다. 서용구 (2010)[49]는 브랜드 IDEA (Identitiy, Differentiation, Emotion bonding, Aura) 모형을 통해 성공하는 브랜드 전략을 제시하였다〈그림 1-22〉.

---

48) 안광호, 한상만, 전성률 (2012). 전략적 브랜드 관리-이론과 응용, 학현사.
49) 서용구 (2010). 브랜드 스타를 만드는 상상엔진 IDEA, 명진출판.

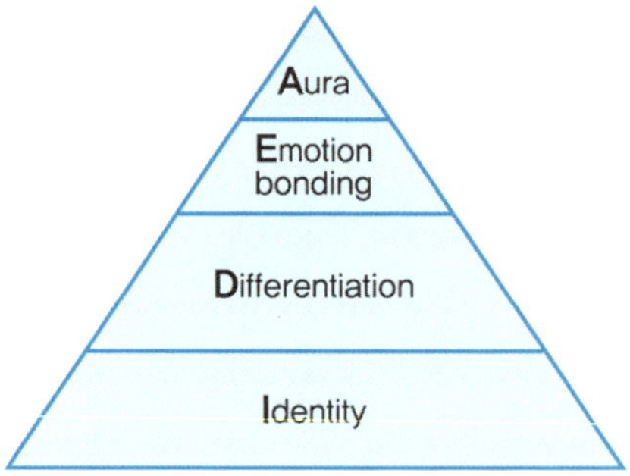

그림 1-22 브랜드 IDEA 모형

(1) 정체성(Identity) - *"정체성은 아우라의 뿌리이다"*

"정체성이 분명하다" 이것은 모든 브랜드 스타의 제1원칙이자 공통된 특성이다. 정체성이 분명할수록 소비자들이 그 브랜드를 쉽게 인식하기 때문이다. 이것은 브랜드명, 광고카피, 기업의 슬로건 및 로고, 디자인, 서비스 그 자체와 같은 요소들을 통해 구체화된다. 이 과정에서 수행해야 할 과제는 다음 세 가지이다.

① 정체성을 명문화(明文化)해야 한다. 한 줄의 카피, 단 한마디의 브랜드명 안에 그 브랜드의 모든 가치를 담아야 한다. 이 작업은 모호한 개념을 구체화하고 브랜드의 가치를 재발견하여 새로운 생명력을 부여하는 작업이다.

② '페르소나'(Persona: 개성, 실체, 다른 사람의 눈에 비치는 모습)를 개발해야 한다. 브랜드의 이미지를 구체화하고 존재감을 확대해가는 작업이다.

③ '컬러'와 '숫자'는 가장 쉽고 강력하게 브랜드의 정체성을 확립해 주는 수단이다.

(2) 차별화(Differentiation) - *"차별화는 브랜드스타의 절대조건이다"*

'차별화', 즉 '남과 다르다'는 것은 '자신감'과 '변화'를 필요로 한다. 성공의 비결은 자신감이며 이러한 자신감은 충분한 준비와 연습, 긍정적 마인드로부터 나온다. 변화는 미래를 내다보고 경영환경의 변화에 경쟁자보다 먼저 대처해 나가는 과정이다. 차별화는 기능과 상징, 경험을 통해 달성될 수 있다.

① **기능을 통한 차별화 사례:** 태양의 서커스(Cirque du Soleil)[50]

② **상징을 통한 차별화 사례:** 사우스웨스트 항공(Southwest Airlines)

미국 댈러스에 있는 사우스웨스트 항공은 1971년 세계 최초의 저가 항공사로 설립되었다는 상징성을 통한 차별화에 성공한 사례로 평가된다.

③ **경험을 통한 차별화 사례:** 포도호텔(Podo Hotel)

제주도 서귀포시 핀크스 골프클럽 내에 있는 객실수 26실의 아담한 호텔로서 재일교포 건축가인 이타미 준이 설계하였다. 이 호텔은 제주의 오름과 초가집을 모티브로 만들었으며 하늘에서 내려다보면 한 송이의 포도처럼 보인다고 해서 포도호텔로 명명되었다. 숙박시설이라기보다는 예술작품이라는 표현이 더 어울리는 이 호텔은 자연과 인간의 만남이라는 테마를 통해 휴식과 웰빙이라는 독특한 체험을 제공함으로써 차별화에 성공한 사례로 볼 수 있다. 이러한 기능, 상징 그리고 경험은 개별적인 것들이 아니라 상호 연계된 것으로써 차별화를 구성하는 요소로 볼 수 있다.

(3) 감성화(Emotion bonding) – *"향수, 재미, 사랑이 감성화를 촉진시킨다"*

정체성을 구축하고 차별화에 성공한 브랜드는 고객들의 선택을 받게 되며 그 다음 단계는 고객 충성도를 높이는 일이다. 고객 충성도는 정서적 교감을 통해 발화되기 때문에 이러한 충성도를 높이는 단계에서 반드시 필요한 과정이 바로 '감성화'이다. 감성화는 향수, 재미, 사랑과 같은 정서적 요인들을 통해 발화될 수 있다. '향수'는 누구에게나 있는 옛 추억을 끄집어내어 정서적 공감대를 형성하는 것이며 '재미'는 희망과 치유라는 긍정심리를 유발시킨다. '사랑'은 감성화를 촉진시키는 가장 열정적인 촉매라고 할 수 있다.

(4) 아우라(Aura) – *"브랜드 스타를 완성하는 마지막 1%"*

아우라(Aura)의 사전적 의미는 '사람이나 사물에서 발산하는 기운 또는 영성(Spirituality)'을 뜻하는데 확대된 의미로서 예술 작품의 '유일무이한 현존성' 또는 전통성과 연계되어 '진정성'을 의미한다. 브랜드가 아우라를 가지려면 다음 세 가지 과정이 필요하다.

---

50) 제1절 「개념적 틀」의 "전략적 사고의 특성" 부분에 설명된 사례 참조.

① 차별화, 감성화 등의 작업이 완성되는 최소 10년 이상의 장기적 시간이 필요하다.
② 한 지역을 벗어나 두 가지 이상의 문화권에서 시장을 점유하는 글로벌성을 가지고 있어야 한다.
③ 해당분야의 전문서적에 성공사례로 기록될 정도의 브랜드 진정성과 독창성을 보유함으로써 세계 최고임을 보여줄 수 있어야 한다.

이러한 아우라는 어떤 방법을 통하여 만들어지는가? 브랜드 스타의 완성은 다음과 같은 내용을 포함한다.

① 아우라는 스토리텔링을 통해 탄생한다.
마케팅 경영 일선에서 통용되는 것으로서 제품(서비스)을 팔지 말고 제품(서비스) 속에 들어있는 이야기를 팔라는 말이 있다.

> 독일 팔츠주의 라인강에 있는 로렐라이 언덕은 수많은 뱃사공들이 요정의 노래소리에 홀려 난파당했다는 전설로 유명하다. 시인 하이네의 시에 질허라는 작곡가가 곡을 붙여 만든 '로렐라이'라는 민요는 국내 음악교과서에도 실렸을 만큼 잘 알려진 노래이다. 사실 이곳은 지리적으로 라인강 유역에서도 물살이 빨라 매우 위험한 지역으로 알려져 있다. 전 세계 수많은 지역에 있는 강가에 이 정도의 경치는 어디에도 있을 수 있으나 '로렐라이 언덕'이라고 하는 곳은 이곳 밖에 없다. 이러한 스토리 때문에 매년 수많은 관광객이 여기를 방문하는 이유이다.

② 아우라는 오감충족 호스피탈리티 서비스를 통해 확대된다.
호스피탈리티(Hospitality)는 우리말로 '환대'를 의미하며 호스피탈리티 산업이란 친절성과 환대정신이 핵심 서비스인 호텔, 리조트, 레스토랑, 여객운송 및 관광산업을 포함한다. 21세기에 들어서는 모든 분야에서 고객 중심의 호스피탈리티 정신이 더욱 중요해지고 있다. 따라서 인간의 오감을 충족시키는 호스피탈리티 브랜드로 성장하면 그 브랜드의 아우라는 더욱 강화될 수 있다.

싱가포르 항공은 오감충족 호스피탈리티를 통해 브랜드 아우라를 구축한 좋은 예이다. 국내 항로도 없는 작은 섬나라인 싱가포르의 국적 항공사인 싱가포르 항공이 세계적인 명성을 얻은데는 그들만의 전방위적인 서비스 정신이 있었기 때문이다.

싱가포르 항공에는 최초라는 단어가 많이 따라 붙었다. 최초로 헤드셋을 무료로 제공했고, 최초로 인공위성을 통한 기내 전화 서비스를 제공했으며, 최초로 글로벌 기내 이메일 시스템을 제공했다. 국제 요리 감정단 및 세계 미식가 요리 시비스를 구성하여 최고의 기내식을 선보인 것은 잘 알려진 사실이다. 1990년대부터 싱가포르 항공은 스테판 플로리다 워터스 향을 뿌린 물수건을 제공했는데 이 향수는 부드럽고 여성적이며 이국적인 향기를 띠고 있다. 이는 이 항공사와 유명 향수업체가 합작으로 제작하고 특허를 받은 제품인데 이것 또한 후각을 통해 싱가포르 항공의 서비스에 대한 기억을 불러일으키는 전략적 매커니즘으로 작용한다고 볼 수 있다.

결국 이러한 모든 오감충족 서비스는 서비스 제공자인 '싱가포르 걸'로 불리우는 승무원들을 통해 이루어진다. 이들은 독창적이면서도 바디라인이 강조되는 사롱 카바야 유니폼을 입고 내규의 매뉴얼에 따라 파란색 또는 갈색 계열의 메이크업만을 할 수 있다. 이러한 유형적 요소들은 고객에게 강한 시각적 경험을 제공하며 일관적인 브랜드 이미지를 형성한다.

아울러, 최근 싱가포르 항공은 세계적인 어학 교육기관인 벌리츠(Berlitz)와 제휴하여 '벌리츠 월드 트레블러'를 선보였다. 이 프로그램은 중국어, 아랍어 등 23개 언어를 배우는 쌍방향 언어 학습 프로그램으로써 어린이와 보호자가 긴 비행시간 동안 즐겁게 외국어를 배울 수 있는 기회를 제공하는 것으로 화제를 모았다. 이 프로그램이야 말로 승객을 향한 싱가포르 항공의 전방위적 서비스의 백미라 할 수 있을 것이다.

③ 브랜드 리뉴얼(Renewal)과 리포지셔닝(Repositioning)은 아우라를 지속시키는 중요한 이슈이다.

브랜드 리뉴얼은 브랜드의 고유한 정체성을 유지하면서 새로운 이미지를 창출하는 가치혁신 전략이며, 브랜드 리포지셔닝은 목표고객을 재분석하고 재설정하여 시장을 확대하고 새로운 수요를 창출하는 마케팅 혁신 전략이다.

시대의 흐름에 따라 소비자의 기호도 변화한다. 아울러 신기술의 등장으로 경영환경이 지속적으로 변화하기 때문에 기존 브랜드의 가치가 약화되거나 이미지가 노후화되는 문제는 언제나 발생하기 때문에 브랜드 리뉴얼과 리포지셔닝은 선택이 아니라 필수사항이 되었다. 그러나 이러한 전략을 성공적으로 이끌기 위해서는 장기적인 계획하에 적절한 시기의 선택이 매우 중요하며 성급하고 잘 준비되지 않은 리뉴얼과 리포지셔닝 전략은 오히려 회사를 위기에 처하게 할 수 있다는 것을 염두에 둬야 한다.

브리티시 항공(British Airways)은 1974년에 설립되어 런던 히드로와 개트윅 국제공항을 허브로 전 세계 87개 국가, 165개 도시에 취항하는 세계적인 항공사이다. 브리티시 항공은 1980년대와 1990년대 모두 두 번에 걸쳐 대대적인 리뉴얼 작업을 실시했는데 결과적으로 1차 리뉴얼은 성공적이었으나 2차 리뉴얼은 실패한 것으로 평가되고 있다.

브리티시 항공의 전신인 영국 해외 항공(British Overseas Airways Corporation)은 콩코드, 에어 러시아, BEA, Brymon 등 내부 브랜드들이 각기 연관성 없이 난립하고 있었다. 이러한 내부 브랜드들의 수가 점점 증가하면서 회사는 브랜드 정체성과 통일성을 잃어버렸다. 결국 1984년 BOAC의 모든 브랜드들은 브리티시 항공이라는 이름아래 통일된 브랜드 아이덴터티 리뉴얼 작업에 들어갔다.

이러한 BI(Brand Identity) 리뉴얼 작업은 크게 두 가지 방식으로 이루어졌다. 첫 번째는 브랜드명에 영국 국기의 주요색인 빨간색과 파란색을 바탕으로 한 리본 모양의 로고 'speed wing'을 조합하는 것이고 둘째는 내부 브랜드인 콩코드와 같이 고유 브랜드 성격이 확실한 브랜드는 바꾸지 않고 브리티시 항공을 상징하는 로고인 'speed wing'만 조합하는 방식이었다. 이렇게 두 가지 방식으로 이루어진 1차 리뉴얼 작업을 통해 브리티시 항공은 약 50여 개 이상의 내부 브랜드를 정리하여 소비자들로부터 브랜드 인지도가 향상되는 효과를 얻었다.

브리티시 항공은 12년이 지난 1996년 글로벌 항공사로의 도약을 위해 두 번째 리뉴얼 작업을 강행했다. 2차 리뉴얼은 비행기 꼬리부분에 출항하는 각 나라를 상징하는 문양을 넣는 방식이었다. 독창적이면서 사실적인 이미지를 만들어내기 위해 각 나라의 디자이너, 화가, 공예가 등의 전문가 집단과 작업을 하는 대규모의 프로젝트였다.

그러나 이러한 결과는 주요 고객들인 영국 탑승객들이 영국 고유의 느낌을 약화시킨 항공사의 방식에 거부감을 나타냈고 엎친데 덮친 격으로 경쟁사에서 브리티시 항공이 포기한 영국 국기를 모티브로 삼아 항공기를 내놓는 바람에 결국 2년 후 막대한 예산을 투입하여 대부분의 항공기를 다시 이전의 형태로 복귀시키거나 수정할 수밖에 없었다. 결국 브리티시 항공은 1차 리뉴얼에서는 대성공을 거두었지만 2차 리뉴얼은 경쟁사에 기회를 마련해주면서 고객들을 빼앗기는 치명적인 결과를 낳았다.

4. 수익관리

수익관리(Revenue 또는 Yield management)란 수요와 공급을 최적화함으로써 수익을 극대화시키는 경영기법으로서, 실무적으로 항공사, 호텔, 레스토랑 등 소멸성 자산을 운용하는 서비스기업과 학술적으로 경영 과학분야에서 빠르게 확산되고 있다. 수익관리가 제일 먼저 도입된 산업 분야는 항공업계로서 1978년 미국에서 항공규제완화조치를 통해 항공사간 경쟁이 치열해짐에 따라 이러한 시장 환경변화에 적극적으로 대처하기 위해 시작되었다. 1980년대 호텔산업에 도입되어 현재는 리조트, 레스토랑 등 다양한 서비스분야에 확대되고 있다.

관광기업의 수익관리는 다음과 같은 기본 개념을 포함한다.

1. 정해진 시간 내에 좌석(또는 객실)을 적정한 가격으로 고객에게 적시에 판매하는 것
2. 비용절감에 초점을 두기보다 매출 증대를 통해 수익 극대화를 추구하는 것

수익관리 시스템이 구축되면 특정 시간대에 특정 고객에 따라 하루 8만번까지 가격이 변동될 수 있다. 일반적으로 과거 자료에 근거하여 예약 시점 및 고객 정보 등 수요상황에 따라 차별화된 가격을 정하게 된다. 최근 인터넷 경영환경에서는 기업의 수익관리 수요와 소비자의 구매수요를 모두 충족시켜 줄 수 있는 프라이스라인(www.priceline.com)과 같은 비즈니스 모델이 활용되고 있다.

참고

www.priceline.com

2010년 비즈니스위크는 S&P 500 편입종목 가운데 최근 5년 동안 가장 높은 투자수익률을 낸 50대 기업을 선정했다. 애플, 구글, 아마존, HP, 맥도널드 등 낯익은 기업들인 순위에 오른 가운데 리스트의 맨 위에는 놀랍게도 priceline.com이 이름을 새겼다. "당신이 원하는 가격을 제시하라"는 의미의 "Name your own price"는 프라이스라인의 특허이자 트레이드 마크이다.

호텔 숙박, 항공권처럼 특정시간이 지나면 가치가 사라지는 서비스 상품에 대해 프라이스라인은 호텔 및 항공사 브랜드가 가격에 대한 부정적인 영향 없이 재고를 처리해 주는 유용한 비즈니스이다. 프라이스라인의 호텔 숙박권 역경매는 특정 호텔과 일대일로 가격 흥정을 하는 게 아니라 등급(스타)과 위치(로케이션) 두 가지를 통해 이루어진다.

예를 들어, Las Vegas의 호텔을 예약할 경우 소비자는 Las Vegas의 주요 도로인 스트립(Strip) 남쪽, 북쪽 등 프라이스라인이 구분해 놓은 지역을 선택한 후 5성 호텔을 원하는지, 4성 호텔 이상을 원하는지 등급을 선택하고 이후 본인이 원하는 가격을 입력하여 흥정한다. 본인이 특정한 호텔을 지정할 수 없다는 점 때문에 이용하지 않는다는 소비자도 있지만 공급자인 호텔은 브랜드 가치를 훼손하지 않으면서 재고를 처리할 수 있다는 장점이 있다.

프라이스라인과 같은 비즈니스 모델은 서비스 공급자인 항공사와 호텔의 재고관리 문제를 진정으로 공급자에게 이득이 되는 방법으로 해결해 주는 방법이다. 프라이스라인 덕분에 재고를 손쉽게 처리하게 된 공급자들은 다른 서비스 중개인(예 여행사)에게 제공하는 가격보다 훨씬 낮은 가격으로 프라이스라인에 숙박권과 항공권을 제공하기 때문에 탁월한 가격 경쟁력을 유지할 수 있게 된 것이다.

＊출처: 매일경제, 2010. 9. 17

항공사의 경우 수익관리는 앞서 언급한 기본적인 사항에다 요금 수준별 좌석할당과 예약한계 (예 예약취소 및 예약부도) 등을 고려하여 초과예약을 추정하게 된다. 호텔의 경우도 마찬가지인데 수익관리는 크게 네 가지 영역으로서 ① 수요예측, ② 초과예약, ③ 객실 재고관리 및 ④ 가격결정을 포함한다. 수익관리에 포함되는 요소를 정리하면 다음과 같다 〈표 1-5〉.

표 1-5 수익관리 요소

요소	내용	유형
자원	예약시점부터 서비스 개시 시점까지 고려할 수 있는 시간	이산형, 연속형
수용력	서비스 제공이 가능한 최대용량에 대한 제약(항공사의 좌석 수, 호텔의 객실 수)	고정 또는 변동
가격수준	고려되는 가격수준에 대한 제약	사전에 정해진 가격/모형에 의해 정해지는 최적가격 또는 두 가지의 조합
요금지불의사	고객이 할인요금좌석을 이용하지 못하는 경우 정상요금 지불의사	포기/정상요금 지불
할인요금수준	동일객실에서 제공될 수 있는 할인요금의 종류	1, 2, 3, … i 개
예약수요	예약고객의 수요 특성	확정적 수요/요금수준에 독립적 또는 종속적인 확률적 수요/혼합

요소	내용	유형
할인/정상요금 수요의 특성	할인예약고객/정상요금고객의 탑승 특성	확실성/취소를 고려하거나 고려하지 않는 불확실성
그룹예약	예약확인 또는 취소를 그룹단위로 결정	고려/고려하지 않음
초과예약처리	초과예약된 고객에 대한 처리과정	고려하지 않음/정상요금지불/할인요금지불

* 출처: 정대영, 윤문길 (2000)[51]

참고

〈사례〉 호텔 수익관리

호텔의 경우 수익성의 척도로 주로 사용되는 것은 '가용 객실당 수입(RevPAR: Revenue Per Available Room)'이다. 호텔의 총매출은 객실 수입과 부대시설 수입으로 구성되며 객실 수입의 경우 호텔별로 객실 수와 요금이 달라 단순히 액수로만 비교하기에는 무리가 있기 때문이다. 가용 객실당 수입은 판매 객실 평균요금(객실 총매출액/판매 객실 수)에 객실 이용률을 곱해서 구한다.

객실당 수입 = 판매 객실 평균요금 × 객실 이용률
* 판매 객실 평균요금 = 객실 총매출액/판매 객실 수

따라서 호텔의 매출액은 규모에 따라 커지게 되기 때문에 규모의 척도이며 수익성의 척도는 가용 객실당 수입이라고 할 수 있다.

〈특1급 호텔 총매출〉

순위		총매출(억 원)
1	롯데호텔서울	1,648
2	쉐라톤그랜드워커힐	1,631
3	그랜드하얏트서울	1,287
4	호텔신라	1,235
5	그랜드인터컨티넨털서울	1,109

〈특1급 호텔 객실당 수입〉

순위		객실당 수입(원)
1	호텔신라	226,019
2	그랜드하얏트서울	222,718
3	서울웨스틴조선	211,296
4	롯데호텔서울	208,247
5	JW메리어트서울	188,745

자료 : 관광호텔업협회, 2011 호텔업운영현황

위 표에 보는 것과 같이 객실 총매출(객실당 요금 × 판매 객실수)은 호텔별로 객실수와 요금이 달라 단순히 액수로만 평가하면 규모가 큰 호텔이 많이 산출되는 것이 당연하게 된다. 따라서 객관적인 상대평가를 하기 위해서 「객실당 수입」을 척도로 삼는 경우가 많다. 객실당 수입은 총매출과는 다른 결과를 보여주는데 2011년 서울지역 19개 특1급 호텔의 평균 객실당 수입은 17만822원, 평균 객실 이용률은 79.3%로 나타났다. 참고로 명동지역의 특2급 호텔들의 평균 객실당 수입도 14만원대의 높은 수익성을 나타냈다.

* 출처: 매일경제, 2012. 10. 10

51) 정대영, 윤문길 (2000). 단체수요를 고려한 서비스 산업의 수익관리 최적화 모형연구, 경영연구, 7(2), 12.

골프장의 경우 수익관리에 대한 사례를 요약해서 제시하면 다음과 같다.

참고

〈사례〉 골프장 수익관리[52)]

1. 현황
    - 2011년 11월 현재 전국적으로 골프장은 386개가 운영 중이며 건설 중(110개)이거나 착공단계(33개)에 있는 골프장을 포함하면 총 519개에 이르고 있다.
    - 내장객 수가 가장 높은 지역은 경기도 지역이고 홀당 내장객 수가 가장 높은 지역은 경북지역으로 나타났다(한국골프장경영협회, 2011).
    - 국내 골프업계가 약 500여 개소로 수요와 공급, 그리고 시장환경 변화의 변곡점에 이를 것으로 예상되는 2015년경에는 수도권과 비수도권 골프장 간 격차가 심화되고 3~4개소 이상의 골프장을 소유한 그룹화된 골프전문기업들은 '규모의 경제'를 실현할 것으로 예상된다. 이에 골프장간 경쟁이 심화되어 수익관리에 대한 필요가 증대될 것이다.
2. 조사대상
    - 제주도 중문관광단지에 위치한 J골프장은 1989년 개장한 한국관광공사 소유의 18홀의 대중(퍼블릭) 골프장으로서 해안에 위치하여 아름다운 절경을 자랑한다.
    - 조사대상에 대한 현황분석은 운영적 여건, 지리적 여건, 사회적 여건, 기후적 여건으로 구분하여 분석하였다.
    - 분석을 위한 자료는 최근 3년간 이용객 자료를 바탕으로 분석하였다.
3. 분석
    - 분석내용은 크게 이용성향분석, 이용률 분석 그리고 요금프랜별 분석으로 이루어졌다.
    - 아울러 골프장 이용객들의 이용형태와 만족도를 파악하기 위해 설문조사를 실시하였으며 내용구성은 이용형태, 중요도 및 만족도, 가격 민감도, 그리고 고객 일반정보로 이루어졌다.
    - 이용료(그린피) 변화에 따른 내장객 수 변화는 회귀분석을 이용하였다. 이에 주중과 주말에 따라 다음과 같은 회귀방정식이 산출되었다.
      - 주중: (내장객 수) = 213.2 − 0.00216 × (이용료)
        ↳ 월~금까지 하루치 평균
        연간 내장객 수 = (월~금 평균치) × 5일 × 12개월
      - 주말: (내장객 수) = 355.9 − 0.00243 × (이용료)
        ↳ 토, 일요일 평균
        연간 내장객 수 = (토, 일 평균치) × 2일 × 12개월
4. 시사점
    - 시사점은 크게 이용료 부문, 회전율 부문, 고객관리 부문, 마케팅관리 부문으로 나누어 제시될 수 있다.
    - 이용료 부문에서는 요금플랜별 이용료 할인 프로모션과 인터넷 요금 우대에 대한 개선방안이 제시되었다.

52) 서용건 (2011). 중문골프장 운영전략, 한국관광공사 중문골프클럽 · 제주대학교 산학협력단.

- 회전율을 상승시키기 위해 취약 시간대에 차등적인 할인 요금제 운영과 하절기 오후 4시 이후 3부 운영방안을 제시하였다.
- 인터넷 회원을 포함한 회원 프로파일 조사와 유형별, 시간대별 고객 데이터베이스화에 따른 고객관계관리(CRM) 전략이 필요하다.
- 추가적인 시설개선과 함께 직원교육 및 효율적인 조직관리를 통해 골프장의 브랜드가치를 향상시킬 필요가 있다.

주요 토론주제

1. 여행산업(항공사, 소매여행사, 대형관광여행사, 크루즈회사 등) 중 같은 업종에서 회사규모(예 대기업, 중견기업, 중소기업)에 따라 한 회사씩 선정하여 관광경영전략에 어떤 유사점과 차이점이 있는지 조사해보자.
2. 숙박산업(호텔, 리조트, 콘도미니엄, 캠프장, 펜션, 휴양형 주거단지 등) 중 같은 업종에서 지역(예 서울, 부산, 제주도 등)에 따라 한 회사씩 선정하여 관광경영전략에 어떤 유사점과 차이점이 있는지 조사해보자.
3. 레저산업(골프장, 주제공원, 카지노, 레스토랑, 스포츠클럽, 영화관 등) 중 같은 업종에서 경쟁업체인 두 회사를 골라 관광경영전략에서 어떤 유사점과 차이점이 있는지 조사해보자.
4. 여행산업, 숙박산업, 레저산업별로 전략이슈(경쟁, 협력, 서비스품질, 혁신, 마케팅)별로 사례를 모아 정리하고 토론해보자.
5. 여행산업, 숙박산업, 레저산업별로 전략관리(인적자원관리, 서비스 품질관리, 브랜드관리, 수익관리) 측면에서 사례를 모아보고 토론해보자.

참고문헌

가와세 마코토 (2011). 경영전략 워크북, 케이펍.

김동철 · 서영우 (2010). 경영전략 수립 방법론, 시그마인사이트컴.

김위찬, 르네 마보안 (2005). 블루오션전략, 교보문고.

노재범, 이팔훈, 이승현 (2007). 서비스 이노베이션 엔진, 6시그마, 산성경제연구소.

서용건 (2011). 중문골프장 운영전략, 한국관광공사 중문골프클럽 · 제주대학교산학협력단.

서용구 (2010). 브랜드 스타를 만드는 상상엔진 IDEA, 명진출판.

안광호, 김동훈, 김영찬 (2010). 마케팅 전략, 학현사.

안광호, 한상만, 전성률 (2012). 전략적 브랜드 관리-이론과 응용, 학현사

유규창, 서용구, 신도철 (2006). 호스피탈리티 산업의 직업구조 특성과 인적자원 개발전략, 한국직업능력개발원.

이승주 (2008). 경영전략 실천 매뉴얼, 시그마 인사이트 그룹.

이순철 (1997). 서비스 기업의 운영전략, 삼성경제연구소.

이유재 (2012). 서비스 마케팅, 학현사.

장세진 (2010). 글로벌 경쟁시대의 경영전략, 박영사.

정대영, 윤문길 (2000). 단체수요를 고려한 서비스 산업의 수익관리 최적화 모형연구, 경영연구, 7(2), 12.

Barber, A. (2002). "The necessity of voice of the customer", 6 sigma for service & transaction conference, Oct 1–2.

Booms, B and Bitner, M. (1981). Marketing strategies & organizational structures for service firms. In Donnelly, J & George, W(ed), Marketing services, Chicago: AMA.

Chandler, A.D. (1962). Strategy and Structure, Boston: MIT Press.

Collis, D. and Montgomery, C. (1997). Corporate strategy, New York: Irwin.

Covey, S. (2004). The 8th habit from effectiveness to greatness, New York: Free Press.

Drucker P. (2008). The five most important questions you will ever ask about your organization, New York: John Wiley & Sons.

Faulkner, D. (1995). strategic alliances: cooperating to compete, New York: McGraw-Hill.

Gluck, F. (1980). Strategic management for competitive advantage, Harvard Business Review.

Grant, R. (1998). Contemporary strategy analysis, New York: Blackwell.

Gronroos, C. (2007). Service management & marketing: Customer management in service competitions, New York: John Wiley & Sons.

Hasket, J. Sessor, E. & Schlesinger, R. (2000). The service profit chain, 서비스경영연구회 · 삼성경제연구소.

Jemke, R and Sharp, D. (1990). The service edge: 101 companies that profit from customer care, New York: Plume.

Kim, W. C. (1999). Creating new market spare, Harvard Business Review.

Levitt, T. (1986). The marketing imagination. New York: Free Press.

Mintzberg, H. (2010). Management-It's not what you think, New York: Pearson Group.

Ohmae, K. (1982). The mind of the strategist, NewYork: McGraw Hill.

Parasuraman, A., Zeithaml, V., and Berry, L. (1985). A conceptual model of service quality & its implications for future research, Journal of Marketing, 49(4): 41–50.

Porter, M. (1996). 'What is strategy', Harvard Business Review(Nov-Dec).

Porter, M. (2008). Competitive strategy, 조동성 역, 21세기북스.

Rayport, J and Jaworski, B. (2002). Introduction to e-commerce, New York: McGraw-Hill.

Zeithaml, V and Bitner, M. (2000), Services marketing: Integrating customer across the firm, New York: McGraw-Hill.

제2장 공공부문 관광경영전략

제1절 서비스투어리즘 전략의 개념적 틀

1. 정의

1) 지역의 선순환과 악순환

규모나 위치를 막론하고 이제 어느 지역이나 관광부문이 중요하지 않은 산업으로 인식되는 곳은 없다. 현재까지 국내에는 지방자치단체가 재정적자로 인해 파산을 선고하는 경우는 발생이 되지 않았으나 미국, 일본을 포함한 외국에는 종종 재정이 파탄 나는 사례가 발생한다. 그러나 이러한 극단적인 사례가 아니라하더라도 재정적자로 허덕이는 지역은 국내·외에 무수히 많고 이를 극복할 수 있는 좋은 경제활성화의 수단으로 관광부문에 많은 관심을 갖고 있는 것이 현실이다.

그러나 지역 및 도시들이 이러한 사실을 잘 알고 있지만 현실적으로 관광을 통해 지속적인 지역발전을 도모하는 것은 매우 도전적이고 치밀한 전략과 끊임없는 혁신을 요구하는 어려운 작업이다. 지역들의 상황은 크게 ① 만성적인 재정적자와 경기침체; ② 초·중기 재정적자 및 불경기; ③ 활성화와 침체의 반복적 상황; ④ 재정흑자와 초·중기 경기활성화 단계; 그리고 ⑤ 지속적인 경기활성화와 같은 다섯 단계로 나누어 볼 수 있다. 대부분의 지역들은 내부·외부적 요인들에 의해 활성화와 침체의 반복적 상황을 겪는 단계에서 ④와 ⑤단계로 발전할 수도 있고, ①과 ②단계로 퇴보할 수도 있다.

그렇다면 지역이 곤경에 빠지는 이유는 무엇일까? 이유는 복합적이지만 몇 가지로 분류하면 다음과 같다. 첫째는 내부적 요인으로서 지역사회의 구조적인 병폐, 지역발전전략의 부재 또는 오류, 리더십의 부재, 인구감소, 협상과 타협을 통한 상생문화부재, 교육·의료·사업·복지·관광 및 레저측면에서 매력적 요소의 부재 등이 있을 수 있다. 둘째는 외부적 요인으로서 지역 간 경쟁의 글로벌화, 기술의 빠른 변화, 소비자들의 트렌드변화 등 외부환경변화에 지역이 신속히 대응과 적응을 하지 못할 때 곤경에 처하게 된다. 이러한 요인에 따라 지역이 적합한 전략선택과 실행을 통해 선순환을 할 수도 있고 대응과 적응에 실패함으로써 악순환을 할 수도 있다〈그림 2-1〉.

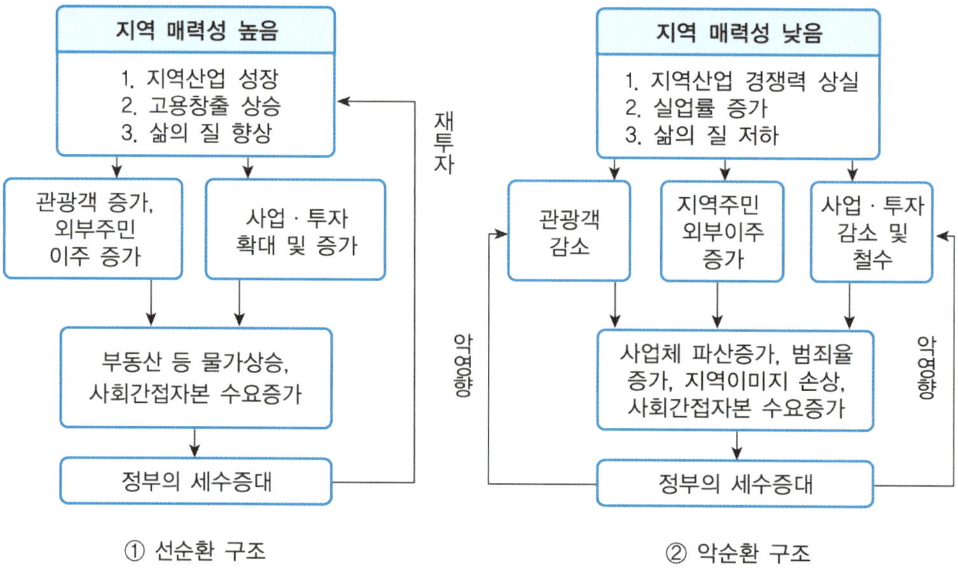

그림 2-1 지역 선순환과 악순환 구조

* 출처: Kotler et al. (1993)[53]

2) 관광목적지 발전단계

관광목적지의 발전단계는 지역, 국내, 국제단계별로 구성된다〈그림 2-2〉. 여기서 중요한 사항은 국제관광지로 발전해간다는 것은 하위단계의 지역 및 국내관광지 특성이 사라지는게 아니라 이런 단계까지 포괄적으로 포함하면서 국제적 경쟁력을 갖춘 관광목적지가 된다는 것이다. 각 단계별 구분기준은 방문객 수, 방문객 거주지역, 외래관광객 수, 외

53) Kotler, P., Haider, D., and Rein, I. (1993). Marketing Places. NewYork: Free Press.

래관광객 국적 다양성 및 전반적인 인지도 등이 될 수 있다.

① 지역관광지는 말 그대로 지역주민들을 주요 시장으로 하는 관광지나 매력물을 말한다. 초기부터 국제적 규모로 투자가 되지 않는 한 대부분의 관광지들은 지역관광지 단계로부터 시작한다. 대도시에 위치한 관광지들은 방대한 지역시장에 기반하여 국내 및 국제단위로 비교적 빠른 시간 안에 발전할 수 있지만 중소도시에 위치한 관광지들은 투자규모에 따라 오랜 세월에 걸쳐 단계별로 발전할 수도 있고 초기부터 큰 투자유치를 통해 국내 및 국제관광목적지를 지향할 수도 있다. 그러나 일부사례를 제외하고 많은 지역관광지들은 관광매력도와 경쟁력 측면에서 국내와 국제관광지로 발전하지 않으면 도태될 수밖에 없는 한계를 갖는다.

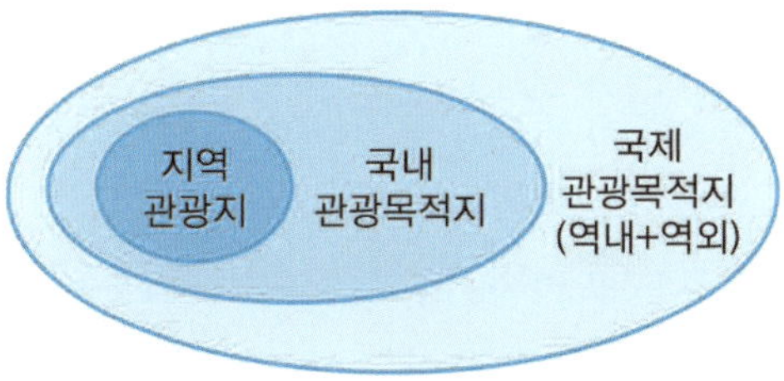

그림 2-2 관광목적지 발전단계

② 국내관광지는 지역과 국제관광목적지의 중간단계로서 국민들을 주요 시장으로 하는 관광목적지를 말한다. 전반적인 인지도, 방문객 수, 방문객 거주지역, 외래관광객 수 차원에서 지역관광지와는 큰 차이를 갖는다. 아울러 단계별 구분기준 차원에서 국제관광지와도 많은 차이를 갖는다. 현재까지 일반적인 기준은 없으나 외래관광객의 비중이 10% 미만이면서 이들의 국적 다양성이 거의 없거나 인지도 측면에서 크게 국내에 머물고 있는 경우 국내관광지단계로 보는 것이 합당하다.

③ 국제관광지는 높은 국제적 인지도를 바탕으로 해외관광객을 주요 시장으로 하는 관광목적지를 말한다. 전체 방문객 중 외래관광객의 비중이 최소 30%이상으로서 이들의 국적 다양성과 세계적으로 인지도를 갖고 있는 경우가 해당한다. 국제관광지는 크게 지리적 특성상 역내와 역외 관광목적지로 구분할 수 있다. 역내는 보통 비행시간 7시간 이내로서 대륙권내 (예 아시아대륙 내, 아메리카대륙 내 등) 국제관광목적지

를 말하며 역외는 7시간 이상의 비행시간이 소요되는 대륙간(예 아시아-유럽 간) 이동을 필요로 하는 국제관광목적지를 말한다.

3) 서비스투어리즘의 개념

지역과 국내관광지단계를 지나 명실상부한 국제적 수준의 관광목적지가 되기 위해서는 고도의 서비스경쟁력과 차별화된 서비스상품, 독특한 자연환경과 인문환경, 잘 갖추어진 사회간접자본시설, 양호한 접근성, 편의성, 매력성 등이 갖추어져야 한다. 어떤 지역은 천혜의 자연환경 또는 화려한 역사적 자원을 기반으로 쉽게 국제관광지로 도약하기도 한다. 그러나 사실 특별하지 않은 지역은 없는 것처럼 대다수의 많은 지역은 고유성과 잠재성을 갖고 있으나 비전 및 전략 부재, 투자부족 등 여러 요인에 의해 현재 단계에 머물고 있다.

관광목적지의 성패는 근본적으로 관광객의 소비트렌드변화에 얼마나 대응하고 적응하는가에 달려 있다. 지난 수십 년간 관광트렌드의 변화는 크게 유람관광(Sightseeing)에서 체험 및 테마관광(Experiential and Thematic tourism)으로 패러다임이 전환되어 왔으며 오늘날은 서비스투어리즘(Service tourism)으로 전환되고 있다〈그림 2-3〉. 여기서 패러다임의 전환이란 의미는 앞서 설명된 관광목적지 발전단계처럼 하위단계의 관광활동 자체가 사라진다는 것이 아니라 존속은 하지만 고부가가치의 관광은 상위단계로 갈수록 커지며 관광객들의 소비욕구 및 패턴이 상위단계로 무게중심이 이동한다는 뜻이다.

그림 2-3 관광패러다임의 변화

참고

개념

서비스투어리즘이란 일차적으로 관광이 교육, 의료, 휴양, 레저 등의 서비스부문과 나아가 1, 2차산업과도 융복합화되어 시너지효과가 극대화되는 관광활동 또는 전략을 말한다.

서비스투어리즘의 특성을 요약하면 다음과 같다.

① 관광이 매우 포괄적으로 다른 서비스산업과 융복합화하는 것이다. 이에는 교육, 의료, 문화, 복지, 휴양, 레저, 여가, 컨벤션, 쇼핑, 식음료 등이 포함된다.

② 융복합화가 확대되어 1, 2차 산업과도 연계되는 것으로서 기존의 농촌관광, 생태관광, 산업시찰과 같은 체험 및 테마관광보다 범위(Scale) 및 내용(Content) 등 모든 측면에서 포괄성, 구체성, 다양성, 개별성 등의 서비스적 특성이 한층 강화되는 것이다.

③ 1, 2, 3차 산업과 관광부문의 융복합화가 이루어지면서 모든 산업부문에 호스피탈리티(Hospitality)적 특성이 강조되며 점진적으로 서비스투어리즘으로 수렴되는 현상을 보인다.

④ 지역차원에서는 보는 관광 → 체험 및 테마관광 → 서비스투어리즘으로 관광패턴이 전환될수록 고부가가치 관광패러다임이 형성되는 것이다. 아울러 지금까지 다른 산업과 연계성이 낮게 상당부분 독자적으로 개발 또는 관리되어온 관광부문이 융복합화를 통해 새롭게 구성되는 신 포트폴리오전략이다.

⑤ 관광소비자들의 트렌드는 전반적으로 고급화, 다양화되고 있으며 각 세분화된 시장별로 서비스투어리즘에 대한 수요가 증가하고 있다.

다음은 관광패러다임별 특성을 정리한 것이다〈표 2-1〉.

표 2-1 관광패러다임별 특성

특성	유람관광	체험 및 테마관광	서비스투어리즘
1. 산업연계성	낮음	중간	매우 높음
2. 서비스적 특성	낮음	중간	매우 높음
3. 범위	지역적	지역+국내적	지역+국내+국제적
4. 주요자원	자연자원	자연+인문자원	자연+인문+지식자원
5. 민-관 파트너십 수준	낮음	중간	매우 높음
6. 관광유형	대중관광	중소규모관광	고객맞춤형 관광
7. 체류기간	단기	단기+중기	단기+중기+장기
8. 재방문	낮음	중간	높음

특성	유람관광	체험 및 테마관광	서비스투어리즘
9. 경쟁력 요소	가격	가격+차별화	가격+차별화+서비스
10. 목표	방문객 수	방문객 수+만족도	만족도+삶의 질 향상
11. 주요 과제	마케팅	마케팅+R&D	마케팅+R&D+혁신
12. IT활용도	낮음	중간	높음
13. 인적자원 수준	낮음	중간	높음

서비스투어리즘 전략의 필요성은 다음과 같이 요약할 수 있다.

① 관광부문이 다른 산업과 기본적으로 연계되어 있는 특성을 극대화시킬 필요가 있다.

② 지역이 단기 체류 중심의 일상적인 관광행태로부터 벗어나 단기·중기·장기체류의 복합적인 고부가가치 관광행태로 전환시킬 필요가 있다.

③ 지역이 비효율적인 관광부문에 의존함으로써 발생될 수 있는 위험성으로부터 벗어날 필요가 있다.

④ 시장의 변화는 지역이 대응하고 적응하는 것보다 훨씬 빨리 변화하고 있으며 이에 지역 간 경쟁도 심화되고 있다. 고도의 경쟁력을 갖추기 위해서 상위단계의 관광패러다임인 서비스투어리즘으로의 전환이 필요하다.

2. 서비스투어리즘 전략의 구성요소

서비스투어리즘 전략의 구성요소는 크게 ① 기획집단(Planning group), ② 마케팅요소(Marketing factors), 그리고 ③ 표적시장(Target markets)으로 나눌 수 있다〈그림 2-4〉.

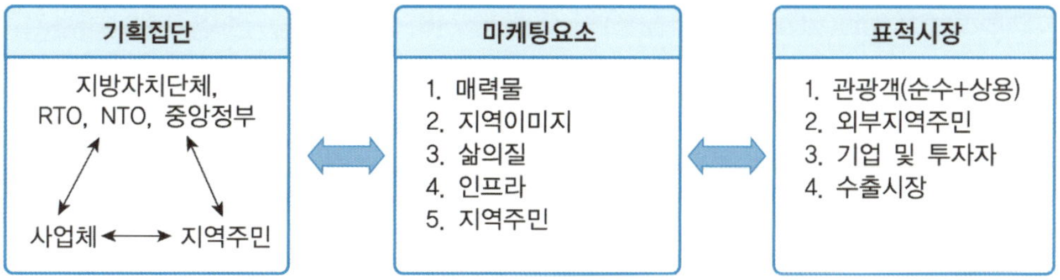

그림 2-4 서비스투어리즘 전략의 구성요소

Note: RTO(Regional Tourism Organization: 지방관광공사)
NTO(National Tourism Organization: 국가관광공사)

* 출처: Kotler et al. (1993) 근거 저자 재구성

1) 기획집단(Planning group) – 누가 서비스투어리즘 전략을 실행하는가?

기획집단은 크게 공공부문으로서 지방자치단체와 지방관광공사(RTO), 그리고 이들을 지원하는 국가관광기구(NTO)와 중앙정부로 구성된다. 서비스투어리즘 마케팅 대상이 국가단위이면 후자들이 주체가 된다. 기획집단을 구성하는 민간부문은 다양한 사업체와 지역주민들로서 이들과 공공부문과의 민–관 파트너십(Public-Private Partnership)은 서비스투어리즘 마케팅활동에 있어 가장 기본적이면서도 중요한 요소이다. 파트너십 구축을 통해 ① 문제진단 → ② 비전 및 목표설정 → ③ 계획수립(Plan) → ④ 실행(Do), 모니터링(See) 및 평가과정을 통해 지역 마케팅활동을 수행한다.

기획집단 내 세 구성요소의 각 역할도 매우 중요하다. 중앙정부와 지방자치단체는 예산확보와 집행, 정책수립 및 집행, 각종 사업의 관리 및 감독 등을 수행하는데 원칙적으로 이들의 활동은 세금을 기반으로 한 것이기 때문에 지역주민의 대리인(Proxy) 역할을 하는 것이다. 지방 및 국가관광공사는 실질적인 지역 및 국가마케팅활동을 수행하며 민간부문으로서 사업체와 지역주민들도 각각 서비스투어리즘 마케팅활동에서 중요한 역할을 수행한다. 여기서 주목할 점은 사업체는 관광사업체를 포함한 지역의 부동산, 은행, 상공인 단체 등 매우 포괄적인 범주의 사업체를 의미한다는 것이다. 아울러 각종 관광관련 개발사업과 관련하여 지역주민의 동의와 지지는 매우 중요한 요소이며 또한 주민의 친절도도 이에 포함된다.

2) 마케팅요소(Marketing factors) - 어떻게 서비스투어리즘 전략을 실행하는가?

서비스투어리즘 전략의 실행은 마케팅활동을 중심으로 이루어지며 이를 구성하는 요소에는 ① 매력물, ② 지역 이미지, ③ 삶의 질, ④ 인프라 그리고 ⑤ 지역주민이 포함된다. 이 다섯 가지 요소는 개별적으로 존재하는 것이 아니라 상호연계되어 있다는 점을 명심해야 한다.

(1) 매력물(Attractions)

서비스투어리즘은 관광이 지역의 다른 산업과 연계되는 융복합화 전략이다. 따라서 지역의 관광지, 관광시설은 물론이고 학교, 연수원, 병원, 문화시설 및 공연, 복지시설 및 프로그램, 휴양시설, 레저스포츠시설(골프장 등), 컨벤션시설, 식음료, 쇼핑시설(면세점, 아울렛, 쇼핑몰 등), 농·어촌, 산업시설 등 모두가 직접적이고 잠재적인 지역의 매력물에 포함된다.

(2) 지역 이미지(Place image)

관광이라는 서비스 속성상 지역의 이미지 마케팅은 중요한 역할을 수행한다. 사람들이 어떤 지역 이름을 떠올릴 때 생각나는 그 지역 이미지는 무엇인가? 결국 지역은 이미지를

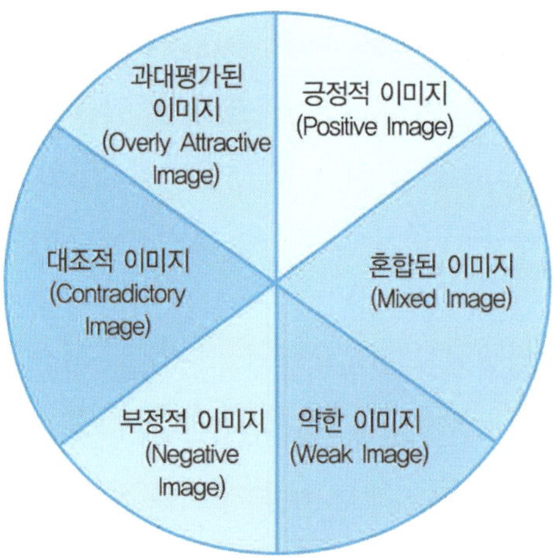

그림 2-5 지역 이미지 카테고리

* 출처: Kotler et al. (1993)

소비자에게 각인시키고 상품화시킨다. 소비자들은 그들이 갖고 있는 긍정적인 지역 이미지에 근거하여 관광목적지를 선택하게 된다. 지역 이미지는 크게 다음과 같이 6개로 구분할 수 있으며 이는 현재 해당지역이 어떤 이미지를 창출하도록 노력해야 하는지에 대한 기본 방향을 제시해 준다〈그림 2-5〉. 많은 관광목적지들은 혼합된 이미지를 갖고 있다.

(3) 삶의 질(Quality of life)

서비스투어리즘 마케팅요소 중 가장 근본적이면서 중요한 것이 바로 삶의 질이다. 삶의 질은 깨끗한 자연환경, 풍부하고 우수한 인문환경, 잘 갖추어진 인프라 및 다양한 매력물, 적정수준의 물가 등 경제환경에 의해 결정된다. 이 중에서 특히 우수한 교육기관(초·중·고·대학교)과 의료기관(병·의원)은 가장 생활 밀착도가 높은 것들로서 지역의 매력도를 한층 높이는 중요한 마케팅요소이다.

(4) 인프라(Infrastructure)

지역의 인프라도 가장 기본적인 요소로서 공항, 항만, 도로, 수도, 전기, 상·하수도, 호텔, 리조트, 컨벤션시설 등을 포함하며 삶의 질과 매우 높은 연계성을 갖는다. 예를 들어 어떤 관광목적지가 공항수용능력이 부족하여 접근성이 떨어진다면 어떤 마케팅활동을 하더라도 의미가 없을 것이며, 컨벤션시설이 없다면 대규모 국제회의를 유치하지 못할 것이다.

(5) 지역주민(People)

서비스투어리즘의 마지막 마케팅요소는 바로 지역주민이다. 어떤 지역의 이미지는 일정부분 지역주민과 연계되어 있다. 친절하고 우호적인 지역주민에 대한 이미지는 곧 해당 지역 이미지를 긍정적으로 만든다. 이러한 점에서 관광객들과 지역주민이 대면하는 시간과 장소가 곧 서비스접점이며 현실적으로 택시, 숙소, 쇼핑 및 관광지에서 대부분의 서비스접점이 발생하기 때문에 지역차원에서는 이에 대한 관심과 서비스접점 관리가 필요하다.

3) 표적시장(Target markets) – 서비스투어리즘 전략의 대상은 누구인가?

서비스투어리즘 전략의 대상인 표적시장은 크게 ① 관광객, ② 외부지역주민, ③ 기업 및 투자자 그리고 ④ 수출시장으로 구분할 수 있다.

(1) 관광객

우리가 흔히 말하는 관광객은 그야말로 다양하고 광범위한 계층을 모두 포함하고 있다. 관광객은 크게 여행목적에 따라 순수관광객과 상용관광객으로 구분할 수 있으며 각 관광객 그룹별로 인구통계적(성별, 나이, 소득, 교육수준 등), 사회심리적(가치관, 라이프스타일 등), 그리고 인지행동적(여행행태, 방문횟수 등) 기준에 따라 관광객을 세분화(Segmentation)하는 것이 매우 중요하다. 관광목적지가 모든 관광객을 대상으로 무작정 마케팅활동을 하는 것은 비효율적이며 관광트렌드와 내부역량에 맞추어 선별적으로 특화된 지역마케팅을 하는 것이 효과적인 방법이다.

(2) 외부지역주민

서비스투어리즘 전략의 대상인 외부지역주민들은 전문직 종사자, 숙련 기술자, 자산가, 사업가, 이주자 등이 포함된다. 외부지역주민의 유치에 가장 효과적인 것은 경쟁력있는 교육기관(초 · 중 · 고 · 대학교), 의료기관 그리고 기업의 존재이다. 어떤 경우에는 저출산 · 고령화 등의 이유로 외국으로부터 숙련 또는 비숙련 근로자들의 이주가 필요할 수도 있다.

(3) 기업 및 투자자

기업유치 및 투자유치는 고용창출을 유발하고 지역의 경제성장을 주도할 수 있는 매우 중요한 요소이다. 우수한 교육기관과 의료기관이 있다고 하더라도 지역 내에서 학교를 졸업한 많은 젊은이들이 취업을 위해 역외로 유출된다면 지역발전에 큰 장애요인이 된다. 21세기는 산업도시가 아니라 친환경적인 지식기반의 도시 패러다임 시대이다. 기존의 산업도시들도 친환경적 기술을 접목하여 쾌적한 환경도시로 재탄생하고 있다. 기업 및 투자유치를 위해서 지역차원에서는 우수한 인력자원, 친 비즈니스 환경, 잘 정비된 인프라, 양질의 교육 및 의료기관 그리고 수준 높은 삶의 질을 유지할 수 있도록 노력을 해야 한다.

(4) 수출시장

수출시장 또한 중요한 표적시장 중의 하나이다. 내수시장이나 자원이 부족한 지역일수록 수출주도의 성장전략이 유효하다. 관광목적지도 관광객만 유치하는 것이 아니라 지역 특산품과 제품들을 친환경적인 지역 이미지와 연계하여 다양한 수출시장을 확보하는 것이 관광과 1 · 2차 산업과의 시너지를 극대화하는 것이다. 제주의 삼다수나 피지(Fiji)섬의 생수 피지가 친환경적인 휴양관광지 이미지를 기반으로 수출되는 것이 예라고 할 수 있다.

3. 서비스투어리즘 전략 수행과정

관광목적지의 서비스투어리즘 전략수행과정은 표적시장의 지역선택과정에 대한 이해를 기반으로 하여 이루어져야 한다. 표적시장별로 선택을 하는 데 있어 중요도(Levels of commitment)에 따라 크게 세 분류로 구분할 수 있다. 첫째는 중요도가 매우 높은 선택으로서 기업의 본사 이전, 투자 최적지 선정, 주거지 이전, 장기 휴양관광체류지 선정 등과 같이 선택과정에 있어 많은 정보와 시간 및 평가를 필요로 하는 선택을 말한다〈그림 2-6〉.

둘째는 이미 특정한 지역에 대해 일정 수준의 지식 또는 네트워크가 형성된 단계에서 이루어지는 선택이다. 예를 들면 선호하는 관광지에 소재한 콘도미니엄 구입, 골프회원권 구입, 별장(Second house) 구입 등이 포함된다. 셋째는 과거 방문경험에 따른 만족, 관광목적지의 명성 등에 의해 단기 방문 목적으로 이루어지는 선택이다. 주말, 공휴일, 휴가 등을 이용하여 익숙한 관광지를 재방문하는 것이 이에 해당한다. 서비스투어리즘의 특성은 소비자들의 선택적 중요도가 높은 단계로 올라갈수록 많아진다.

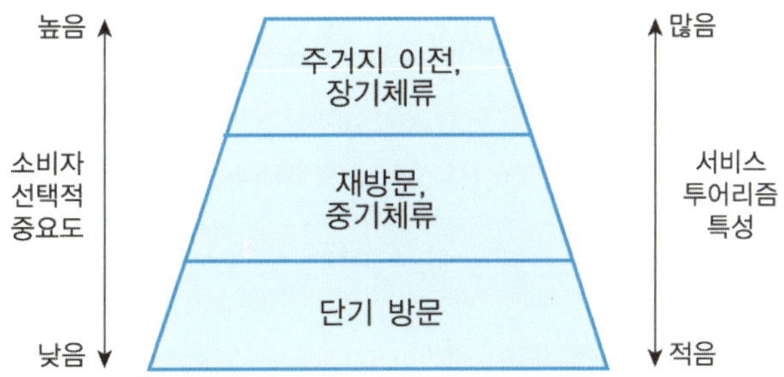

그림 2-6 소비자의 선택적 중요도

* 출처: Howard & Sheth (1969)[54] 근거 저자 재구성

1) 표적시장의 지역선택과정

표적시장의 지역선택과정은 기본적으로 소비자들의 서비스(또는 제품) 구매과정과 유사하다고 할 수 있다〈그림 2-7〉. 지역(관광목적지) 선택과정은 ① 필요인식단계(Awareness) → ② 정보탐색단계(Information search) → ③ 평가단계(Evaluation) → ④ 결정 및 방문단계(Purchase decision & visit) → ⑤ 방문 후 행동단계(Post-visit behavior)로 구성된다.

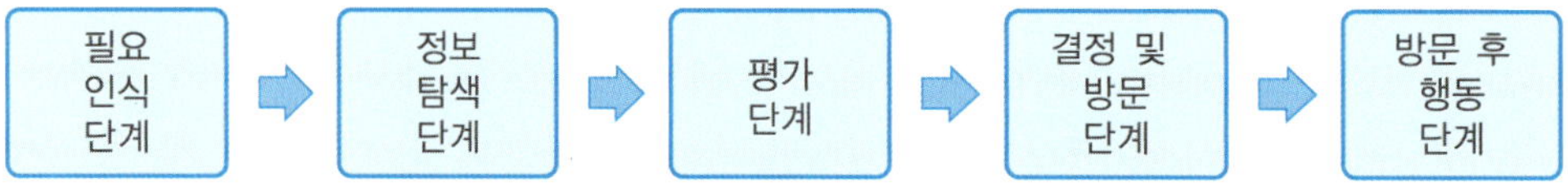

그림 2-7 표적시장의 지역선택과정

예를 들어 정기적으로 대규모 컨퍼런스를 주최하는 H학회에서 내년도 학회를 어디에서 개최할 것인가를 결정한다고 가정하자.

① 필요인식단계에서는 다양한 참여자들이 있을 수 있다. 학회 임원회의에서 A, B, C 세 도시의 컨벤션센터 중 하나를 선택하는 방안을 건의하면(Influencer의 역할) 학회장은 가격, 편의성, 지자체 지원수준 등을 고려하여 한 곳을 선택(Decision maker의 역할)할 수 있다. 다시 최종안은 학회 임원회의를 통해 승인(Approver의 역할)되고 컨벤션센터 측과 개최와 관련한 계약을 맺고(Buyer의 역할) 학회회원들은 User의 역할을 수행하게 된다.

② 정보탐색단계에서는 다양한 정보원천(Sources)으로부터 A, B, C 세 도시에 대한 정보를 구하게 된다. 정보원천은 가족, 친구, 지인들로 구성된 Personal sources, 광고 및 홍보 자료 등으로 구성된 Commercial sources, 인터넷, TV, 언론, 전문가로 구성된 Public sources, 직접 방문인 Experiential sources 등을 포함한다.

③ 평가단계에서는 A, B, C 각 도시와 개최장소에 대한 매력도를 총체적으로 비교하게 된다. 다음은 각기 다른 소비자계층별로 어떤 속성에 대해 평가하는지를 예를 든 것이다.

---

54) Howard, J. and Sheth, J. (1969). The theory of buying behavior. New York: Wiley.

㉠ **컨벤션:** 컨벤션 시설, 수용능력, 접근성, 서비스, 비용, 지자체 지원 수준 등
㉡ **휴가여행:** 관광지 매력도, 이미지, 기후, 관광활동 다양성, 비용 등
㉢ **이주:** 고용기회, 우수한 교육기관, 교통접근성, 물가수준, 삶의 질 등

컨벤션 개최장소 평가의 경우 〈표 2-2〉와 같이 세 도시를 각 속성별로 점수를 부여한 후 속성 중요도(가중치)를 곱해 총점을 산출할 수 있으며 이를 기대치 모형(Expectancy value model)이라고 한다. 기대치 모형에 의하면 학회 개최장소는 A로 결정된다. B와 C도시 입장에서는 ⓐ A와 비교하여 부족한 속성을 개선하는 방안, ⓑ 속성별 가중치(중요도)를 변경하는 방안, ⓒ 차별화된 새로운 속성을 제시하는 방안, ⓓ 중요도가 낮다고 인식하는 속성에 대한 재인식을 유도하는 방안, ⓔ 경쟁도시 이미지를 재인식하도록 유도하는 방안(Competitive repositioning) 등을 고려할 수 있다.

표 2-2 예시: 컨벤션 개최지 속성별 평가(기대치 모형)

속성 / 지역	컨벤션시설 (30%)	수용능력 (20%)	접근성 (10%)	서비스 (10%)	비용 (10%)	지자체지원수준 (20%)
A	10	8	7	4	7	5
B	8	9	9	5	6	4
C	6	7	9	6	5	6

Note: (0점: 최저~10점: 최고)
A 도시 = 0.3(10)+0.2(8)+0.1(7)+0.1(4)+0.1(7)+0.2(5) = 7.4
B 도시 = 0.3(8)+0.2(9)+0.1(9)+0.1(5)+0.1(6)+0.2(4) = 7.0
C 도시 = 0.3(6)+0.2(7)+0.1(9)+0.1(6)+0.1(5)+0.2(6) = 6.4

④ 결정 및 방문단계에서는 최종적으로 특정 지역을 결정하게 되는데 현실적으로 평가단계에서 최적 후보지로 선정된 곳이 결정될 수도 있고 그렇지 않을 수도 있는데 그 이유는 소비자의 선택과정은 시간이 경과되면서 여러 가지 변수가 충분히 발생할 수 있기 때문이다.

⑤ 방문 후 행동단계는 컨벤션 참가자들의 만족도, 재방문의사, 타인에게 추천할 의사가 있는지, 어떤 사항에 대해 중요하게 고려하는지(중요도-만족도 조사) 등을 파악하여 지속적인 고객관계관리(CRM: Customer Relationship Management)를 전개하는 것으로서 서비스부문에서는 특히 이러한 사후관리가 매우 중요하다.

2) 서비스투어리즘 전략과정

서비스투어리즘의 전략과정은 ① 지역분석(Place audit) → ② 비전 및 목표설정(Vision and goals) → ③ 전략수립(Strategy formulation) → ④ 실행계획(Action plan) → ⑤ 실행 및 관리(Implementation, monitoring & control)로 구성된다.

참고

서비스투어리즘 전략과정

1. **지역분석**(현재 우리의 상황은 무엇인가?)
   지역이 보유하고 있는 유·무형의 자원과 상황을 객관적으로 분석한다.
2. **비전 및 목표**(우리 지역의 발전상은 무엇인가?)
   비전은 지역주민과 공유하는 발전상이며 목표는 이를 구체화시킨 것으로서 단계적으로 제시하는 것이 좋다.
3. **전략수립**(어떻게 목표를 달성할 것인가?)
   목표를 달성하기 위한 방법을 큰 틀(Framework) 안에서 제시하는 것이다.
4. **실행계획**(구체적으로 전략을 어떻게 실천할 것인가?)
   전략의 틀 안에서 목표를 달성하기 위해 구체적으로 무엇을 해야 하는지를 제시하는 것이다.
5. **실행 및 관리**(실천하며 계획대로 수행되고 있는가?)
   전략계획을 실천하면서 모니터링하고 관리하는 것을 말한다.

4. 서비스투어리즘 전략 기본방향

서비스투어리즘 전략의 기본방향(Strategy direction)은 〈그림 2-8〉과 같이 구성될 수 있다. 관광부문은 교육 · 의료 · 문화 · 복지 · 1 · 2차산업과 같이 일차적으로 「지역 연계성이 높은 부문들」과 휴양 · 여가 · 레저 · 컨벤션 · 쇼핑 · 식음료 · 생태와 같이 「관광 관련성이 많은 부문들」로 나누고 지역상황에 맞추어 선택적으로 연계성을 강화할 수 있다. 전략을 수행하는 방법으로는 ① 지역개발/보전(Community development/conservation), ② 도시 디자인/기획(Place design/planning), ③ 연구 및 개발(Research and development), 그리고 ④ 지역마케팅(Place marketing)이 있다.

1) 지역개발/보전

지역개발의 기본적인 목표는 지역주민의 삶의 질을 향상시키는 데 있다. 교육, 의료, 문화, 복지부문과 1, 2차 산업부문, 치안, 인프라차원에서 우수한 시스템을 구축하고 친환경적 개발과 보전의 균형을 이루어 지속가능한 관광을 추구한다.

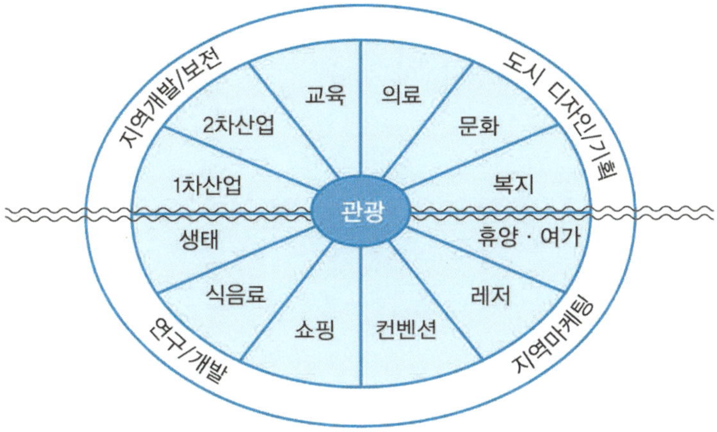

그림 2-8 서비스투어리즘 전략의 기본방향

2) 도시 디자인/기획

21세기 도시 경쟁력은 도시 디자인에서 나온다는 것처럼 디자인은 무형자산으로서 매우 중요한 요소이다. 독특한 건축물 하나가 그 도시의 랜드마크(Landmark)로서 관광매력물이 되듯이 도시 전체적인 디자인은 중요한 역할을 한다. 건축, 조경, 간판, 교통 체계, 청결성, 환경적 측면에서 디자인 경쟁력을 갖추는 것이 필요하다. 도시기획의 목표도 지역주민이 높은 삶의 질을 향유할 수 있도록 하는 데 있다. 기본 전제는 살기 좋고 일하기 좋고 즐길 수 있는 도시를 만들면 방문객도 증가한다는 것이다.

3) 연구/개발

연구 및 개발은 지식기반형 서비스투어리즘 전략에 있어 필수요소이다. 관광지들의 다양한 콘텐츠(Contents)나 스토리텔링(Story-telling)형 관광서비스 개발, 친환경적 관광코스개발, 정보기술(IT)과 접목된 관광 등 모든 분야에 연구 · 개발은 적용된다.

4) 지역마케팅

「21세기 조직은 연구 · 개발(R&D)과 마케팅을 제외하고는 모든 것을 아웃소싱할 수 있다」는 피터 드러커(Peter Drucker) 교수의 말처럼 마케팅은 연구 · 개발과 더불어 지역의 핵심역량으로 인식되고 있다. 관광목적지의 발전단계가 지역, 국가, 국제단위로 확대되는 것처럼 마케팅도 지역, 국가, 국제적 범위로 전략적 활동 영역이 확장된다. 지역마케팅은 시장을 개발하는 것이 상품을 개발하는 것보다 우선시 된다는 전제하에 표적시장(Target market)에 대한 연구가 반드시 선행되어야 한다.

제2절 서비스투어리즘 전략분석

1. 과정별 필요활동

서비스투어리즘 전략과정은 ① 지역분석 → ② 비전 및 목표수립 → ③ 전략수립 → ④ 실행계획 → ⑤ 실행 및 관리로 구성된다. 본 절에서는 각 과정별로 구체적으로 어떤 전략적 활동들이 필요한지 살펴보기로 한다.

1) 지역분석(현재 우리 상황은 어떠한가?)

지역분석은 현재 우리의 상황이 어떤가에 대한 객관적인 고찰을 의미한다. 지역분석에 포함되는 사항들은 다음과 같다.

(1) 지역현황분석

인구통계, 경제지표, 산업구조, 사회지표, 자연 · 문화 · 인공자원, 관광통계 및 지표, 관광부문과 여타 산업 연관성 등 분석

(2) 주요 트렌드분석

사회 · 문화, 정치, 경제 기술, 자연환경적 측면에서 주요 변화에 대한 고찰

(3) 주요 경쟁지역분석

여러 가지 상황과 특성 차원에서 유사한 경쟁도시를 파악하고 분석함

(4) SWOT분석

지역의 내부역량분석으로서 강점(Strength)과 약점(Weakness)을 분석할 수 있으며 관광객들을 대상으로 중요도-만족도분석(IPA: Importance-Performance Analysis)을 수행하며 외부환경분석으로서 기회(Opportunity)와 위협(Threat)을 분석함

(5) 주요과제도출

지역현황, 주요 트렌드 및 경쟁지역 분석에 근거하여 SWOT분석을 통해 관광부문과 다른 산업 간 연계성에 초점을 둔 주요 과제를 도출하고 검토를 통해 우선순위 부여함

2) 비전 및 목표수립(우리지역의 발전상은 무엇인가?)

비전은 지역의 발전상으로서 이를 수립하기 위해서는 미래환경변화에 대한 분석과 지역의 핵심역량에 대한 깊은 이해가 선행되어야 한다. 비전은 지역주민과의 공유가 매우 중요하며 다음과 같은 구체적인 성과물을 포함한다.

(1) 비전 기술서

지역이 추구하는 장기적인 목표와 미래상을 함축적으로 표현한 문구

(2) 미래사업영역의 설정

지역의 미래모습을 설정하기 위해 미래 경쟁우위의 원천은 무엇인가?, 미래의 핵심역량은 무엇인가?, 미래 수익의 원천은 어디에 있는가?, 미래의 경쟁지역은 어디인가?, 미래의 고객은 누구인가? 에 대한 기본 질문을 구상할 수 있다.

(3) 구체적인 성과지표의 개발

지역 비전이 추상적인 구호로 끝나지 않고 구체적인 행동과 성과로 연결되기 위해서는 이를 측정할 수 있는 구체적인 성과지표가 있어야 하며 성과목표를 관광객 차원, 외부지역주민차원, 기업 및 투자자 차원, 지역주민/공공부문 내부 구성원 차원 그리고 관광부문과 여타 산업부문과의 연계성 차원 등 종합적인 측면에서 성과관리를 하는 것이 필요하다 〈그림 2-9〉.

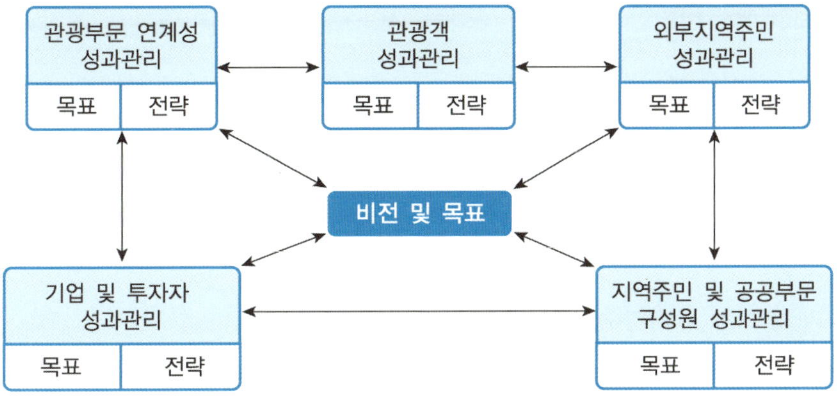

그림 2-9 서비스투어리즘 전략 성과관리

* 출처: Kaplan and Norton (1996)[55] 근거 저자 재구성

① **관광부문 연계성 성과관리:** 단계적으로 3차서비스산업(교육, 의료, 문화, 복지, 휴양·여가, 레저, 컨벤션, 쇼핑, 식음료, 생태)과 1·2차 산업 간 연계성을 높이기 위한 목표와 전략을 수립하고 실행함

② **관광객 성과관리:** 방문객 수와 같은 양적인 측면과 만족도, 체류기간, 재방문횟수 등과 같은 질적인 측면의 목표와 전략을 동시에 수립하고 실행함

③ **외부지역주민 성과관리:** 외부지역주민을 대상으로 관광객 유치를 위한 마케팅범위를 서비스투어리즘 영역으로 확대하는 것으로서 해당지역의 향상된 삶의 질에 초점을 둔 목표와 전략을 수립하고 실행함

④ **기업 및 투자자 성과관리:** 기업 및 투자유치건수와 같은 정량적 목표와 기업 및 투자자 만족도 및 재투자의향과 같은 정성적 목표에 초점을 둔 목표와 전략을 수립하고 실행함

⑤ **지역주민/공공부문 구성원 성과관리:** 지역주민을 대상으로 한 내부 마케팅 성과관리로서 정책수립 및 실행에 있어 대주민 의사소통, 비전공유, 갈등해소에 대해 구체적인 방안을 실행함. 공공부문 구성원에 대한 성과관리는 지속적인 학습과 업무운영의 혁신, 공정하고 체계적인 보상시스템구축을 마련하고 단계적으로 실행하는 것이며 다섯 가지 성과관리 중 가장 우선적으로 수행될 필요가 있음

---

55) Kaplan, R and Norton, D. (1996). The Balanced Scorecard, Harvard Business School Press.

목표(Objective)는 비전(발전상)을 구체화한 것으로서 현실적이면서 단계적으로 수립될 필요가 있다.

3) 전략수립(어떻게 목표를 달성할 것인가?)

제1절에서 기술되었듯이 서비스투어리즘 전략수립의 기본방향은 크게 다음과 같다.

① 지역개발/보전 – 지역주민의 삶의 질 향상이 목표

② 도시디자인/기획 – 무형자산으로서 도시 디자인 경쟁력 구축 및 친환경적인 도시기획을 통한 삶의 질 향상

③ 연구 · 개발 – 지식기반형 관광콘텐츠(Contents), 스토리텔링 관광서비스 개발, 친환경적 관광코스개발, 정보기술(IT)과 연계된 서비스, 관광부문과 연계성 강화 등

④ 지역마케팅 – 서비스투어리즘 전략의 대상시장은 크게 관광객, 외부지역주민, 기업 및 투자자 그리고 수출시장으로 나눌 수 있으며 각 시장별로 다양한 기준(서비스의 특성, 고객의 유형, 고객의 구매행동 등)에 따라 세분화(Segmentation)하고 특성별로 차별화된 마케팅활동이 필수적임

지역개발/보전과 도시 디자인/기획의 기본목표는 지역주민의 삶의 질 향상에 있으며 주민의 만족도와 방문객의 만족도는 비례관계에 있다는 전제하에 있다. 연구 · 개발은 관광부문과의 연계성을 극대화하는 방안 등 사실상 모든 분야에 적용되며 지역마케팅은 세분화된 시장별로 차별화된 마케팅활동을 통합적으로 수행할 전문적인 조직(예 국가관광기구, 지방관광기구 등)이 반드시 필요하며 전략적 우선순위를 정하는 것이 매우 중요하다.

특히 도시지역의 경우 구도심 공동화는 도시확장에 따른 일반적인 현상으로서 많은 지역이 직면하고 있는 문제이기도 하다. 이러한 문제점을 해결하기 위해 추진되고 있는 많은 도심재생(City regeneration)사업들은 환경친화적 재개발, 문화관광지로의 전환 등을 통해 활로를 찾고 있다.

4) 실행계획(구체적으로 전략을 어떻게 실천할 것인가?)

전략방향과 우선순위가 결정되면 이를 행동으로 옮길 수 있는 구체적인 실행계획이 수

립되어야 한다. 실행계획은 각 사업별로 구체적인 활동내용(What), 책임소재(Who), 일정(When) 등이 명시되어야 한다.

5) 실행 및 관리(실천하며 계획대로 수행되고 있는가?)

어떤 전략이나 계획이든 효과적으로 실행되고 관리되지 않으면 무용지물이 된다. 관광부문 연계성, 관광객 유치, 외부지역주민, 기업 및 투자자 대상 마케팅활동, 지역주민 및 공공부문 구성원 대상 내부 마케팅활동별로 단계별 목표를 검토하고 성과관리 시스템을 체계화시킬 필요가 있다. 특히 오늘날과 같이 지역 간 경쟁구도가 심화되고 불확실성이 높을수록 단계별 목표는 환경변화에 따라 적절한 수정이 필요하다〈그림 2-10〉.

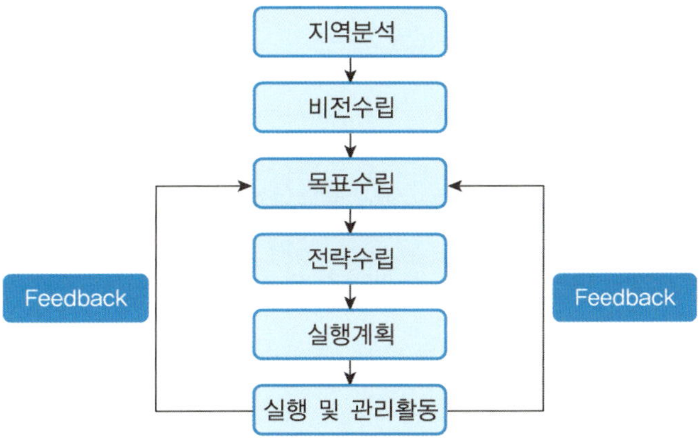

그림 2-10 서비스투어리즘 전략과정 순환구조

2. 부문별 평가

서비스투어리즘의 전제 중 하나는 해당지역의 내부 구성원들(주민, 사업체, 지방자치단체 등)의 만족이 관광객과 투자자, 외부주민의 기대감을 충족시켜 줄 수 있다는 것이다. 현실적으로 많은 지역들에 있어 방문(여행)하고 싶다(Visitability)는 것과 살고 싶다(Livability)는 것에는 차이가 있기 마련인데 서비스투어리즘 전략의 기본방향은 이러한 두 영역의 차이를 최소화시키는 데 있다고 할 수 있다.

서비스투어리즘 전략을 수립하고 실행하는 데 있어 평가는 매우 중요한 요소이다. 평가영역은 크게 ① 부문별 연계수준(Linkage), ② 지역마케팅활동(Marketing), ③ 매력물(Attractions), ④ 사회간접자본시설(Infrastructure), ⑤ 도시 디자인/기획, ⑥ 연구 및 개발 등으로 나눌 수 있으며 평가분야는 현황(Current status), 잠재성(Improvement potential) 그리고 지역에 미치는 영향력(Impact potential)으로 나누어 볼 수 있다〈표 2-3〉. 부문별 평가를 하는 이유는 첫째 자원의 객관적 평가를 통해 사업의 우선순위(Priority)를 정하는 데 있으며 둘째로는 단계적이고 지속적인 사업수행을 하는 데 있어 정기적인 평가를 통해 불확실성이 높은 경쟁환경에 보다 잘 적응하기 위해서이다.

표 2-3 서비스투어리즘 전략 부문별 평가(예시)

평가영역	현황			개발/보전 잠재성			영향력		
[A] 부문별 연계성(Linkage)	부족	보통	우수	낮음	보통	높음	낮음	보통	높음
① 교육									
② 의료									
③ 문화									
④ 복지									
⑤ 휴양 · 여가									
⑥ 레저									
⑦ 컨벤션									
⑧ 쇼핑									
⑨ 식음료									
⑩ 생태									
⑪ 1차산업									
⑫ 2차산업									
[B] 지역마케팅활동(Marketing)	부족	보통	우수	낮음	보통	높음	낮음	보통	높음
[1] 외부마케팅활동									
국내 A지역									
국내 B지역									
국내 C지역									

평가영역		현황			개발/보전 잠재성			영향력		
		부족	보통	우수	낮음	보통	높음	낮음	보통	높음
	기업 및 투자자									
	해외 A지역									
	해외 B지역									
	해외 C지역									
	기업 및 투자자									
[2]	내부 마케팅활동									
	지역주민									
	사업체									
	시민단체									
	지자체									
[C] 매력물(Attractions)		부족	보통	우수	낮음	보통	높음	낮음	보통	높음
[1]	자연자원									
[2]	인문자원									
[3]	인공자원									
[D] 사회간접자본시설 (Infrastructure)		부족	보통	우수	낮음	보통	높음	낮음	보통	높음
① 공항										
② 항만										
③ 주택										
④ 도로 및 교통시스템										
⑤ 컨벤션시설										
⑥ 초 · 중 · 고 · 대학교 (국내/국제)										
⑦ 환경시스템										
⑧ 복지(건강, 보안 등)										
⑨ 스포츠시설										

평가영역	현황			개발/보전 잠재성			영향력		
[E] 도시 디자인/기획	부족	보통	우수	낮음	보통	높음	낮음	보통	높음
A지역									
B지역									
C지역									
[F] 연구 및 개발	부족	보통	우수	낮음	보통	높음	낮음	보통	높음
A분야									
B분야									
C분야									

서비스투어리즘 전략의 실행은 ① 지역 내부의 역량 및 외부환경분석 → ② 시장세분화 → ③ 표적화 → ④ 고객을 위한 가치명제 설정 및 효과적인 가치전달 시스템 구축 → ⑤ 고객의 신뢰구축 및 재방문·중장기 체류를 통한 장기적인 관계구축의 과정별로 구성될 수 있다〈그림 2-11〉. 이러한 과정은 크게 STP(Segmentation-Targeting-Positioning)전략 단계로 이해할 수 있으며 근본적으로 자원개발이 아닌 시장중심의 개발에 초점을 둔다.

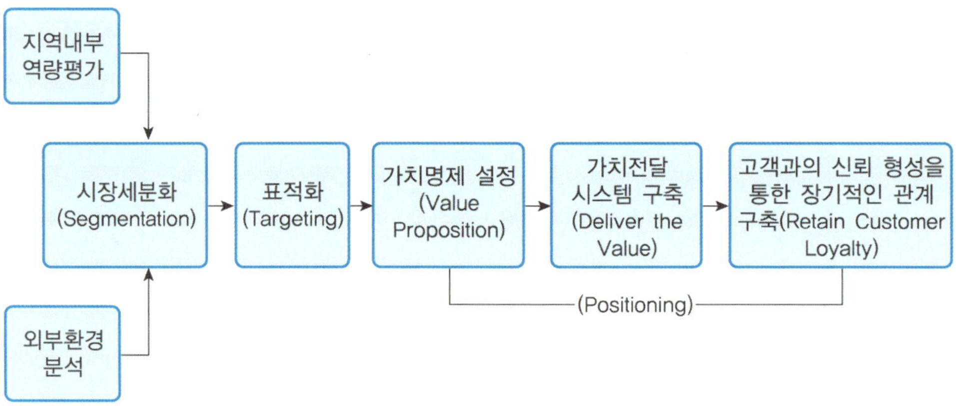

그림 2-11 시장지향적 서비스투어리즘 실행과정별 주요 활동

* 출처: 이승주 (2006)[56] 근거 저자 재구성

56) 이승주 (2006). 경영전략실천매뉴얼, 서울: 시그마인사이트컴.

제3절 서비스투어리즘 전략실행

1. 외래관광객 유치 전략활동

1) 세분화(Segmentation)

참고

목적(Purpose)

우리가 흔히 말하는 관광객이란 그야말로 광범위하고 다양한 불특정 다수를 의미한다. 서비스투어리즘 전략의 기본적인 전제는 세분화된 관광객 그룹별로 이들의 동기(Motivation), 선호도(Preference), 여행유형(Pattern) 그리고 방문 만족도(Satisfaction)가 다르다는 것이다. 따라서 관광객 유치전략의 시작은 관광객 세분화(Segmentation)로부터 시작해야 한다.

관광객 세분화의 기준은 수요자측면에서 인구통계학적 기준(연령, 소득, 가족 수, 직업, 교육수준 등), 사회심리적 기준(가치관, 라이프스타일, 동기 등), 인지행동적 기준(편익, 관광행태, 충성도, 선호도 등) 등으로 나눌 수도 있고 공급자측면에서 가격 및 서비스 품질별로 프리미엄 및 중저가 관광상품 또는 에어텔(Airtel: 항공과 숙박+렌트카 예약)상품 등 관광지의 특성을 반영하여 여행사가 자체적으로 구성하는 관광상품들이 포함된다. 이러한 기준들은 현실적인 마케팅활동에서는 독자적으로 사용되는 것이 아니라 다른 기준과 함께 사용된다. 다음의 예를 참조하라.

[예] A지역의 어떤 소득계층(인구통계학적 기준)은 쇼핑관광에 관심이 많으며(사회심리적 기준) 평균적으로 해외여행 시 면세점에서 특정 품목을 선호하고 얼마정도를 소비한다(인지행동적 기준).

아울러 관광은 장소이동의 개념으로서 물리적 거리에 따라 지역시장(Local market), 국내시장(National market), 해외시장(International market)으로 크게 구분하고 여행목적에 따라 순수관광과 상용관광으로 나누어 위에서 언급한 시장세분화 기준을 적용하는 것이 일반적이다〈그림 2-12〉.

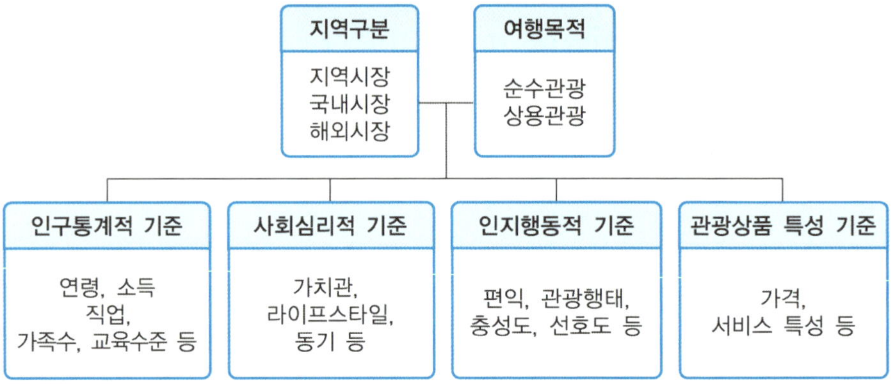

그림 2-12 관광객 시장세분화 기준

국제관광은 지역구분 중 당연히 해외시장에 대한 영역을 말하며 그 외 여행목적, 인구통계학적 기준, 사회심리적 기준, 인지행동적 기준 및 관광상품 특성 기준이 적용되는 것은 동일하다. 특히 지역(Destination)이 외래관광객 유치에 주목해야 하는 이유는 국제관광의 필요성에서 언급되었듯이 관광목적지의 발전단계가 지역 → 국내 → 국제 단위로 영역이 확대되어가는 것뿐만 아니라 경제적 · 사회문화적 측면에서 파급효과가 큰 고부가가치 관광시장이기 때문이다.

2) 표적화(Targeting)

서비스투어리즘 전략의 다음 단계는 세분화된 외래관광객 그룹별로 우선순위를 정하고 선택과 집중 차원에서 마케팅활동을 전개하는 것이다. 여기서 중요한 사항은 이러한 마케팅활동의 대상에 현존 시장뿐만 아니라 잠재적 시장도 포함된다는 것이며 홍보(PR: Public Relations)와의 차이점은 연구 및 서비스 상품/시장개발(R&D)활동이 필수적이라는 것이다. 주요시장에 대한 표적화(Targeting) 단계에서 필요한 활동은 현존 또는 잠재 해외관광객들의 특성을 파악하는 것이다〈그림 2-13〉.

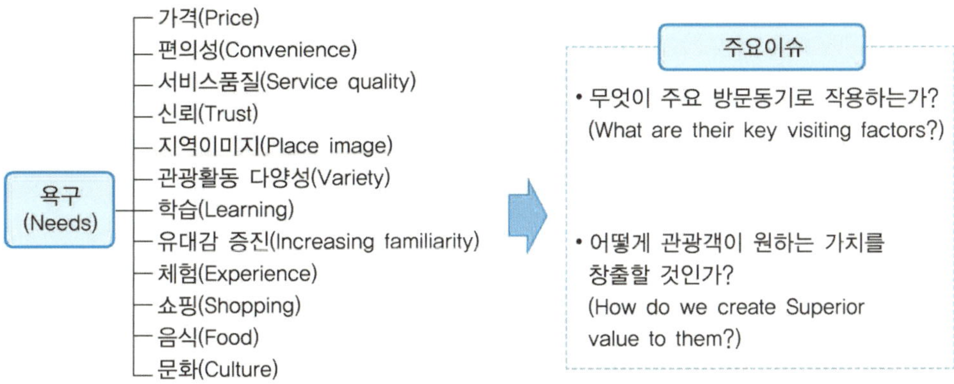

그림 2-13 외래관광객 욕구분석

3) 포지셔닝(Positioning)

포지셔닝이란 관광객들의 마음속에 어떤 특정한 이미지로 각인되는 것을 말한다. 표적화된 관광객 그룹별로 지역(Destination)이 제공할 수 있는 가치를 제공하고 지속적인 소통(Communicating)을 통해 긍정적인 인식을 심는 것이다.

(1) 가치명제 설정

가치명제(Value proposition)란 특정한 관광객 계층에 대해 지역이 제공할 수 있는 가치의 내용을 구체적으로 명시화하는 것을 말한다. 가치명제가 명확히 설정되기 위해서는 다음과 같은 조건이 충족되어야 한다.

① 목표고객층이 명확하고
② 제공되는 편익이 구체적으로 설정되고
③ 경쟁지역의 가치명제에 비해 우월하고
④ 지역의 자원과 능력을 통해 실현가능하고
⑤ 충분한 수요가 있고 수익가능성이 있어야 한다.

(2) 가치전달 시스템 구축

관광객의 활동은 ① 준비단계 → ② 방문 → ③ 방문 후 단계로 이루어지는데 지역의 가치전달은 방문단계에만 수행되는 것이 아니라 모든 단계에 걸쳐 이루어지게 된다. 준비

단계에 있어 입국 요건(사증제도) 및 절차 간소화, 지역에 대한 구체적이고 신뢰성있는 정보, 방문단계에 있어 기대(Expectation) 대비 실제적으로 체감하는 만족도, 방문 후 회상단계에서 형성되는 지역 이미지와 추천의사 등에 있어 핵심가치를 온라인과 오프라인을 통해 효과적으로 전달할 수 있어야 한다.

(3) 장기적인 관계 구축

한번 방문했던 관광객을 우군으로 만들고 장기적으로 팬(Fan)으로 발전시켜 나가는 것이 고객관계관리(CRM: Customer Relationship Management) 철학이다. 장기적인 관계 구축에 있어 가장 핵심적인 가치는 관광객이 해당 지역에 갖는 신뢰(Trust)라고 할 수 있다. 즉 구전효과(Word-of-Mouth)이든 지속적인 방문이든 여행경험이 기대와 필요를 충족시켜 준다는 믿음이 없이는 장기적인 관계가 형성될 수 없기 때문이다.

2. 비즈니스 활성화 전략활동

지역의 경제활성화를 위한 비즈니스 유치 및 확대전략은 크게 다음과 같은 유형들을 포함하며 작게는 ②~⑤번까지의 활동을 포함한다.

① 관광객 유치(Attracting tourist and business visitors)

② 사업체 및 투자유치(Attracting businesses and investments from elsewhere)

③ 지역 내 경기활성화(Retaining and expanding existing business)

④ 지역 내 중소기업 및 창업활성화(Promoting small business and fostering new business start-ups)

⑤ 수출증대(Expanding exports)

⑥ 인구증대 및 고급인력 유치(Expanding the population and changing the mix of residents)

관광목적지를 포함하여 어떤 지역에 본사나 지역사무소 등의 이전, 쇼핑몰 등을 포함한 투자가 이루어지기 위해서는 다음과 같은 요소들이 지역차원에서 얼마나 매력적인가에 달려있다.

① 지역에서 전문화된 노동력 확보(Local labor market)

② 고객과 공급시장 접근 용이성(Access to customer & supplier markets)

③ 토지, 시설 및 인프라 개발 용이성(Availability of development sites, facilities & infrastructure)

④ 교통접근성(Accessibility of transportation)

⑤ 교육 및 의료(Education & medical services)

⑥ 삶의 질(Quality of life)

⑦ 사업환경 및 연구개발 접근성(Business climate & Access to R&D facilities)

⑧ 자본 조달 용이성(Capital availability)

⑨ 세제혜택 및 각종 규제(Taxes & regulations)

관광객들의 소비트렌드가 있듯이 기업이나 투자자들도 지역에 대한 기대 트렌드가 있고 이것은 시대적 변화에 따라 함께 변화한다. 다음은 과거와 현재 기업 또는 투자자들의 기대 트렌드를 요약한 것이다〈표 2-4〉.

표 2-4 기업이나 투자자의 기대 트렌드

항목	과거	현재
노동력	저렴한 임금	우수하고 숙련된 노동력
세제환경	저렴한 세제	합리적인 세제에 양질의 서비스
인센티브	저렴한 토지, 노동력, 최소 생산비용	고부가가치적 양질의 생산요소 및 높은 삶의 질
생활환경	주택 및 교통중심	문화, 레저, 쇼핑, 교육, 의료, 삶의 질 중심
교육	다른 항목과 비교하여 상대적인 우선순위가 높지 않았음	다른 항목과 비교할 때 매우 높은 우선순위임
규제	최소화	합리적이고 융통성있는 규제
지방자치단체 역할인식	통제 및 감독	파트너십 관계

* 출처: Kotler et al. (1993) 근거 저자 재구성

이러한 사항들을 고려하며 비즈니스 활성화차원에서 지역의 전략활동은 크게 다음과 같은 두 영역에서 이루어지는데 첫째는 외부로부터 투자나 사업체를 유치해오는 것과 둘째는 지역 내 경제를 활성화시키는 것이다. 이 두 가지는 주지하듯이 별개의 사항이 아니라 동전의 앞면과 뒷면과 같은 불가분의 관계에 있다. 지역마다 처해있는 상황과 보유자원이 다르기 때문에 다양한 발전전략이 있을 수 있으나 몇 가지 공통적인 원칙이 있으며 그 내용은 다음과 같다.

① 21세기의 중요한 이슈는 「환경」이다. 따라서 지역의 잘 보전되고 관리되는 자연환경은 삶의 질과 바로 연계되기 때문에 비즈니스 활성화전략에서 중요한 요소로 반드시 고려되어야 한다.

② 비즈니스 활성화전략은 여러 가지 전략적 대안을 발굴하고 이에 우선순위를 정하여 단계적으로 실행해 나가는 과정이다. 단계적으로 「선택과 집중」차원의 전략을 통해 파급효과를 기대하는 것이 효율적이다.

③ 국내 · 외 투자와 사업체 유치를 위한 지역의 매력요소는 앞서 기술되었듯이 다양하고 복합적이며 연계적인 성격을 갖고 있기 때문에 「산 · 관 · 학 협력체계 구축」이 필수적이며 인센티브 강화만으로는 분명한 한계가 있다.

④ 기업 또는 투자자의 기대 트렌드에서도 제시되었듯이 교육, 의료, 문화, 레저 등 삶의 질과 더불어 적정한 물가와 부동산(주택)가격은 가장 「기본적인 삶의 질」을 결정하는 요소이다.

⑤ 외부로부터 사업체나 투자를 유치하는 것과 지역 내 경기를 활성화시키는 것은 동일한 중요성을 갖는다. 외부유치사업체와 지역 내 기존 사업체가 「시장 확대」를 통해 상호 경쟁 및 협력(Copetition: Cooperation+Competition)관계가 될 수 있도록 노력해야 한다.

⑥ 21세기에 들어 지역 간 경쟁구도는 국내와 국제차원에서 심화되고 있다. 따라서 비즈니스 및 투자 수요 트렌드를 끊임없이 추적하고 적극적으로 「시장 창출」을 할 수 있는 역량을 개발해야 한다.

⑦ 지역발전전략에 있어 항상 염두에 두어야 할 것은 「지속가능성(Sustainability)」이다. 이것은 균형, 안정성, 단계적 발전, 그리고 합리적인 자원배분과 같은 개념을 포함한다.

⑧ 정부와 지방자치단체간 권한위임과 각각의 역할에 대한 분명한 합의가 필요하다. 특히 한국은 중앙집권적인 특성이 전통적으로 강한 국가이다. 그러나 21세기 글로벌 경쟁환경은 국가 간, 지역 간 양상으로 나타나고 있으며 따라서 국가 및 지역이 모두 「규모의 경제」를 키우고 「전략적 제휴」를 하는 방안을 적극적으로 모색할 필요가 있다.

참고

〈사례〉 인삼 한 뿌리도 나지 않는 나라가 인삼의 최대 수출국

관광산업이 발달한 스위스 남부의 유명한 고급 휴양지인 호수의 도시 루가노(Lugano)는 이탈리아 밀라노와 1시간 거리에 있으며 주민들의 90%가 이탈리아계 사람들로 구성된 작은 도시이다. 관광수입으로도 많은 돈을 벌고 있지만 정작 이곳의 알짜 수입원은 바로 인삼이다. 루가노에 있는 기능성 식품업체인 '긴사나'는 인삼의 주요 성분인 사포닌을 세계 최초로 표준화해 'G115'라는 독자적인 건강 기능성분을 이미 70년대부터 시판하였다. 한국과 중국같은 인삼의 종주국들이 인삼 생뿌리 자체에 집착하고 있을 때 긴사나는 효능성분만을 알약으로 먹는 것을 인삼섭취의 표준방식으로 만들어 버렸다. 세계 인삼시장에서 긴사나의 점유율은 40%로 단연 세계 1위이며 연간 수출액은 무려 30억 달러로 한국의 1억 달러에 비해 30배 규모이다. 한국과 중국이 인삼을 재배하지만 재미는 스위스가 보고 있는 셈인데 한 식품회사 덕분에 인삼 한 뿌리도 나지 않는 스위스는 세계 최대의 인삼가공식품 수출국이 된 것이다.

〈사례〉 자일리톨

핀란드의 자작나무에서 추출하는 자일리톨은 핀란드회사가 상품화한 기능성 식품이지만 돈을 버는 것은 자일리톨 껌의 원료를 공급하는 덴마크의 다니스코사이다. 다니스코사는 지난 1999년도에 자일리톨 생산업체인 핀란드의 쿨터사를 매입한 것이다. 원래 당뇨환자들을 위한 설탕 대체품으로나 팔리던 자일리톨은 다니스코사를 통해 식품에 들어가는 건강기능성 첨가물로 탈바꿈했고 매출은 폭발적으로 증가하였다.

지난 10년간 한국에서만 관련 제품이 1조 1,000억 원 어치가 팔렸고 전 세계적으로는 이것의 10배가 소비되었다. 어떻게 제품을 인식하고 사용하며 가공하느냐에 따라 그 부가가치가 크게 달라질 수 있다는 걸 극명하게 보여주는 사례라 할 수 있다. 참고로 식품산업은 세계 시장규모가 연간 4조 달러로 반도체 산업의 15배이며 미국과 프랑스 등 선진국들은 전체 수출액에서 식품산업비중이 10% 안팎에 이르지만 한국은 1%대에 머물러 있다. 특히 식품산업은 불황기에도 견조한 성장을 하는 경기 방어적 특성도 있으며 산업균형적 측면에서도 그 가치가 재조명되어야 할 고부가가치산업이라고 할 수 있다.

* 출처: KBS, 2010. 1. 11

위의 사례들과 같이 비즈니스 활성화전략은 휴양관광지의 이미지를 확대시키고 지역산업성장, 고용창출상승, 높은 삶의 질을 유발시킴으로써 지역 매력성을 상승시키는 주요한 활동이다.

3. 외부주민 유치 전략활동

관광객 유치와 비즈니스 활성화뿐만 아니라 저출산과 고령화시대에 지역의 인구증대는 내수 진작 측면에서 매우 중요한 요소이다. 주지하듯이 인구증가(유입)는 경제성장의 기본적인 모티브역할을 한다. 대외수출 의존형 경제구조는 외부환경 변화에 취약한 만큼 내수주도형의 경제구조로 전환될 필요가 있으나 이는 경제 · 역사적으로 매우 드문 것으로 보고되고 있다.[57)]

지금까지 한국은 인구의 자연증가가 이루어져 왔기 때문에 외부인구 유입정책이 생소한 내용일 수 있으나 저출산 현상이 가속화되고 있는 상황에서 향후 인구유입전략은 국가차원의 중요한 정책적 우선순위를 갖게 될 것이다. 이미 지방자치단체별로 인구감소가 시작된 곳은 외부주민유치에 인센티브를 제공하는 등 방안을 모색하고 있으나 가시적인 성과는 나타나고 있지 않는 실정이다.

외부주민유치는 투자유치와 연계되는 경우가 많다. 예를 들면 한국 법무부는 50만 달러(약 5억 원) 이상을 한국에 투자하고 한국 국민을 5명 이상 고용하는 외국인에게는 체류기간에 관계없이 영주권을 주고 있다. 또한 국내에 머물지 않더라도 5억 원 이상의 국내 부동산을 보유하거나 50만 달러 이상을 국내 금융기관에 예치한 해외동포에게 영주권이 발급된다. 2010년 2월 1일부터는 제주특별자치도 지역에 한 해 미화 50만 달러 또는 한화 5억 원 이상의 휴양체류시설을 매입할 경우 영주권을 부여하는 「부동산 투자자 영주권 제도」를 시행하고 있다. 국내에서 취업하는 외국인이나 해외동포들에게도 영주권을 부여하는 제도도 2010년 1월부터 시행하고 있다. 5년 이상 국내에 머물며 3만 8,000달러 이상의 연봉을 받는 외국인이나 국내기업에서 2년간 일하며 연소득이 3만 8,000달러 이상이거나 지방 제조업체에서 4년간 일한 해외동포들에게 영주권을 준다. 이러한 내용을 담은 「외국국적 동포와 외국인 영주자격부여제도」는 2010년 1월 1일부터 시행에 들어갔는데 이는 저출산 · 고령화 사회에 대비해 해외동포와 외국인의 국내 취업을 장려하고 국내투자를 촉진하기 위한 외부지역주민 유치정책이라고 할 수 있다.[58)] 그러나 위와 같이 투자

57) 2차 세계대전 이후 과거 60여 년 동안 이러한 경제구조전환에 성공한 국가는 미국 정도인 것으로 평가되는데 그 주요 요인 중 하나는 미국의 지속적인 인구성장에 있다고 볼 수 있다.

58) 2013년 10월 현재 국내 영주권을 갖고 있는 9만여 명은 대부분 화교 또는 결혼 이민자로 국내 취업

및 전문 인력 취업과 관련된 영주권 부여제도는 여타 국가들도 모두 시행하는 것으로서 파급효과적 측면보다는 상징적 차원의 의미가 있는 것으로 볼 수 있다.

1) 삶의 질 구성요소

외부주민 이주는 취업 등 경제여건을 포함한「삶의 질」적 차원의 영향이 크다고 볼 수 있다.「삶의 질」은 주민들의 복지나 행복의 정도를 뜻하는 것으로서 경제, 교육, 의료, 환경, 인권 등 매우 광범위하며 주관적인 성격을 갖는 개념이다. 주요「삶의 질」구성요소를 제시하면 다음과 같다.

① 경제여건(1인당 국민소득, 고용률, 취업률, 물가수준, 분배정도 등)
② 교육여건(경쟁력있는 초·중·고·대학 시스템, 문맹률 등)
③ 의료여건(평균수명, 의료 서비스 수준, 의사 수 등)
④ 문화여건(독서량, 도서관 수, 박물관 수, 각종 공연 개최 수 등)
⑤ 환경(대기오염 수준, 녹지확보율 등)
⑥ 치안여건(범죄율 등)
⑦ 인권수준(양성평등 수준, 정치적 자유도 등)
⑧ 인프라수준(자전거도로 확보율, 항만, 공항, 자동차도로 등)
⑨ 복지수준(복지 프로그램, 복지시설 수, 공원 수 등)
⑩ 레저 및 여가(각종 레저스포츠 시설, 낮은 인구밀도 등)

외부주민 유치는 근본적으로 위와 같은「삶의 질」요소들과 연계되어 있으며 특히 경제, 교육, 의료 부문은 주민들이 가장 밀접하게 체감하는 요소라 할 수 있다.

2) 외부주민 유치 마케팅

물론 모든 지역이 외부주민 유치를 위한 마케팅활동이 필요한 것은 아니다. 대도시는 취업기회가 많아 인구집중현상이 뚜렷할 수도 있고 휴양도시는 은퇴자 인구가 지속적으로 유입될 수 있다. 따라서 지역별로 인구정책과 관련해서는 중·장기적으로 다음과 같은

및 투자자를 위한 영주권제도가 처음으로 실질적인 시행에 들어가는 셈이다.

세 가지 목표 중 하나를 선택하게 된다.

① 인구유입(Population increase)
② 인구안정화(Population stabilization)
③ 인구감소(Population decrease)

이러한 인구정책목표에 따라 필요한 활동도 당연히 달라져야 하는데 인구 안정화나 감소와 같이 억제책이 필요하다면 별도의 정책이 없거나 혹은 규제를 통해 디마케팅(Demarketing place)활동을 전개하게 된다. 인구유입을 정책적 목표에 둔 지역은 시장지향적, 서비스투어리즘 실행과정에 따라 세분화(Segmentation) → 표적화(Targeting) → 포지셔닝(Positioning) 전략단계별로 마케팅 계획을 수립하고 실행하게 된다.

앞으로는 중·소 또는 대규모 단지로 수요에 따라 특정 계층을 위한 커뮤니티 형성이 이루어질 것으로 예상된다. 예를 들면 국내의 경우 가장 많은 인구층을 형성하고 있는 베이비붐세대(1955~1963년)의 은퇴시기에 맞추어 이들 계층의 필요에 맞춘 주거단지개발이 증가할 수 있다.

주요 토론주제

1. 관광 패러다임별(유람관광, 체험 및 테마관광, 서비스투어리즘) 특성과 서비스투어리즘의 필요성과 개념은 무엇인가?
2. 한 지역을 선정하여 팀별로 서비스투어리즘 전략의 기본방향과 구성요소별로 내용을 구성하면서 발전전략을 수립해보자.
3. 팀별로 규모나 정책 측면에서 비교가능한 지역들(예 제주국제자유도시와 인천경제자유구역; 서울, 북경, 동경; 홍콩과 싱가포르 등)을 선정하여 서비스투어리즘 전략차원에서 사례를 비교 분석해보자.
4. 팀별로 관광객, 비즈니스 활성화, 외부주민 유치와 관련된 국내외 사례를 수집하고 이에 대해 토론해보자.
5. 각국 주요 도시의 공식 홈페이지를 보고 어떤 사이트가 방문객(또는 이주민)을 위한 외국어 서비스 및 정보 제공 측면에서 구성이 잘 되어 있는지 e마케팅 7Cs요소 차원에서 토론해보자.

참고문헌

이승주 (2010), 경영전략실천매뉴얼, 시그마인사이트컴.

Howard, J. and Sheth, J. (1969). The theory of buying behavior. New York: Wiley.

Kaplan, R and Norton, D. (1996). The Balanced Scorecard, Harvard Business School Press.

Kotler, P., Haider, D., and Rein, I. (1993). Marketing Places. New York: Free Press.

제 2 부

관광경영전략의 수립과 실행

❐ 개요

제2부 관광경영전략의 수립과 실행은 총 5개 장으로 구성되어 있다.

제3장 비전수립은 기업이 추구하는 장기적인 목표와 바람직한 미래상인 비전을 수립하는 내용을 다룬다. 비전은 막연한 희망이 아니라 장기적인 안목에서 미래의 목표와 현실을 연결하는 전략구상이다.

제4장 외부환경분석은 관광기업의 의사결정 및 경영성과에 영향을 미치는 외부환경요인에 대한 체계적인 분석을 다룬다. 거시환경분석, 산업구조분석, 산업진화분석, 경쟁사분석, 고객세분화분석, 이해관계자분석 그리고 시나리오분석을 포함한다.

제5장 내부역량분석은 관광기업의 내부역량에 대한 객관적인 분석기법들을 고찰한다. 재무성과분석, 시장성과분석, 핵심역량분석, 7S 모델 및 벤치마킹을 포함한다.

제6장 전략도출은 비전수립, 외부 및 내부환경분석 이후 시사점을 도출하고 전략방향을 수립하는 것을 의미한다. 핵심이슈 도출, 전략 대안 도출 및 평가를 포함하여 제3장의 비전수립과 연계하여 비전을 구체화하는 과정을 의미한다.

제7장 실행계획은 전략을 효과적으로 수행하기 위한 계획과 성과관리의 내용을 포함한다. 따라서 제3장 비전수립부터 제7장 실행계획은 순환적 과정의 작업이라고 할 수 있다.

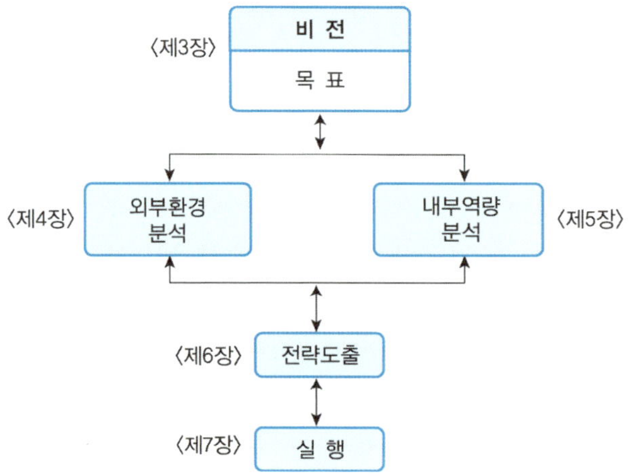

❐ 무엇을 알 수 있는가?

- 비전수립 시 고려사항은 무엇인가?
- 외부환경을 분석하는 기법은 어떤 것들이 있는가?
- 내부역량을 분석하는 기법은 어떤 것들이 있는가?
- 전략을 도출하는 과정은 무엇인가?

제3장 비전수립

제1절 비전의 의의

1. 개념

비전의 개념을 정리하면 다음과 같다.

1. 우리 회사가 어떤 회사가 되기를 원하는지, 어떤 회사가 될 수 있는지에 대한 의지를 함축적으로 표현한 것
2. 회사가 추구하는 장기적인 목표와 바람직한 미래상을 표현하는 것
3. 막연한 꿈이나 희망이 아니라 장기적인 안목에서 미래의 목표와 현실을 연결하는 전략 구상임

* 출처: 이승주 (2006)[1]; 김동철 · 서영우 (2010)[2]

2. 구성요소

비전을 구성하는 주요 요소는 다음과 같은 4가지 영역으로부터 도출될 수 있다〈그림 3-1〉.

---

1) 이승주 (2006), 경영전략 실천 매뉴얼, 시그마인사이트그룹.

2) 김동철 · 서영우 (2010), 경영전략수립방법론, 시그마인사이트.

① 회사 구성원의 의지(하고 싶은 일)

② 사업환경의 이해(해야 할 일)

③ 회사의 역량(할 수 있는 일)

④ 벤치마킹(하고 싶은 일, 해야 할 일, 할 수 있는 일의 종합적 조정)

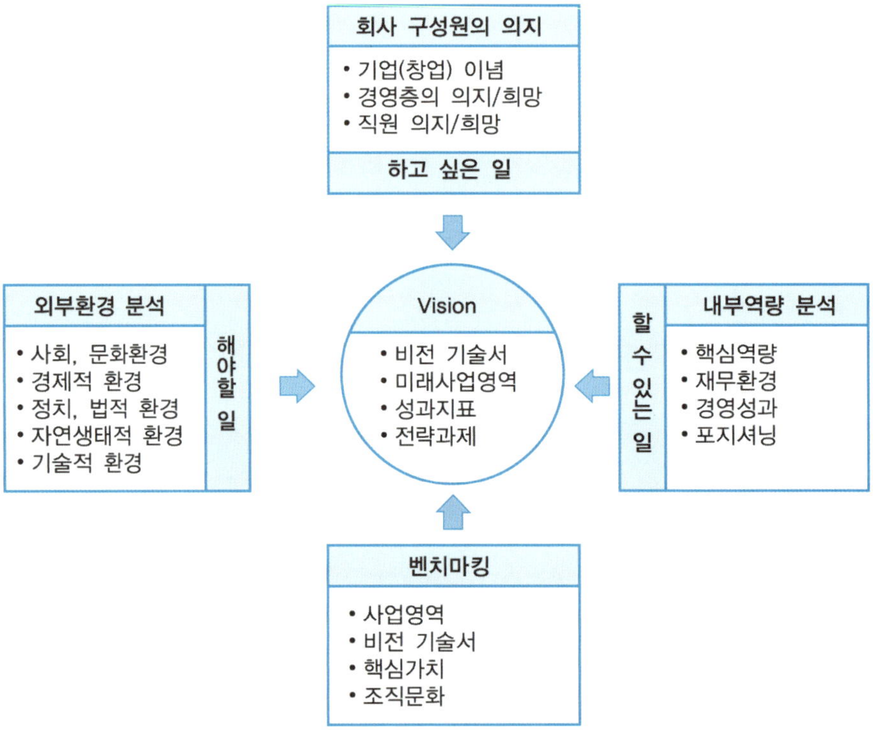

그림 3-1 비전의 구성요소

* 출처: 김동철 · 서영우 (2010)

회사 구성원의 의지는 창업주의 창업정신으로부터 나온 포괄적이며 광범위한 사업의 범위를 의미한다. 외부환경 변화로부터 나오는 '해야 할 일'은 트렌드 변화에 따라 미래 가치 창출을 위해 회사 구성원들이 해야 할 활동을 뜻한다. 내부역량에서 출발하는 '할 수 있는 일'은 회사의 총체적 역량을 감안하여 비전을 설정하는 것을 뜻한다. 그리고 끝으로 전 분야에 걸친 선진사례의 벤치마킹을 통해 자사에 맞는 비전을 만들 수 있다.

결론적으로 전략적 비전을 수립하기 위해서는 미래 사업환경에 대한 분석과 기업의 전략적 의도 및 핵심역량에 대한 깊은 이해가 선행되어야 한다. 그리고 비전수립 작업으로부터 다음과 같은 구체적인 성과물을 도출할 수 있다(이승주, 2006).

- 비전 기술서(Vision statement)
- 미래사업영역의 설정(Business domain)
- 구체적인 성과지표의 개발(Performance targets)
- 주요 전략과제의 도출(Key strategic initiatives)

3. 비전체계

비전수립은 위의 4가지 구체적인 성과물 도출과 함께 실행되어야 하며 미션, 가치, 전략목표, 전략 그리고 실천과제들과 연계되어 일관적으로 수행될 필요가 있다.

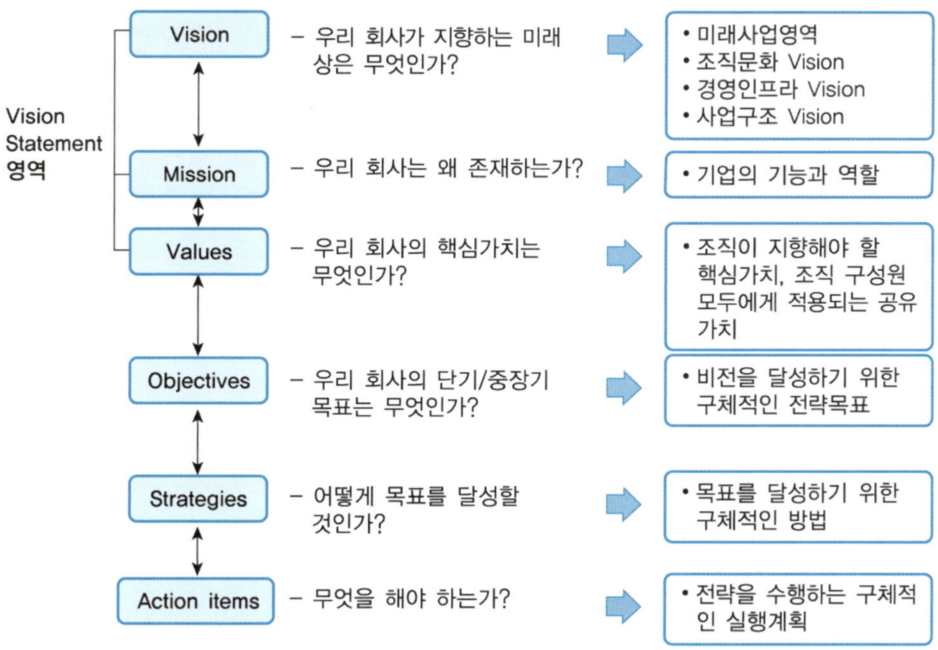

그림 3-2 비전 체계도

* 출처: 김동철 · 서영우 (2010)

이러한 비전체계는 회사의 규모에 따라 다양할 수 있으며 오늘날 기업의 추세는 단순화(Simplification)되는 경향이 있으나 가장 중요한 것은 자사의 규모와 현황에 맞게 비전체계를 갖추는 일이다〈그림 3-2〉.

4. 비전개발

비전이 없는 관광기업은 조직의 목표가 불명확하고 조직 구성원들이 각각 개별적인 행동을 함으로써 조직의 역량이 결집되지 않고 따라서 성과가 효과적이지 않다. 그러나 비전이 명확한 관광기업은 구성원들이 확고한 목표의식과 공유된 가치를 갖고 행동함으로써 조직의 역량이 집결되고 성과가 효과적으로 나타난다(이승주, 2006).

비전의 유형은 목표지향형, 내부혁신형, 롤 모델(Role model)형 및 경쟁사 공격형 등이 있으며 회사의 나아갈 방향을 내부적으로 그리고 외부적으로 확실하게 전달할 수 있도록 간결하면서도 명확해야 한다(김동철 · 서영우, 2010). 관광기업의 비전을 수립하기 위해서는 내부역량과 외부환경적 측면에서 다음과 같은 기본질문을 통해 기업의 미래 모습을 설정할 필요가 있다(Hamel & Prahalad, 1994)[3]〈그림 3-3〉.

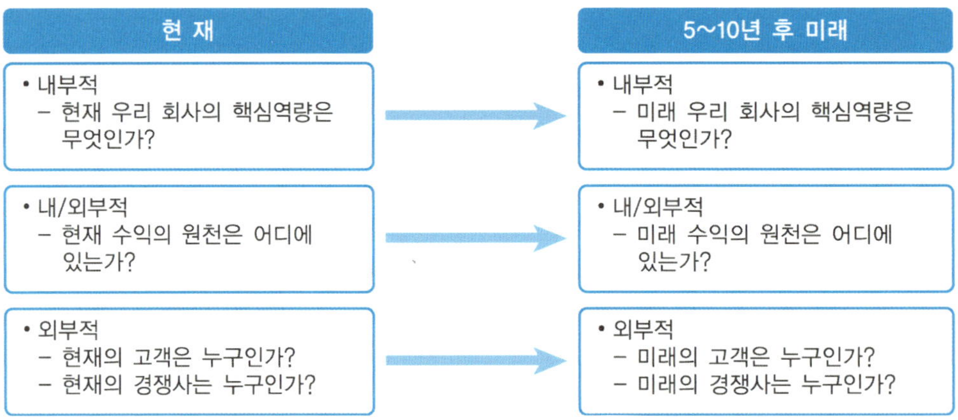

그림 3-3 비전 개발을 위한 질문

3) Hamel, G. and Prahalad, C. (1994). Competing for the future, Harvard Business School Press.

참고

비전: 호텔사례

상식적으로 국내외 특1급 호텔정도라면 앞에서 언급된 비전과 비전체계를 갖추고 있을 것이라고 생각하기 쉽지만 실제로는 대다수의 호텔들이 비전 자체를 갖고 있지 않거나 슬로건이나 전략목표를 비전과 혼용하는 경우가 많다. 이러한 이유로는 여러 가지 측면이 있을 수 있으나 가장 근본적으로는 「비전에 대한 이해부족」이라고 할 수 있다. 비전하면 단순히 좋은 말을 나열한 미사여구로 식상해 하거나 위에서 언급한 것처럼 조직의 목표나 슬로건과 혼용하여 사무실 벽에 붙어있는 그야말로 실천과는 거리가 먼 액자 속의 구호로 인식하는 경향이 많다.

그러나 중요한 사실은 확실한 기업 비전을 가지고 있는 회사와 그렇지 않은 회사 사이에는 장기적으로 분명한 차이가 난다는 것이다. 기업의 비전은 의식적, 무의식적으로 조직 구성원들에게 인식되는 것으로서 행동으로 나타나며 설령 회사를 그만두더라도 「○○호텔맨」 출신이라고 밝힐 수 있는 자부심의 근거가 된다. 즉 회사의 비전과 가치를 공유한 경험은 그 회사를 그만두더라도 영원히 개인의 인식과 태도에 큰 영향을 끼친다고 할 수 있다.

국내 「신라호텔」의 경우 비전 기술서의 영역인 Vision, Mission, Value 세 가지 모두를 다음과 같이 제시하고 있다.

1. Vision: Premium lifestyle leading company(최고의 품격과 신뢰를 바탕으로 고객이 꿈꾸는 라이프 스타일을 제공하는 글로벌 선도기업)
2. Mission: 우리는 최고의 라이프 스타일 전문가로서 더 많은 인류에게 품격과 자부심을 경험케 한다.
   - 신라인으로서 미션: 우리는 프리미엄 라이프스타일을 선도하는 신라인으로서 각각의 분야에서 최고의 전문가로 성장한다.
   - 고객에 대한 미션: 우리는 더 많은 고객이 다양한 생활영역에서 신라인만의 품격과 자부심을 경험케 한다.
   - 사회에 대한 미션: 우리는 지속적인 혁신과 성장을 통해 인류가 더 나은 삶을 누릴 수 있도록 기여한다.
3. Core Value: Pride of the Shilla
   - 모든 사업에 최고를 지향합니다.
   - 모든 고객에게 정성을 다합니다.
   - 모든 업무에서 혁신을 추구합니다.
   - 모든 신라인은 서로를 존중합니다.

「롯데호텔」의 경우 다음과 같은 도식으로 회사의 Vision을 제시하고 있다.

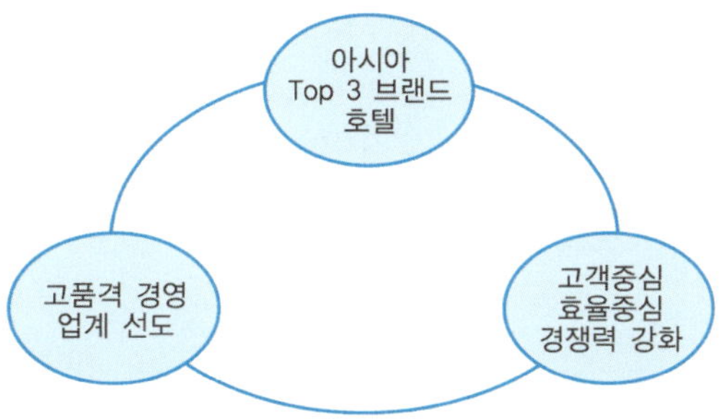

제2절 비전수립

1. 비전수립 과정

비전은 전 조직원의 참여와 전사적인 공감대를 형성하는 것이 매우 중요하다. 왜냐하면 개인의 경력개발 측면과 회사의 미래상 측면에서 최대한 공통분모적 요소가 많을수록 효과적인 비전이 되기 때문이다. 따라서 최고 경영층과 말단사원에 이르기까지 의견수렴을 통해 비전이 수립되어야 한다〈그림 3-4〉.

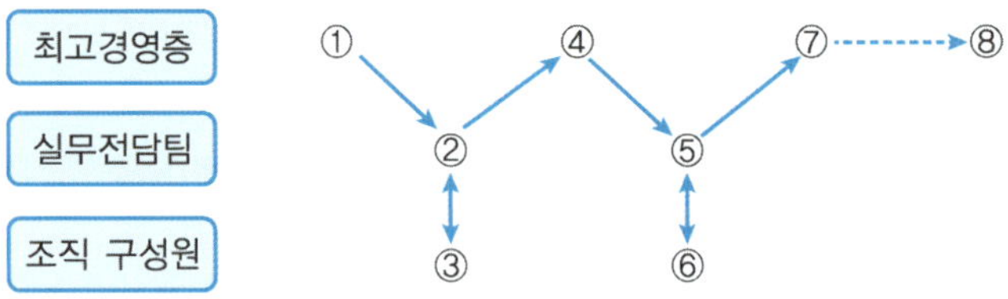

그림 3-4 비전수립 과정

* 출처: 이승주 (2006) 근거 저자 재구성

① 최고경영층에 의한 비전의 방향 제시
② 실무전담팀에서 각종 분석과 의견수렴을 통해 비전초안 작성
③ 비전초안 작성과정 중 회사 내 의견수렴. 이러한 의견수렴은 미래 경영환경에 대한 체계적인 분석과 고객, 경쟁사, 정부, 지역사회 등 기업 외부의 의견과 시각도 반영해야함
④ 비전초안에 대한 최고 경영층의 검토 및 보완
⑤ 보완된 비전에 대한 실무팀의 추가적인 분석
⑥ 보완된 비전에 대한 의견수렴
⑦ 비전 확정
⑧ 비전달성을 위한 전략수립으로 연계

2. 비전 기술서 작성

비전 기술서는 앞에서 기술한 수립과정을 거쳐 도출되는 최종적인 결과물이다. 비전 기술서는 비전(회사가 지향하는 미래상), 미션(회사의 존재이유), 그리고 가치(회사가 추구하는 핵심가치)를 포함한다〈그림 3-5〉.

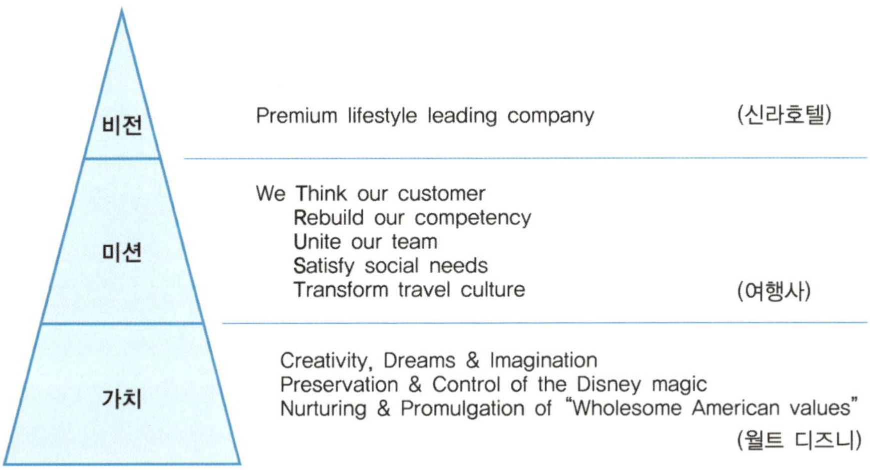

그림 3-5 **비전 기술서의 사례**

* 출처: 김동철 · 서영우 (2010) 근거 저자 재구성

이러한 비전 기술서에 근거하여 기업의 단기 및 중장기 목표가 수립되고 구체적인 전략이 세워져야 한다. 아울러 전략을 수행하는 구체적인 행동과제인 실행계획도 수립되어야 한다.

참고

비전의 중요성

비전이란 개인과 기업이 추구하는 장기적인 목표와 소망하는 미래상을 의미한다. 스티븐 코비(Stephen Covey)[4]는 비전과 목표의 중요성을 비행기가 이륙한 후 기류가 변화하고 항공환경이 수시로 변하지만 항로를 이탈하지 않고 무사히 도착하는 것은 목적지(목표)가 분명하기 때문이라고 비유하고 있다. 비전과 목표가 분명한 개인이나 조직이 그렇지 않은 개인이나 조직과 비교해 볼 때 시간이 지날수록 확실한

4) 성공하는 사람들의 8번째 습관(The 8th habit from effectiveness to greatness)의 저자로서 리더십은 지위에서 나오는 것이 아니라 학습과 노력, 용기에 의한 선택이라는 것을 강조하고 있다.

성과차이가 난다는 것은 경영학 분야에서 실증된 결과이기도 하다. 미국 H대 경영대학원생을 대상으로 20년 후 본인의 미래상을 물어 보았을 때 매우 구체적으로 답한 그룹, 중간그룹, 막연하고 구체적이지 않은 그룹으로 나눌 수 있었다. 20년 후 설문에 응했던 졸업생들을 추적 조사해본 결과 구체적으로 답한 그룹 순으로 본인이 얘기했던 20년 전 목표를 성취한 비율이 확실히 높았다는 사실이다.

주요 토론주제

1. 본인의 비전 기술서를 작성해보자.
2. 여행산업(항공사, 소매여행사, 대형관광여행사, 크루즈회사 등) 중 업종별로 회사의 비전 사례를 모아서 토론해보자.
3. 숙박산업(호텔, 리조트, 콘도미니엄, 캠프장, 펜션, 휴양형 주거단지 등)에 대해 업종별로 회사의 비전 사례를 모아서 토론해보자.
4. 레저산업(골프장, 주제공원, 레스토랑, 스포츠클럽, 영화관, 카지노 등)에 대해서 업종별로 회사의 비전 사례를 모아서 토론해보자.

참고문헌

김동철 · 서영우 (2010), 경영전략수립방법론, 시그마인사이트.

이승주 (2006), 경영전략 실천 매뉴얼, 시그마인사이트그룹.

Hamel, G. and Prahalad, C. (1994). Competing for the future, Harvard Business School Press.

제 4 장 외부환경분석

제1절 외부환경분석의 의의

1. 의미

외부환경은 기업의 의사결정 및 경영성과에 영향을 미치는 모든 외부상황을 의미한다. 외부환경은 크게 거시환경, 산업환경 그리고 경쟁환경을 포함한다.

① 거시환경: 경제, 법 · 정치, 사회 · 문화, 기술, 자연 · 생태적 요인
② 산업환경: 시장, 산업의 구조적 변화, 이해관계자
③ 경쟁환경: 경쟁업체, 잠재적 경쟁업체, 대체효과가 있는 업체(또는 지역)

거시환경분석은 다양한 경제적, 법 · 정치적, 사회 · 문화적, 기술적, 자연 · 생태적 요인들로부터 기회와 위협요소를 도출하는 것이다. 기업수준의 전략을 수립하는 데 유용한 역할을 수행한다. 산업 및 경쟁환경분석은 사업부 수준의 전략을 수립하는 데 중요한 역할을 수행하며 산업 내 주요한 성공요인을 도출하는 데 역할을 수행한다.

산업환경의 변화속도에 따라 적합한 분석방법을 사용하여야 하며 과거부터 현재까지의 외부환경분석은 정확한 사실 자료에 근거해야 한다. 미래 환경에 대한 예측은 가치중립적인 시각에서 다양한 시나리오로 분석하는 것이 의사결정의 오류를 최소화 할 수 있다. 외부환경분석의 결과는 크게 「기회」와 「위협」요인으로 정리될 수 있는데 이 두 요인은 반드시 별개가 아니라 「기회와 동시에 위협」이 될 수 있는 요인들로 있는 만큼 이분법적이 아닌 다분법적으로 분석할 필요가 있다〈그림 4-1〉.

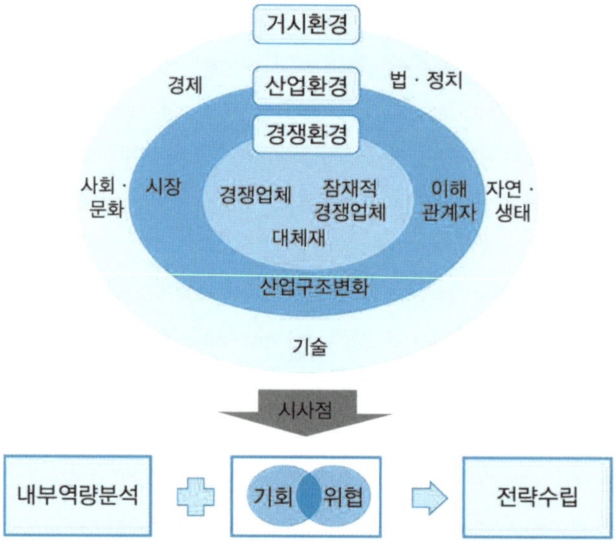

그림 4-1 외부환경분석 구성요소

* 출처: 김동철 · 서영우 (2010)[5] 근거 저자 재구성

2. 절차

외부환경분석의 절차는 숲을 보고 나무를 보는 이른바 거시적인 것부터 미시적인 것으로 탐색해 나가는 것이 일반적인 과정이다. 외부환경분석의 목적은 해당기업의 전략적 시사점을 도출하는 것이기 때문에 정치 · 경제 · 사회 · 문화적 차원의 거시적 환경분석, 산업 내 이해관계자에 대한 구조적 분석, 경쟁양상 및 경쟁수준 등의 경쟁환경분석 등을 실시한 후 전략수립을 위한 외부적 시사점을 도출할 수 있다. 외부환경분석의 절차가 거시적 차원으로부터 미시적 수준으로 이루어지는게 일반적이긴 하나 반드시 순서대로 이루어질 필요는 없다. 거시환경은 매우 범위가 크기 때문에 해당 산업구조분석을 먼저 실시한 후 거시환경분석을 할 수도 있다〈그림 4-2〉.

5) 김동철 · 서영우 (2010), 경영전략수립방법론, 시그마인사이트.

	거시환경 분석	산업구조 분석	산업진화 분석	경쟁환경 분석	외부환경분석 시사점 도출
목표	• 기업의 거시 환경을 분석하여 트렌드를 파악함	• 산업의 구조적 특징을 파악해 매력도를 파악함	• 산업구조의 진화를 파악해 미래방향을 파악함	• 시장 내 경쟁자들의 경쟁력 원천을 파악함	• 회사의 의사 결정과 경영 성과에 영향을 주는 외부요인을 파악함
분석기법	• STEEP 분석 • STEP 분석	• 5 Forces model • 주요성공 요인분석	• 산업 수명 주기 분석 • 시나리오 분석	• 이해관계자 분석 • 경쟁사 분석 • 고객세분화 분석	• 기회/위협요인 • 산업매력도

그림 4-2 외부환경분석 절차

* 출처: 김동철 · 서영우 (2010) 근거 저자 재구성

제2절 외부환경분석기법

1. 거시환경분석

거시환경분석의 목적은 기업의 거시환경을 분석하여 트렌드를 파악하여 전략적 시사점을 도출하는 데 있다. STEEP 분석이란 Social(사회·문화), Technological(기술·정보), Ecological(생태·자연), Economic(거시·미시적 경제), 그리고 Political/Legal(정치·법규)의 다섯 가지 요소로 기업경영에 영향을 미치는 외부적 요인을 파악하는 방법이다. STEP 분석은 다섯 가지 요소 중 자연·생태적 분석이 제외된 것으로 이 네 가지 요소가 경영환경에 가장 많은 영향을 주는 것으로 알려져 있기 때문에 이를 사용하기도 한다〈그림 4-3〉.

Social (사회/문화)	• 인구통계, 인구변화, 소득분포, 문맹률, 교육수준, 의료수준, 삶의 질 수준, 가치관, 라이프스타일 등
Technological (기술/정보)	• 통신, 생물공학, 화학, 에너지, 의학 등 관련 특허권, 신기술 개발 수준, 기술인력 투자규모, 학계의 R&D 예산 등
Ecological (자연/생태)	• 재활용률, 쓰레기 배출량, 소음/먼지 공해 수준, 천연자원 소진율, 소멸/변질에 따른 피해와 회복 시스템 수준 등
Economic (거시/미시)	• 환율, 금리, 서비스수지, GDP, 가처분소득 수준, 고용률[6], 실업률[7], 인플레이션 증가율, GDP 대비 가계부채 등
Political/Legal (정치·법규)	• 규제/규제완화/탈규제, 산업구조조정, 시장 자율경쟁, 민영화, 보수/진보 정책, 여론 등

그림 4-3 STEEP 분석

6) 고용률은 15세 이상 인구 중에서 취업자가 얼마나 되는가를 나타내는 지표로서 취업자 수/(경제활동 인구 수 + 비경제활동 인구 수) × 100이다. 비경제활동 인구는 취업 또는 실업으로 분류된 사람을 제외한 15세 이상 모든 사람이 포함된다.

7) 실업률은 경제활동인구(15세~64세 인구 중 일정기간 생산 활동을 한 사람들)에서 실업자 수가 얼마나 되는가를 나타내는 지표이다. 즉 실업률 = 실업자 수/경제활동 인구 수(취업자 수 + 실업자 수) × 100.

2. 산업구조 분석

1) Five forces model

마이클 포터(Porter, 1980)[8]는 기업의 수익률은 기본적으로 해당 산업의 수익률에 큰 영향을 받으며 이러한 산업의 수익률은 산업의 구조적 특성에 의해 결정된다고 주장하였다. 이러한 구조적 특성은 다음과 같은 다섯 가지 경쟁요인에 의해 결정된다.

① 새로운 진출기업의 위협(Threat of new entrants)
② 현재 산업 내 경쟁(Industry competitors)
③ 대체재의 위협(Threat of substitutes)
④ 구매자의 교섭력(Bargaining power of buyers)
⑤ 공급자의 교섭력(Bargaining power of suppliers)

따라서 전략을 수립할 때는 이러한 다섯 가지 요인의 영향정도와 관계를 심도있게 고려해야 한다〈그림 4-4〉.

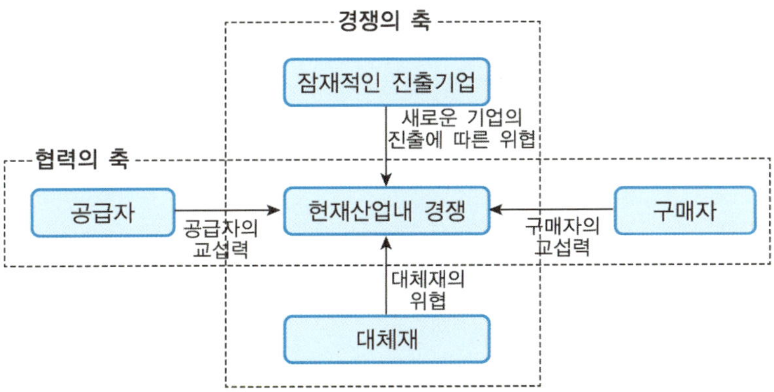

그림 4-4 산업의 5가지 경쟁요인

* 출처: 조동성 (2005)[9]

8) Porter, M. (1980). Competitive strategy, New York: Free Press.
9) 조동성 (2005), 국제경영, 서울: 서울경제경영.

2) 주요성공요인(CSF: Critical Success Factor) 분석

주요성공요인(CSF)은 기업의 비전 및 목표를 달성하기 위해 회사가 확보하고 유지해야 하는 핵심 경쟁력요소를 뜻한다. 외부환경분석을 통해 해당사업의 성공요소가 무엇인지를 파악하고 내부역량분석을 통해 이러한 요소를 자사가 얼마나 보유하고 있는지 그리고 어떻게 보유할 것인지를 파악한다. 성공요인을 파악하는 데 있어 전략의 수준(기업, 사업, 기능) 및 목표기간(단기, 중 · 장기)을 고려하여 중복되지 않고 빠지는 것이 없도록 다차원적으로 도출하는 것이 중요하다. 주요성공요인을 도출하기 위한 분석의 틀을 예로 들면 다음과 같다〈그림 4-5〉.

마케팅 관련 CSFs	• 고객관점의 고객구매기준(Customer Buying Criteria) 요인분석 • 도출된 고객구매기준에 대한 세분시장별 적정성 검토 • 다양한 신규고객채널 확보/제휴를 통한 서비스 상품개발의 차별성/브랜드 인지도 등
운영관리 관련 CSFs	• 서비스품질 향상 및 서비스상품 개발을 위한 연구, 개발 • 원가경쟁력 확보/효율적인 업무능력 등
재무관련 CSFs	• 재무관리능력(현금흐름창출, 리스크 관리 등)
전반적 경영관련 CSFs	• 조직문화(비전, 목표 명확성, 공유성/리더십 등) • 서비스혁신 능력
⬇ CSF 평가	• 자사의 CSFs 진단 및 평가

그림 4-5 CSF 분석의 틀

3. 산업진화분석

1) 수명주기분석

수명주기모형(Lifecycle model)은 제품, 서비스 및 산업 등에 적용되어 시장특성과 전략적 시사점을 제공한다. 관광산업 측면에서는 내국인과 외국인 시장의 점유율과 성장률에 따라 초기 · 확대 · 전환 · 성숙 단계로 구분할 수 있다〈그림 4-6〉.

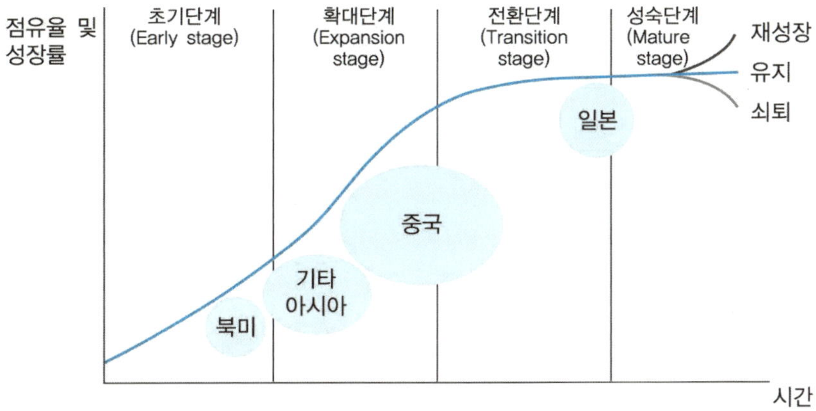

	초기단계	확대단계	전환단계	성숙단계
시장특성	• 틈새시장 • 고소득계층 • 상용관광객	• 대중화 • 다양화 • 단체관광	• 수요다변화 • 틈새시장 • 개별관광	• 수요다변화 (단체/개별관광)
주요전략	• 시장개발 • 관광상품개발	• 대중홍보 • 시장침투	• 다양한 관광상품 개발 • 테마관광	• 서비스표준화 • 고객관계관리 • 블루오션창출
관광 패러다임	• 유람관광	• 체험관광	• 융복합관광	• 서비스 투어리즘

그림 4-6 수명주기분석의 예 – 한국 인바운드 주요시장

2) 시나리오 분석

21세기 관광환경은 글로벌화와 불확실성이 높다는 특성을 갖는다. 따라서 이러한 환경하에서 다양한 미래상황을 예견하고 상정함으로써 단순한 미래예측의 한계를 보완할 수 있는 시나리오분석이 필요하다. 시나리오를 도출하는 과정을 요약하면 다음과 같다(Schoemaker, 1995)[10]〈그림 4-7〉.

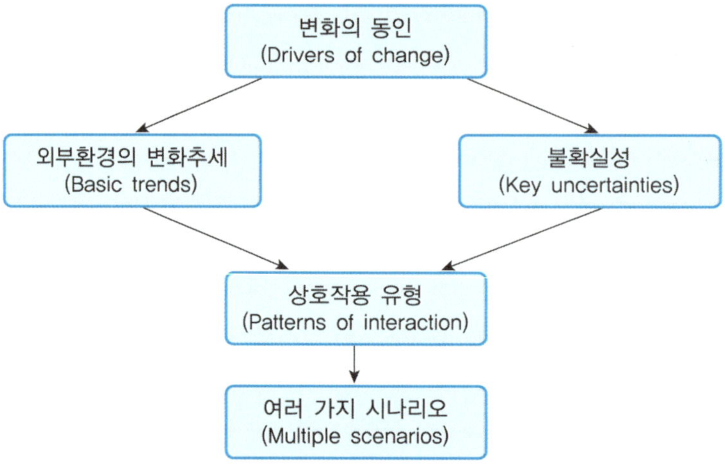

그림 4-7 미래예측을 위한 시나리오 기법

4. 경쟁환경분석

1) 이해관계자 분석

이해관계자 분석(Stakeholder analysis)은 기업에게 큰 영향력을 행사할 수 있는 조직을 체계적으로 파악하는 방법이다. 경영자들은 이해관계자 분석을 통해 자사에 긍정적·부정적 영향을 미치는 조직을 파악하고 시장에 미칠 영향력의 종류와 정도를 예상할 수 있으며 이에 대응적인 전략을 수립할 수 있다〈그림 4-8〉. 일반적으로 이해관계자들은 크게 시장 이해관계자(Market Stakeholder)와 비시장 이해관계자(Non-market Stakeholder)로 구분할 수 있는데 정부와 지역사회는 비시장 이해관계자에 포함되며 나머지는 시장이해관계자에 해당한다.

---

10) Schoemaker, P. (1995). Scenario planning: A tool for strategic thinking, Sloan Management Review (winter).

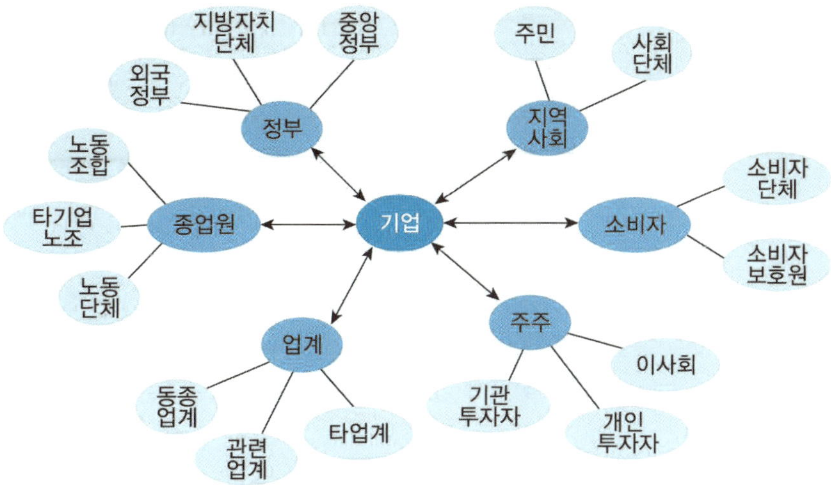

그림 4-8 기업의 이해관계자 지도

2) 경쟁사 분석

경쟁사 분석을 위해서는 다음과 같은 요인들을 평가하여 경쟁사에 대한 대응전략을 수립할 수 있다(Porter, 1980).

① Current Strategy: 경쟁사의 현재 전략은 무엇이며 목표대비 충분한 성과를 거두고 있는가?

② Future Objectives: 경쟁사의 향후 목표는 무엇이며 어디에 역점을 두고 있는가?

③ Resources and Capabilities: 경쟁사의 주요 강점과 약점은 무엇이며 특히 어떤 부문이 취약한가?

④ Basic Assumptions: 경쟁사가 산업 및 자사에 대하여 갖고 있는 기본 가정은 무엇인가?

또한 경쟁사 분석은 빙산모델을 통하여 보다 구체적으로 분석할 수 있다. 빙산모델의 가시적인 요인들은 경쟁사의 경영성과, 시장/서비스전략, 사업영역과 같이 표면적으로 나타나는 요인들이다. 그러나 이뿐만 아니라 보다 근본적인 경쟁력의 원천이 되는 경쟁사의 경영자원, 핵심역량, 조직운영 및 전략적 의도와 같은 비가시적인 측면들을 종합적으로 분석해야 한다〈그림 4-9〉.

그림 4-9 경쟁사 분석 빙산모델

* 출처: Abell, D. (1993)[11)]

3) 고객세분화 분석

고객(또는 시장)세분화 분석은 마케팅의 STP[12)] 전략 중 첫 번째 단계로서 모든 마케팅 활동에서 가장 기본적으로 수행되어야 하는 부분이다. 고객세분화 분석은 단순히 분석에만 그치는 것이 아니라 실질적으로 차별화된 서비스를 제공할 수 있도록 고객에 대한 이해가 뒷받침되어야 한다. 고객세분화의 기본 과정은 ① 세분화의 기준을 정하고, ② 세분화된 고객 그룹별로 매력도를 평가하며, ③ 이에 표적 고객 그룹을 선정하는 것을 포함한다.

고객세분화의 기준은 수요자 측면에서 다음을 포함한다.

① 인구통계적 기준(연령, 소득, 직업, 가족 수, 교육 수준 등)
② 사회 심리적 기준(동기, 가치관, 라이프스타일 등)
③ 인지행동적 기준(편익, 관광행태, 충성도, 선호도 등)

공급자 측면에서는 다음과 같다.

① 가격수준(저가, 중가, 고가 등)
② 서비스 특성(패키지, 에어텔 등)

---

11) Abell, D. (1993). Managing with dual strategies, New York: Free Press.
12) S(Segmentation: 세분화), T(Targeting: 표적화), P(Positioning: 포지셔닝)

아울러 세분화의 기준은 지역(지역시장, 국내시장, 해외시장)과 여행목적(순수관광, 상용관광)에 근거하여 위에서 언급한 세분화 기준이 적용된다. 이러한 기준은 조합적으로 사용되며 다음 예를 참조하라.

[예] A 지역에서 오는 순수관광객들은 어떤 소득계층(인구통계적 기준)에 속하며 쇼핑관광에 특히 관심이 높고(사회심리적 기준) 평균적으로 여행경비로 얼마정도를 소비한다(인지행동적 기준).

5. 외부환경분석 시사점 도출

지금까지 언급되었던 거시환경분석, 산업구조분석, 산업진화분석 및 경쟁환경분석의 결과물은 「기회요인과 위협요인」으로 나누어 정리할 수 있다. 동일한 환경적 요인도 「기회와 동시에 위협」이 될 수 있는 경우가 많으므로 이분법적으로 단순하게 접근하는 시도는 피해야 한다. 아울러 기회와 위협요인만 단순하게 도출하는 것은 의미가 없고 이로부터 실제적인 전략적 시사점을 구체화시켜야 한다. 위협요인은 회사의 경쟁력 강화를 통해 최대한 기회요인으로 전환될 수 있도록 하는 것이 중요하다. 회사의 약점은 내부 및 외부적으로 교육 및 학습을 통한 서비스 및 업무혁신, 리스크관리 및 제휴전략 등을 통해 최소화하거나 또는 제거하도록 노력한다〈그림 4-10〉.

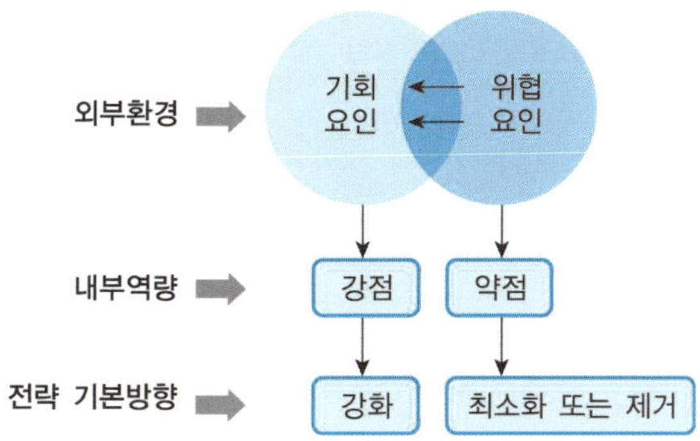

그림 4-10 「기회와 위협」 요인의 전략적 시사점

또한 외부환경분석의 시사점은 「산업 매력도」 분석으로 도출될 수 있다. 기업이 속해 있는 시장 및 산업의 매력도는 외부환경분석을 통하여 도출하고자 하는 가장 기본적인 목적이자 결과라고 할 수 있다. 외부환경분석의 결과로서 산업매력도를 파악할 수 있지만 거꾸로 산업매력도를 파악하기 위하여 필요한 외부환경분석을 한다고도 생각할 수 있다(김동철 · 서영우, 2010)〈그림 4-11〉.

그림 4-11 「산업 매력도」 분석의 전략적 시사점

* 출처: Porter (1985)[13]

주요 토론주제

1. 여행산업(항공사, 소매여행사, 대형관광여행사, 크루즈 회사 등) 중 한 업종을 골라 외부환경분석을 해보자.
2. 숙박산업(호텔, 리조트, 콘도미니엄, 캠프장, 펜션, 휴양형 주거단지 등) 중 한 업종을 골라 외부환경분석을 해보자.
3. 레저산업(골프장, 주제공원, 레스토랑, 스포츠클럽, 영화관, 카지노 등) 중 한 업종을 골라 외부환경분석을 해보자.
4. 여행, 숙박, 레저 분야별로 외부환경분석 결과 기회와 위협요인 측면에서 어떤 공통점과 차이점이 있는지 토론해보자.

13) Porter, M. (1985). Competitive advantage, New York: Free Press.

참고문헌

김동철 · 서영우 (2010), 경영전략 수립방법론, 시그마인사이트.

조동성 (2005), 국제경영, 서울: 서울경제경영.

Abell, D. (1993). Managing with dual strategies, New York: Free Press.

Porter, M. (1980). Competitive strategy, New York: Free Press.

Porter, M. (1985). Competitive advantage, New York: Free Press.

Schoemaker. P. (1995). Scenario planning: A tool for strategic thinking, Sloan Management Review(winter).

제 5 장 내부역량분석

제1절 내부역량분석의 의의

1. 의미

내부역량분석은 크게 다음과 같은 구성으로 이루어진다.

① **경영현황분석**: 사업/재무성과 분석, 시장성과분석
② **내부역량분석**: 가치사슬분석, 핵심역량분석
③ **내부역량분석 시사점 도출**: 강점/약점 요인, 경쟁우위 요인

내부역량분석은 기업의 경영현황 중 사업/재무성과를 파악하고 이에 대한 원인을 시장(상품/서비스 및 고객분석) 성과분석을 통해 찾는다. 이러한 시장성과의 원천이 되는 내부역량분석을 통해 향후 미래 사업환경에 요구되는 전략적 의미를 도출한다〈그림 5-1〉.

1단계 경영현황분석

사업/재무 성과	시장성과분석	
	제품/서비스분석	고객분석
현재 전략하에서 사업 및 재무성과는 어떠한가?	우리 제품/서비스의 브랜드, Quality의 수준 및 인지도는?	우리의 1차, 2차, 3차 고객은 누구이고 이들에게 맞는 가치를 제공하고 있는가?

2단계 내부역량분석

핵심역량분석	맥킨지 7S 모델
우리의 지속적인 경쟁 우위의 원천은 무엇인가?	선택한 전략이 효과적으로 실행되기 위해서 무엇이 필요한가?

3단계 시사점 도출

강점/약점 요인	경쟁우위 요인
우리의 강점과 약점은 무엇인가? 약점을 강점으로 전환하기 위해 무엇이 필요한가?	강점을 강화하고 약점을 제거/최소화하여 어떻게 경쟁우위를 유지할 것인가?

그림 5-1 내부역량분석의 구성요소

2. 절차

내부역량분석의 일반적인 절차는 사업/재무 성과와 시장성과를 분석하여 거시적으로 살펴본 후 이러한 결과의 원인에 대한 분석으로 가치사슬 및 핵심역량분석을 수행한다. 이를 종합하여 시사점을 도출한다〈그림 5-2〉.

	사업/재무성과 분석	서비스/고객 분석	내부역량 분석	내부역량분석 시사점 도출
목표	• 기업의 비재무적 · 재무적 성과에 대한 종합적인 분석을 통해 경영 현황파악	• 현재 서비스의 적정성 및 고객에 대한 분석을 통해 시장을 이해함	• 기업의 주요 활동별 역량을 파악함	• 회사의 경쟁력 요소와 강화를 위한 시사점 파악
분석기법	• 손익분기점 분석 • 재무제표분석 • ROIC 분석	• 고객만족도 분석	• 핵심역량 분석 • 맨킨지 7S 모델	• 강점 / 약점 요인 • 경쟁우위 요인

그림 5-2 내부역량분석의 절차

제2절 내부역량 분석기법

1. 사업/재무성과 분석

1) 손익분기점 분석

손익분기점 분석은 총매출액이 총비용을 상회하는 시점을 파악하기 위한 것으로 이윤 측정 차원에서 많이 활용되고 있는 분석기법이다. 손익분기점 분석이 활용될 수 있는 예를 들면 다음과 같다.

① 시장에 출시한 새로운 서비스상품이 얼마나 팔려야 이익이 나는가?

② 사업초기 회사차원에서 얼마만큼의 이익을 내기 위해서는 어느 정도의 시간이 걸리는가?

③ 가격, 판매량, 고정비 및 변동비를 각각 일정 수준 개선하였을 때 이익에 미치는 영향(민감도 분석)은 어떠한가?

손익분기점은 총매출(Sales)선과 총비용(Total cost)선으로 구성되어 있고 총비용은 변동비용(Variable cost: 판매량의 변화에 따라 증가하는 비용)과 고정비용(Fixed cost: 판매량 변화에 관계없이 일정하게 유지되는 비용)으로 구성된다〈그림 5-3〉.

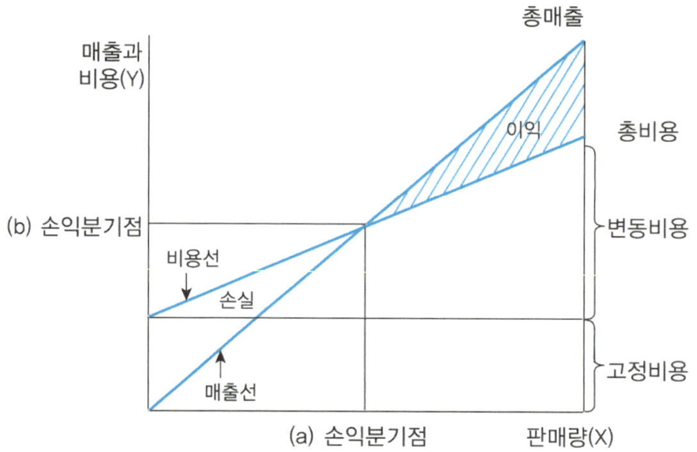

(a) 손익분기점에서의 판매량(X) $= \dfrac{\text{총 고정비용}}{\text{판매단가} - \text{단위당 변동비}}$

(b) 손익분기점에서의 매출액(Y) $= \dfrac{\text{총 고정비용}}{1 - \text{변동비율}}$ $\left(\text{변동비율} = \dfrac{\text{총 변동비}}{\text{매출액}} = \dfrac{\text{단위당 변동비}}{\text{판매단가}}\right)$

변동비: 직접재료비, 직접노무비(성과급 급여), 외주가공비, 운반비, 소모품비, 판매수수료 등
고정비: 건물 · 기계의 감가상각비, 관리직의 인건비(고정급 급여), 수선 · 유지비, 제세공과료, 보험료, 임차료, 금융비용(지급이자 등), 연구개발비, 직원교육비 등

그림 5-3 손익분기점 분석

2) 재무제표 분석

재무제표(Financial statements)란 기업의 경영활동을 회계원칙에 따라 축약하여 표시한 것으로서 대차대조표와 손익계산서 등이 포함된다.

① **대차대조표**: 일정시점에서의 기업의 재무 상태를 나타내는 표

왼쪽(차변)에 표시되는 자산항목들은 기업이 보유하고 있는 경제적 자원을 의미한다. 기업이 자금을 어디에 투자했는지를 알 수 있다. 오른쪽(대변)에 표시되는 부채와 자본항목들은 기업이 자금을 어디에서 조달했는지를 알 수 있다.

② **손익계산서**: 일정기간의 경영성과를 나타내는 표

일정기간 동안 기업에서 발생한 모든 수익과 비용을 표시하여 기업활동의 결과로서 주주지분이 어떻게 변화(증가 또는 감소)하였는지 보여주는 재무보고서이다.

대차대조표와 손익계산서 비율을 재무비율이라고 하며 기업의 이해관계자들에게 다음과 같은 정보를 제공한다.

	재무비율의 분류	정보내용	주요 재무비율
기업 수익력 평가비율	수익성	투하자본에 대한 경영성과, 이익 창출 능력	매출액 이익률, 총자산 이익률, 자기자본 순이익률
	활동성	특정자산의 이용효율성, 현금화속도, 자산투자의 적절성	총자산 회전율, 자기자본 회전율, 매출채권 회전율
기업 위험 평가비율	안정성	단기채무 상환능력, 자금사정, 원리금 상환능력	유동비율, 당좌비율, 순운전자본 구성비율, 부채비율, 이자보상비율
기타 평가비율	성장성	기업외형 · 수익력의 향상정도	매출액 증가율, 총자산 증가율, 순이익 증가율, 주당 이익증가율
	생산성	노동 · 자본 등 생산요소가 달성하는 능률성	종업원 1인당 부가가치, 종업원 1인당 매출액 증가율, 자본집약도
	주식평가 비율	수익가치나 자산가치가 주식시장에서 평가되고 있는 상대적 수준	주가수익비율(PER), 주당순자산비율(PBR)

＊출처: 장영광 (2012)[14]

재무비율 분석에 관한 내용은 부록에서 다루기로 한다(부록 참조).

3) ROIC 분석

관광기업의 경영활동은 서비스를 생산하고 판매하고 관리하는 활동과 연관된 「영업활동」과 이를 지원하는 재무활동 등의 「영업외 활동」으로 구분된다. 기업의 수익성에 대한 평가가 이 두 가지 활동으로 구분하여 이루어지면 보다 의미있는 정보를 얻을 수 있다. 특히 「영업활동」을 통하여 달성하고 있는 수익성에 대한 평가는 회사의 미래 경영성과를 예측하고자 하는 이해관계자들에게는 매우 유용한 정보가 될 수 있다. 투하자본 수익률(ROIC: Return on Invested Capital)은 생산 및 영업활동에 투자한 자본으로 어느 정도

14) 장영광 (2012). 경영분석, 무역경영사.

이익을 확보했는가를 나타내는 지표로서 기업의 수익창출능력을 측정하는 데 활용되고 있다.

$$\text{ROIC} = \frac{\text{세후 영업이익}}{\text{영업 투하자본}} \longrightarrow \text{영업투하자본} = \text{순금융부채} + \text{자기자본}$$

→ (금융부채 − 금융수익 발생 금융자산)

$$= \frac{\text{영업이익}}{\text{매출액}} \times \frac{\text{매출액}}{\text{영업투하자본}} \times (1 - \text{법인세율})$$

ROIC는 기업의 가중평균 자본비용(WACC: Weighted Average Cost of Capital)[15]을 상회할 때 경제적 이익이 발생하는 것으로 본다. 또한 경쟁사의 대차대조표와 손익계산서 항목과 비교분석을 함으로써 투자의 효율성 측면에서 시사점을 제공한다.

2. 서비스/고객 분석

다음 그림은 지속적인 고객설문조사를 통해 고객이 중요하게 인식하는 호텔의 서비스 항목들을 파악하고 각 항목별로 자사와 경쟁사의 성과를 비교분석하는 것을 나타내고 있다. 호텔 서비스를 크게 객실부문과 부대시설 부문으로 구분하고 각각 소프트웨어(객실료, 룸서비스, 인터넷 서비스, 레스토랑 음식수준 등)적 측면과 하드웨어(객실 디자인, 시설 편의성, 조명 등)적 측면에서 항목들을 평가할 수 있다〈그림 5-4〉.

15) 가중평균 자본비용: 기업의 자본을 타인자본(부채)과 자기자본(우선주, 보통주, 유보이익 등)으로 나누고 각각의 자본비용으로 가중평균한 것.

$$\text{WACC} = \left(\text{타인자본 조달비용} \times \frac{\text{타인자본}}{\text{총자본}}\right) + \left(\text{자기자본 조달비용} \times \frac{\text{자기자본}}{\text{총자본}}\right)$$

즉, 가중평균 자본비용은 기업의 총자본에 대한 평균적인 조달비용을 의미하며 자본사용에 따른 최소한의 수익률을 뜻한다.

구성요소		고객들이 인식하는 중요도 (Importance)	고객들의 평가 (Performance)
객실 부문	• 객실료	높음 V	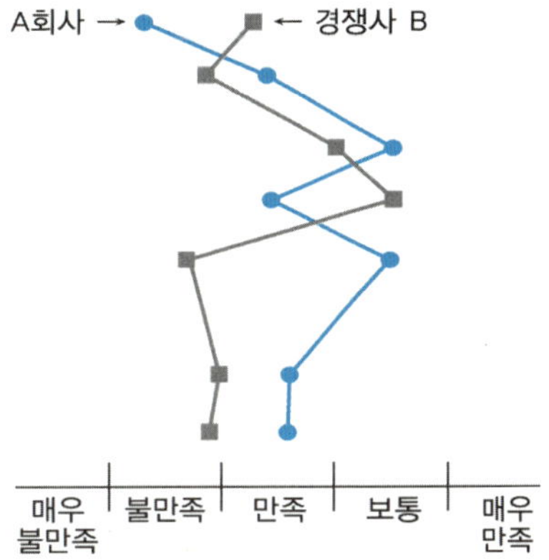
	• 룸서비스	중간	
	• check-in/out 대기시간	낮음	
	• 인터넷 서비스	높음 V	
	• 객실 디자인	중간	
	• 시설편의성		
	↳ 침대	높음 V	
	침구류	중간	
부대 시설 부문	• 레스토랑 다양성(한식 · 중식 · 일식 · 양식 등)	중간	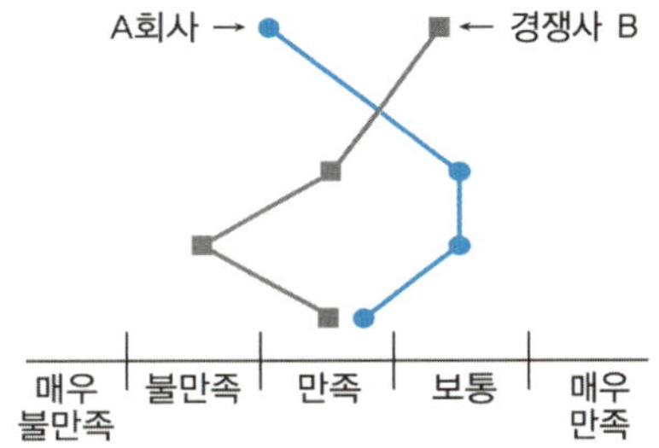
	• 레스토랑 가격	높음 V	
	• 레스토랑 음식 수준	높음 V	
	• 레스토랑 서비스	중간	

그림 5-4 고객만족도 분석

그림에서 보듯이 A회사는 객실부문에서 고객들이 인식하는 중요도가 높은 「객실료」와 「인터넷 서비스」 부분에서 경쟁사보다 낮은 성과를 나타내고 있다. 반면에 부대시설 부문에서는 중요도가 높은 레스토랑 가격과 음식수준에서 경쟁사보다 높은 성과를 보이고 있다. 이와 같이 고객의 관점에서 중요하게 인식하는 서비스(Importance to customer)와 고객들의 평가(만족도: Satisfaction 또는 경영성과: Performance)를 함께 경쟁사와 비교해봄으로써 문제의 원인을 객관적으로 파악하고 고객지향적인 관점에서 개선책을 찾을 수 있다(이승주, 2008).[16]

아울러 이러한 고객만족도 분석은 앞서 외부환경 분석의 경쟁환경 분석에서 다룬 「고객 세분화」 분석에 근거하여 이루어질 필요가 있다. 즉 세분화된 고객층에 따라 어떤 사항에 더 중요하게 인식하고 만족하는지를 구체적으로 파악하는 것이 중요하다.

16) 이승주 (2008). 경영전략 실천 매뉴얼, 시그마인사이트 그룹.

3. 내부역량분석

1) 핵심역량분석

핵심역량(Core Competence)이란 기업이 보유하고 있는 내부역량으로서 경쟁사와 차별화되며 사업성공의 핵심으로 작용하는 경쟁우위의 원천을 말한다. 이러한 핵심역량은 다양한 형태의 유형, 무형 및 인적자원과 조직능력으로부터 형성되며 지속적인 학습과 공유를 통해 더욱 향상될 수 있다〈그림 5–5〉.

그림 5–5 경쟁우위의 구성요소

(1) 경영자원

경영자원은 크게 유형, 무형, 인적자원으로 나눌 수 있다.

① **유형자원**: 회사가 보유하고 있는 물적자산(건물, 토지, 유통망 등)과 금융자산(현금, 유가증권 등)을 의미한다.

② **무형자원**: 디자인, 브랜드, 명성, 특허, 저작권, 기술력, 노하우, 정보력, 네트워크 등 보이지 않는 기업 특유의 자원을 말한다(서용구, 2008).[17)]

③ **인적자원**: 관광기업에 있어 「사람」은 가장 중요한 경쟁력의 원천이다. 관광서비스가 곧 인적서비스이기 때문에 조직 구성원들의 역량과 직무만족도는 서비스의 질로 연결되며 이는 곧 고객만족 나아가 충성도로 연계된다. 따라서 직원을 대상으로 하는 내부 마케팅활동은 중요한 과제이다.

---

17) 서용구 (2008). 보이지 않는 기업 성장엔진: 디자인 · 브랜드 · 명성, 삼성경제연구소.
이 책에서는 무형자원의 요소 중에서 주로 기업의 R&D, 마케팅 등과 관련하여 형성되는 자산으로서 디자인, 브랜드 마케팅 역량 그리고 명성관리 능력의 중요성을 강조하고 있다.

(2) 조직능력

조직능력은 기업에 체화된 특유하고 고유한 능력을 의미한다. 여기에는 다음이 포함된다.

① 서비스 혁신능력
② 효율적인 업무능력
③ 전략적 제휴능력
④ 마케팅 능력

피터 드러커(Peter Drucker) 교수는 21세기 기업은 「연구 · 개발」과 「마케팅」역량을 제외하고 나머지는 모두 아웃소싱이 가능하다고 역설하였다. 위의 조직능력은 이 두 가지 역량에 기반하고 있으며 경쟁사가 쉽게 모방할 수 없는 경쟁우위의 원천이라고 할 수 있다.

(3) 핵심역량

핵심역량을 구체적으로 파악하기 위해서는 다음과 같은 다섯 가지 기준을 적용해 볼 수 있다(Evans et al, 2003).[18]

① Customer focus: 고객 욕구에 정확히 맞추고 있는가? (적합성)
② Uniqueness: 경쟁사가 쉽게 모방할 수 없는 희소성이 있는가? (독특성)
③ Flexibility: 시장/산업 환경변화에 쉽게 적응할 수 있는가? (유연성)
④ Contribution to value: 가치창조에 기여하고 있는가? (가치성)
⑤ Sustainability: 차별적 우위성이 지속성을 갖는가? (지속성)

2) 맥킨지 7S 모델

회사의 내부역량을 진단하는 방법으로 경영 컨설팅 회사인 맥킨지가 개발한 것으로서 전략의 실행 가능성을 판단하거나 조직 적합성을 측정할 때 용이한 체크리스트 분석을 의미한다〈그림 5-6〉.

18) Evans, N., Campbell, D. and Stonehouse, G. (2003), Strategic management for travel and tourism, Oxford: BH.

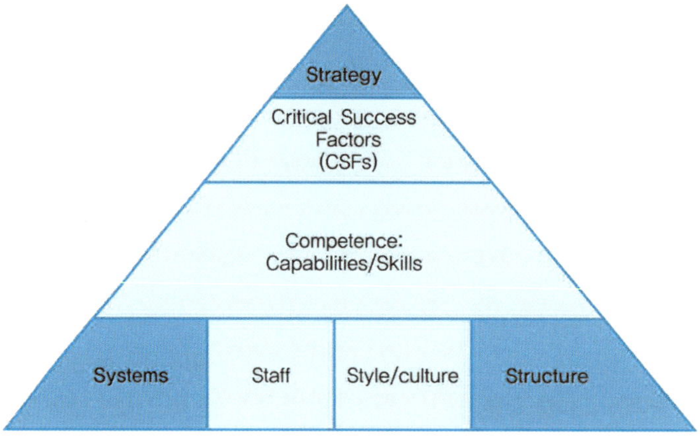

그림 5-6 조직 역량 평가를 위한 7S 모델

* 출처: 김동철 외 (2010)[19] · 김영수 외 (2010)[20]

(1) 전략(Strategy)

변화하는 시장환경에 기업이 어떻게 적응하여 능력을 발휘할 것인가에 대한 장기적인 목표와 계획으로서 구성원 모두가 공유하는 가치에 근거하여 방향을 제시함으로써 나머지 요소들에도 큰 영향을 미친다.

〈평가를 위한 질문〉

① 현재 전략은 무엇인가?

② 미래 전략은 어떠한가?

③ 이러한 전략을 조직 구성원 모두 잘 이해하고 있는가?

④ 시장 환경 변화에 따라 전략 변화의 유연성은 어느 정도인가?

(2) 주요 성공요인(CSFs)

앞서 외부환경분석 부분에서 언급되었듯이 주요 성공요인은 기업의 비전 및 목표를 달성하기 위해 회사가 확보하고 유지해야 하는 핵심 경쟁력 요소를 말한다. 외부적으로 해당하는 사업의 성공요소가 무엇인지 파악하고 내부역량분석에서는 이러한 요소를 자사가

---

19) 김동철 · 서영우 (2010). 경영전략 수립 방법론. 시그마인사이트.

20) 김영수 · 이영진 (2010). 경영전략. 학현사.

얼마나 그리고 어떻게 확보할 것인지를 파악한다.

〈평가를 위한 질문〉
① 전략 목표를 달성하기 위해 우리가 필요로 하는 요인은 무엇인가?
② 전략 목표 달성을 위해 현재 갖고 있는 경쟁력 요인은 무엇인가?

(3) 기술(Skill)

기술은 구체적으로 전략을 어떻게 실행할 것인가를 뜻한다. 전략이 바뀌면 기술도 변하는 것이 일반적이지만 때로는 전략이 변하지 않더라도 기술은 시대적 흐름에 따라 변화할 수 있다. 기술은 하드웨어적 측면에서 디자인, 시설관리 등 뿐만 아니라 소프트웨어적 측면에서 구성원의 동기부여, 목표관리, 예산관리 등 매우 포괄적이다.

〈평가를 위한 질문〉
① 필요한 성공요인을 확보하기 위해 무엇을 해야 하는가?
② 현재 자사가 갖고 있는 경쟁력을 향상시키기 위해 무엇을 해야 하는가?

(4) 시스템(System)

시스템이란 반복되는 의사결정 사항들의 일관성을 유지하기 위해 만들어진 틀을 뜻한다. 직원 평가/보상제도와 같은 관리제도, 경영계획 및 목표설정 시스템, 결과 조정 및 통제 시스템 등이 포함된다. 따라서 시스템과 구조는 구성원들의 행동을 체계화하고 특정 방향으로 유도하는 중요한 역할을 하게 한다.

〈평가를 위한 질문〉
① 목표달성을 위해 현재 회사의 시스템이 최적화되어 있는가?
② 시스템 변화를 위해 무엇이 필요한가?

(5) 인재(Staff)

자사가 필요로 하는 사람의 유형을 말한다. 조직문화 형성의 주체이기도 하다. 조직 구성원의 의미는 단순히 인력구성을 말하는 것뿐만 아니라 그들이 갖고 있는 능력이나 지식 등의 집합체를 말한다.

〈평가를 위한 질문〉

① 현재 구성원들의 역량으로 목표달성이 가능한가?

② 구성원들의 역량강화를 위해 무엇이 필요한가?

(6) 스타일(Style)

스타일은 구성원들을 이끌어가는 전반적인 조직관리 문화를 뜻한다. 스타일은 조직 전반적인 측면뿐만 아니라 구성원 개개인의 측면, 특히 CEO의 스타일도 기업을 이해하는 데 중요한 요인이다. 왜냐하면 CEO의 스타일은 구성원들의 행동은 물론 이들간의 상호관계와 조직 분위기에 직접적인 영향을 미치기 때문이다.

〈평가를 위한 질문〉

① 전략 수행을 위해 현재 조직의 문화가 적정한가?

② 조직문화의 변화가 필요하다면 무엇이 필요한가?

(7) 조직(Structure)

조직은 전략을 실행해 나가기 위한 구조적 틀을 뜻한다. 조직구조, 직무분류, 역할과 책임 등이 이에 해당한다.

〈평가를 위한 질문〉

① 목표달성을 위해 현재 회사의 조직구조가 적합한가?

② 현재의 조직구조에서 효율성과 효과성을 향상시키기 위해 무엇이 필요한가?

요약하면 7S 모델은 전략부터 조직 기능분야까지 일관되게 연계되어 평가되어야 한다. 「전략」, 「시스템」, 「조직」을 하드웨어적 차원의 'S' 그리고 나머지인 「주요 성공요인」, 「기술」, 「인재」, 「스타일」을 소프트웨어 측면의 'S'로 구분할 수 있다. 하드의 'S'는 경영자의 의사나 노력으로 비교적 단기간에 바꿀 수 있지만 소프트의 'S'는 가치관과 연계된 요소여서 관성이 강하고 쉽게 바꾸기 어렵다. 이러한 점 때문에 전략을 바꾸더라도 종업원의 기술이 따라가지 못하거나 이들의 지지를 받지 못하는 문제가 발생할 수 있다. 하드와 소프트의 변화 속도에 차이가 있다는 점을 유념하면서 전략을 수립하여야 한다(김영수 · 이영진, 2010).

4. 내부역량분석 시사점 도출

지금까지 언급되었던 사업/재무 성과분석, 서비스/고객 분석, 내부역량분석의 결과물은 「강점과 약점」 요인으로 나누어 정리될 수 있다. 강점요인은 외부환경분석의 기회요인과 함께 확대 및 강화시킬 수 있는 기본방향이 제시되어야 한다. 약점요인은 외부환경의 위협요인과 함께 고려하여 최소화하거나 제거시킬 수 있는 전략적 시사점을 도출하여야 한다〈그림 5-7〉.

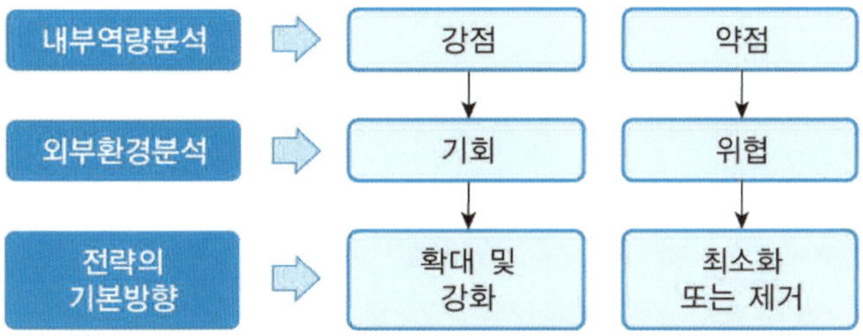

그림 5-7 「강점과 약점」 요인의 전략적 시사점

외부환경분석이 시장 및 산업의 현재와 미래 매력도를 측정하는 것이 주요 목적이라면 내부역량분석의 결과는 해당 산업에서 자사의 경쟁력을 평가하는 것이라 할 수 있다. 「강점과 약점」 요인으로 정리된 내부역량분석의 시사점은 보다 구체적으로 「경쟁우위」 요인으로 제시될 수 있다. 시장점유율이 현재의 경쟁력 척도라면 성공요소의 보유정도는 미래 경쟁력의 척도라고 할 수 있다. 시장점유율 외 수익기여도(Margin, ROIC 등), 서비스/고객 경쟁력 분석 등을 종합적으로 고려하여 자사의 현황을 보다 면밀히 파악할 필요가 있다〈그림 5-8〉.

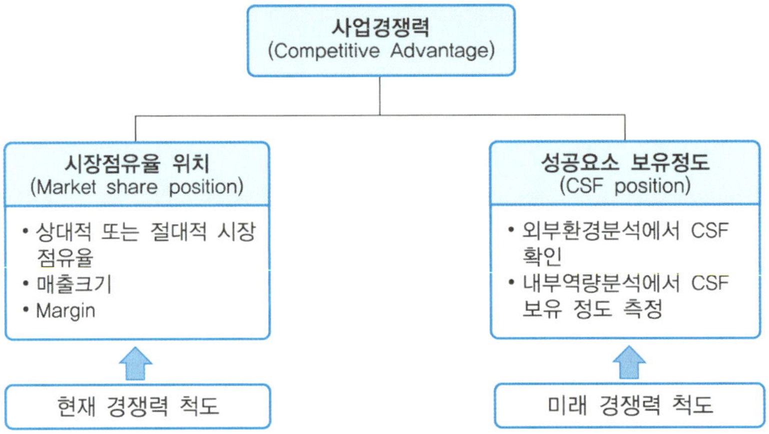

그림 5-8 「경쟁우위」 분석의 전략적 시사점

주요 토론주제

1. 여행산업(항공사, 소매여행사, 대형관광여행사, 크루즈 회사 등) 중 한 회사를 골라 내부역량 분석을 해보자.
2. 숙박산업(호텔, 리조트, 콘도미니엄, 캠프장, 펜션, 휴양형 주거단지 등) 중 한 회사를 골라 내부역량분석을 해보자.
3. 레저산업(골프장, 주제공원, 카지노, 레스토랑, 스포츠클럽, 영화관 등) 중 한 회사를 골라 내부역량분석을 해보자.
4. 여행산업, 숙박산업, 레저산업별로 각각 한 회사씩 내부역량분석을 한 결과 강점과 약점 요인 측면에서 서로 연계되어 강점을 강화하고 약점을 최소화할 수 있는 점들은 무엇인지 찾아보고 토론해보자.

참고문헌

김동철 · 서영우 (2010). 경영전략 수립 방법론. 시그마인사이트.

김영수 · 이영진 (2010). 경영전략. 학현사.

서용구 (2008). 보이지 않는 기업 성장엔진: 디자인, 브랜드, 명성, 삼성경제연구소.

이승주 (2008). 경영전략 실천 매뉴얼, 시그마인사이트 그룹.

장영광 (2012). 경영분석, 무역경영사.

Evans, N., Campbell, D. and Stonehouse, G. (2003), Strategic management for travel and tourism, Oxford: BH.

제6장 전략도출

제1절 전략방향도출

지금까지 살펴보았던 비전수립, 외부환경분석 및 내부역량분석을 근거로 전략을 수립하는 데 첫 번째 단계로서 전략의 기본방향을 설정할 필요가 있다. 여기에는 「핵심이슈 분석」과 「전략방향 도출」이 포함된다.

1. 핵심이슈 분석

외부환경분석의 시사점으로 산업매력도를 도출할 수 있고 내부역량분석의 시사점으로 사업경쟁력(경쟁우위)을 도출할 수 있었다. 이러한 산업매력도와 사업경쟁력을 함께 조합하여 회사의 전략적 위치(Strategic position)를 분석할 수 있다. 전략적 위치 분석은 「산업의 성숙도와 경쟁수준」 및 자사가 갖고 있는 「현재 경쟁력과 미래 경쟁력」을 종합한 것으로서 회사의 현재 위치를 총체적으로 조망해 주는 잣대라고 할 수 있다. 산업매력도와 사업경쟁력의 세부항목은 산업과 업종에 따라 달라질 수 있으므로 합당한 항목의 선택이 요구된다〈그림 6-1〉.

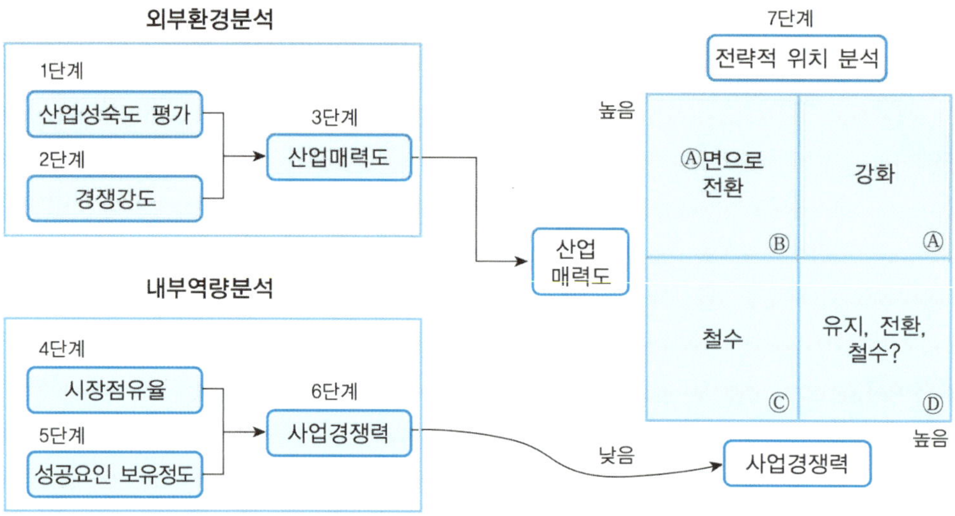

그림 6-1 전략적 위치 분석

* 출처: 김동철 · 서영우 (2010)[21]

이러한 전략적 위치분석은 외부환경과 내부역량에 대한 정량적 자료뿐만 아니라 정성적 자료에 대한 분석을 통해 이루어져야 한다. 따라서 내/외부 환경분석의 결과물로서 영향(Impact) 또는 시사점(Implication)에서 나타난 경영상의 이슈들을 구조적으로 결합하고 중요성을 고려하여 핵심이슈를 도출하는 것이 중요하다. 즉 문제해결을 위해서는 우선적으로 어떤 문제(Issue)가 있는지 파악하는 것이 선결과제이다〈그림 6-2〉.

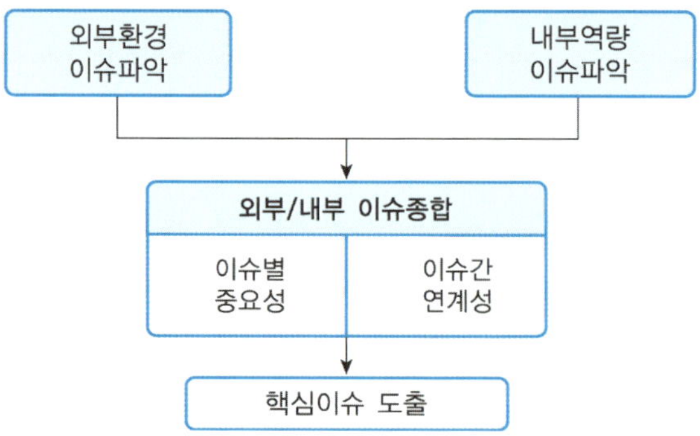

그림 6-2 핵심이슈 도출 접근방식

21) 김동철 · 서영우 (2010). 경영전략 수립 방법론, 시그마인사이트컴.

핵심이슈 도출을 구체화하는데 다음과 같은 「문제해결 방식」은 큰 도움을 줄 수 있다. 예를 들어 회사가 200억을 투자하여 신규시장에 진입할 것인가가 이슈라면 이 문제를 해결하기 위해 다음과 같은 세부적인 문제들에 대한 면밀한 분석이 필요하다〈그림 6-3〉.

① (외부) 이 신규시장은 잠재성 측면에서 얼마나 매력적인가?

② (내부) 우리 회사는 차별적인 경쟁우위를 갖고 있는가?

③ (경제적 타당성) 신규시장 투자의 경제적 타당성은 어느 정도 있는가?

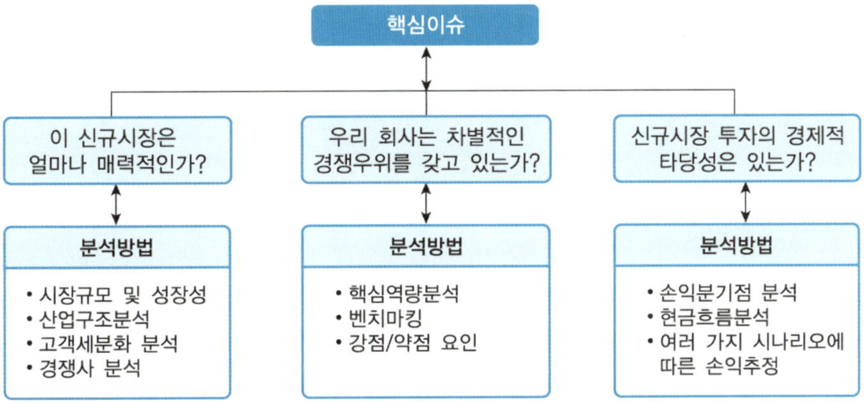

그림 6-3 「핵심이슈 도출」의 구체화 방식

* 출처: 이승주 (2008)[22]

2. 전략방향 도출

소위 SWOT(Strengths, Weaknesses, Opportunities, Threats) 분석은 외부/내부 환경분석으로부터 도출된 핵심이슈를 「기회와 위협」 요소 그리고 「강점과 약점」 요인으로 분류한 것이다. 이를 활용하여 전략방향 대안 도출은 네 가지 이슈의 조합으로 다음과 같이 제시될 수 있다.

① 공격적 성장전략(SO 전략)

② 공격적 경쟁전략(ST 전략)

---

22) 이승주 (2008). 경영전략 실천 매뉴얼, 시그마인사이트.

③ 방어적 성장전략(WO 전략)

④ 방어적 경쟁전략(WT 전략)

네 개의 전략 틀 내에서 여러 가지 대안이 나올 수 있으며 이러한 네 개의 틀도 반드시 구분되는 것이 아니라 서로 일정부분 중복되는 측면도 있다는 것을 고려해야 한다〈그림 6-4〉.

내부역량 / 외부환경		강점(S)	약점(W)
		• 재무구조 건전성 • 우수한 인적자원/서비스	• 상대적으로 취약한 브랜드 인지도 • 비즈니스 시스템 비효율성
		SO(강점이용 기회포착)	**WO(기회이용 약점극복)**
기회요인(O)	• 중국 관광객 증가 • 내국인 관광객 증가 • 유비쿼터스 등 기술의 발전	• 중국시장 세분화/맞춤형 서비스 • 내국인 관광객 맞춤형 서비스 • 인터넷/스마트폰 마케팅 강화	• 대 중국 지역별 브랜드 마케팅 강화 • 국내 카드사 제휴 마케팅 강화 • 효율적 ERP(Enterprise Resource Planning)시스템 구축
		ST(강점이용 위협극복)	**WT(약점과 위협극복)**
위협요인(T)	• 경쟁심화 • 고객수요 다양화 • 유비쿼터스 등 기술의 빠른 변화	• Niche 마케팅 강화 • 1 · 2 · 3차 시장 선정/마케팅 • 인터넷/스마트폰 이용성향에 따른 차별적 마케팅	• 브랜드 인지도 제고를 위한 리브랜딩(Re-branding)전략 고려 • 감성마케팅 차원의 인적 서비스 강화

그림 6-4 SWOT 분석 사례(A 리조트)

제2절 전략평가

핵심이슈분석 후 몇 가지 전략적 대안들이 도출되면 이에 대한 평가를 통해 최적의 전략을 선택하여야 한다. 본 절에서는 「시나리오별 평가」와 「핵심역량 적합도 평가」에 대해 살펴보기로 한다. 시나리오별 평가는 외부환경에 대한 전략의 적정성을, 핵심역량 적합도 평가는 내부역량에 대한 전략의 적정성을 평가하는 것이다.

1. 시나리오별 평가

관광산업에 있어서 향후 경제전망, 경쟁상황 및 정부 지원/규제에 대한 일정한 가정하에 회사가 도출한 전략적 대안들이 얼마나 적합한지 평가하는 것이 시나리오별 전략평가이다〈그림 6-5〉.

전략적 대안 / 시나리오	A 전략	B 전략	C 전략
낙관적 시나리오	○	×	×
• 향후 2년간 관광객 10% 이상 성장 • 정부 지원 확대 예상 • 수요 대비 공급 부족	근거이유: – – –	근거이유: – – –	근거이유: – – –
중립적 시나리오	△	○	×
• 향후 2년간 지속성장/변동폭 큼 • 정부지원/규제 • 시장 불확실성 증대	근거이유: – – –	근거이유: – – –	근거이유: – – –
비관적 시나리오	×	△	○
• 향후 2년간 보합세/감소예상 • 정부지원 효과 미미/규제지속 • 시장 불확실성 증대	근거이유: – – –	근거이유: – – –	근거이유: – – –

〈○ 적합, △ 환경변화에 따라 적합, × 부적합〉

그림 6-5 시나리오별 전략평가

현실적으로는 시나리오별로 하나의 전략만이 수행되는 것이 아니라 복수의 전략이 사안별로 적용될 수 있다. 여기서 중요한 점은 「여러 가지 미래 상황에 대한 시나리오」에 「복수의 전략적 대안」을 갖고 있어야 한다는 것이다. 이에 변화하는 환경에 순발력있는 전략적 선택을 할 수 있다. 아울러 각 시나리오별 전략 적합성의 기준은 「재무적 효과」와 「잠재적 리스크」에 대한 평가로 이루어질 수 있다.

① **재무적 효과**: 각 전략별로 예상되는 수익성(현금흐름)을 추정하고 단기(1~2년)와 장기(3~5년)로 나누어 검토할 수 있다.

② **잠재적 리스크**: 예상되는 위험은 경쟁사의 반응과 새로운 기술혁신에 따른 위험 요인들을 예측하여 평가한다.

2. 핵심역량 적합도 평가

내부역량분석에서 도출된 회사의 핵심역량 대비 전략적 방향의 대안들이 적정한지 여부를 평가하는 것을 말한다. 핵심역량을 충분히 활용할 수 있으면 높은 점수를 부여하는 방식이다. 점수부여방식은 다양한 방식이 있으나 여기서는 5점 척도(1점: 가장 낮음, 3점: 보통, 5점: 가장 높음)의 예를 들었다. 핵심역량을 「경영자원」과 「조직능력」으로 구분하고 각 전략별로 활용도(적합도)를 평가하며 평가항목들의 상대적 중요도에 따라 가중치를 줄 수 있다〈그림 6-6〉.

핵심역량 \ 전략적 대안	A 전략 적합도	B 전략 적합도	C 전략 적합도
경영자원			
• 회사소유 토지	3	4	2
• 회사소유 건물	2	2	1
• 유통망	3	2	3
• 자금력	2	4	1
• 브랜드 인지도	3	3	3
• 서비스의 범위	4	2	1
조직능력			
• 서비스 수준	2	3	4
• 업무 효율성	1	3	3
• 온라인 네트워크	1	3	4
• 교육 프로그램	2	3	5
총점	23	29	27

〈1점: 가장 낮음, 3점: 보통, 5점: 가장 높음〉

그림 6-6 핵심역량 적합도 평가

주요 토론주제

1. 여행산업(항공사, 소매여행사, 대형관광여행사, 크루즈 회사 등) 중 한 회사를 골라 전략방향을 도출하고 전략적 대안별로 평가를 해보자.
2. 숙박산업(호텔, 리조트, 콘도미니엄, 캠프장, 펜션, 휴양형 주거단지 등) 중 한 회사를 골라 전략방향을 도출하고 전략적 대안별로 평가를 해보자.
3. 레저산업(골프장, 주제공원, 카지노, 레스토랑, 스포츠클럽, 영화관 등) 중 한 회사를 골라 전략방향을 도출하고 전략적 대안별로 평가를 해보자.
4. 여행산업, 숙박산업, 레저산업별로 각각 한 회사씩 전략도출과 평가를 한 결과 관광산업차원에서 서로 연계되어 시너지가 창출되고 아울러 어떤 취약점이 있는지 찾아보고 토론해보자.

참고문헌

김동철 · 서영우 (2010). 경영전략 수립 방법론, 시그마인사이트컴.

이승주 (2008). 경영전략 실천 매뉴얼, 시그마인사이트.

제 7 장 실행계획

제1절 실행계획 수립

전략을 수립하는 것과 동시에 전략을 효과적으로 실행하는 것은 매우 중요하다. 실행계획은 전략수립단계에서 도출된 기업수준의 전략과 사업부 수준의 전략에 대한 구체적인 수행과제를 세우는 것을 의미한다. 실행계획 수립은 「실행과제 도출」과 「이행계획」으로 구성될 수 있다.

1. 실행과제 도출

「실행과제」는 「전략목표」, 「전략과제」와 함께 체계적으로 연계되어 도출되어야 한다 〈그림 7-1〉.

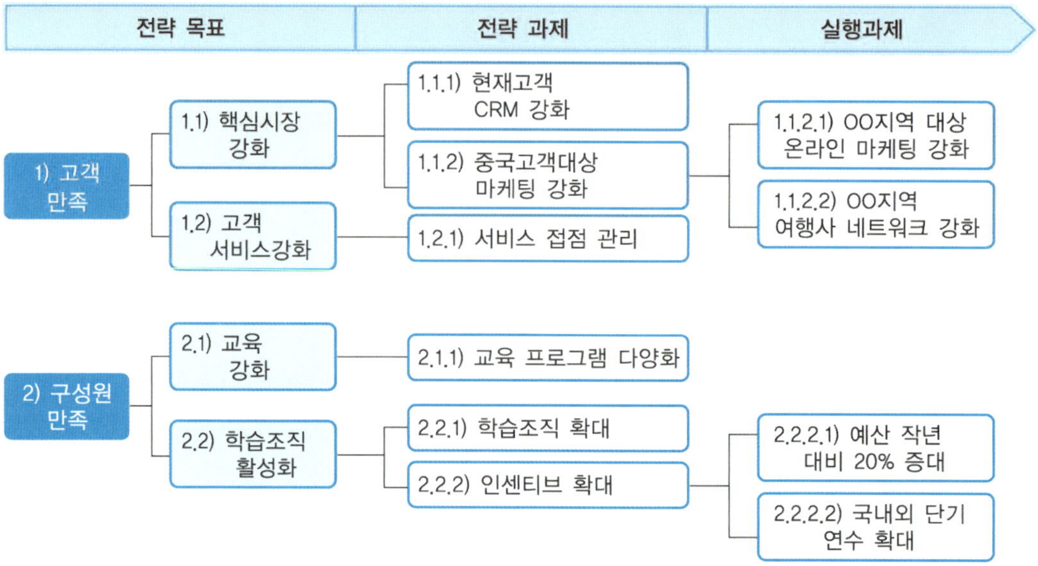

그림 7-1 실행과제 도출 체계도 사례

* 출처: Goldberg & Sifonis (1994)[23]

일반적으로 전략 목표와 과제에 따른 실행과제의 수는 많기 때문에 「전략 목표의 중요도」와 「실행 용이성」의 두 가지 측면을 고려하여 우선순위를 정할 수 있다. 이를 도식화하면 다음과 같다〈그림 7-2〉.

23) Goldberg, B. and Sifonis, J. (1994). Dynamic planning: The art of managing beyond tomorrow, Oxford University Press.

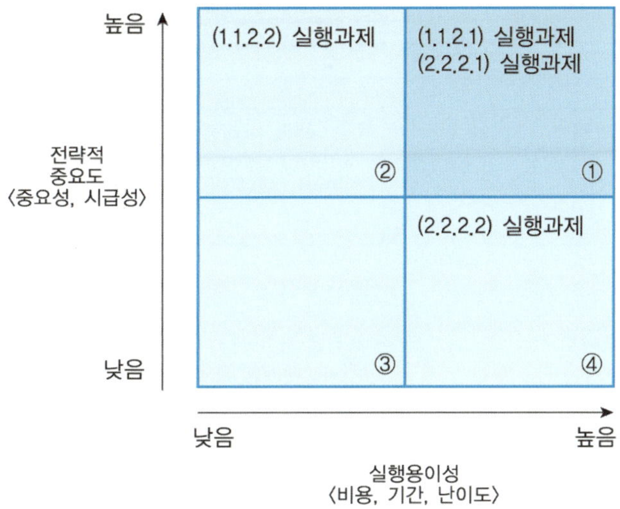

① 우선추진 부분
②와 ④ 전략적 중요도와 내부역량 등을 고려하여 우선순위 선정
③ 비고려 대상부분

그림 7-2 실행과제 우선순위 선정 도식화

* 출처: 김동철 · 서영우 (2010)[24]

현실적으로 ①~④ 부문까지 명확히 구분하기 어려운 점이 있을 수 있다. 각 부서 간 이해관계, 사업의 중요성에 대한 충분한 객관성 확보의 어려움, 사업의 중첩성 등 여러 가지 요인이 있는데 이러한 사항을 충분히 고려하여 의사결정을 해야 한다.

2. 이행계획

전략을 수립하는 것 이상으로 중요하고 어려운 것이 전략을 효과적으로 실행하는 것이다. 이행계획은 전략을 구체화하는 작업으로서 여기에는 실행조직을 구성하는 것과 활동내용을 수립하는 것이 포함된다. 우선 이행계획은 다음과 같이 과제별로 조직을 구성하여 목표, 필요역량, 주요활동 등을 정하는 것을 포함한다〈그림 7-3〉.

---

24) 김동철 · 서영우 (2010). 경영전략 수립 방법론, 시그마인사이트컴.

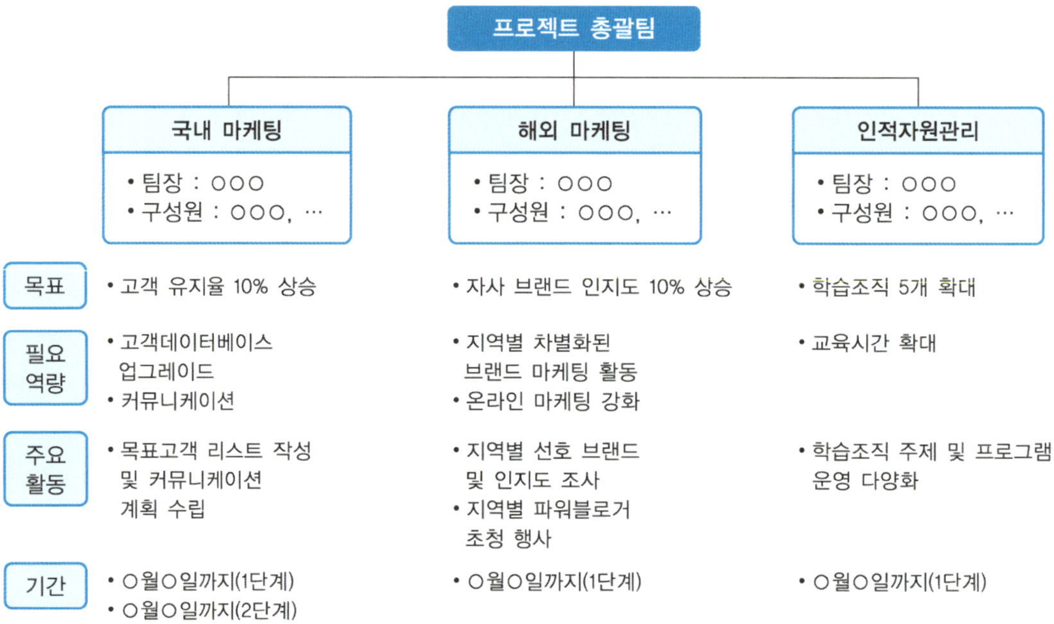

그림 7-3 이행계획 사례(실행조직 구성)

이러한 실행조직의 구성은 현재 있는 조직을 활용할 수도 있고 조직개편을 통해 새롭게 조직을 만들 수도 있다. 프로젝트(전략과제)가 많을 경우에는 과제를 총괄하는 팀(PMT: Project Management Team) 구성이 필요하다. 이울러 프로젝트를 수행하는 데 적합한 인력은 내부인력은 물론 신규채용, 아웃소싱, 컨설팅 등 가능한 방안 모두를 놓고 회사입장에서 가장 효율적이면서도 효과적인 것을 선택해야 한다. 아울러 프로젝트 총괄팀에서는 각 프로젝트팀별로 필요한 활동과 예상소요기간을 결정하고 조율할 필요가 있다. 다음은 간트차트(Gant chart)의 예로서 프로젝트별로 계획 대비 진도가 얼마나 나갔는지 상시적으로 모니터링하는 일정관리를 나타내고 있다〈그림 7-4〉.

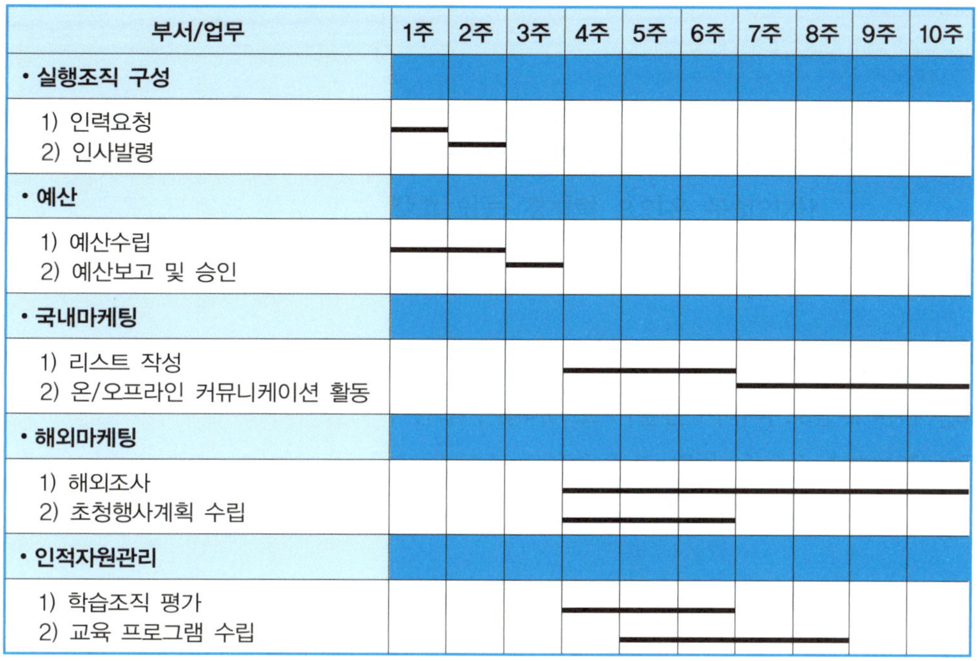

그림 7-4 이행계획 사례(일정관리)

제2절 성과관리

전략을 수립하고 실행하는 과정에서 이루어지는 성과관리는 매우 중요하다. 본 절에서는 「고객관리지표」와 「균형성과표」에 대해 살펴보기로 한다.

1. 고객관리지표

고객은 기업의 가장 소중한 자산으로서 다음과 같은 주요 성과지표에 따라 체계적으로 관리할 필요가 있다〈그림 7-5〉.

① 시장점유율(Market Share)
② 고객만족도(Customer Satisfaction)
③ 신규고객 확보율(Customer Acquisition)
④ 고객유지율(Customer Retention)
⑤ 고객 수익성(Customer Profitability)

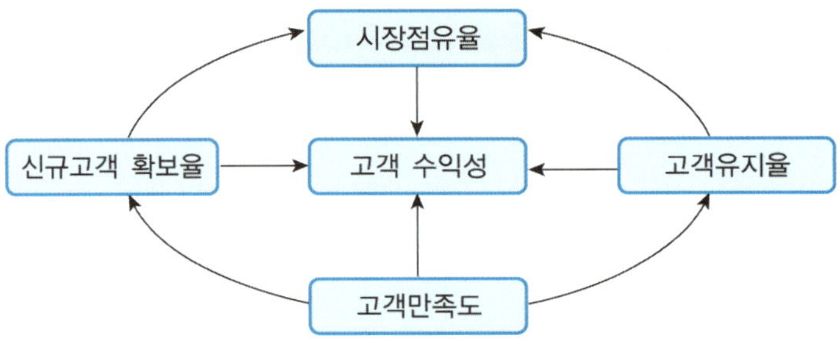

그림 7-5 고객관리지표

* 출처: 이승주 (2008)[25]

25) 이승주 (2008). 경영전략실천 매뉴얼, 시그마인사이트.

각 지표 간의 관계를 보면 기본적으로 「고객만족도」가 「신규고객 확보」와 「고객유지」에 영향을 주고 두 요소가 「시장점유율」에 영향을 주는 것으로 볼 수 있다. 최종적으로 이러한 네 가지 요인 모두 「고객 수익성」에 영향을 준다고 볼 수 있다.

각 지표의 개념을 정리하면 다음과 같다.

① 시장점유율

전체 시장에서 특정 회사의 서비스 상품이 차지하는 비율이다.

[예] $\dfrac{\text{서울지역 특1급 A호텔 매출액(0000년)}}{\text{서울지역 특1급 호텔 전체 매출액(0000년)}}$

② 고객만족도

고객이 서비스에 대해 충족하는 정도로서 양적 그리고 질적으로 평가할 수 있다.

③ 신규고객 확보율

기업이 성장과 수익성 창출 대상으로 삼고 있는 새로운 고객층을 목표 대비 확보하는 비율을 뜻한다.

④ 고객유지율

기업이 성장과 수익성 창출대상으로 삼고 있는 현재 고객층을 유지하는 비율을 뜻한다. 「고객이탈률」과 상반되는 개념으로 이해할 수 있다.

⑤ 고객 수익성

고객 1인당 회사에 기여하는 경제적 가치를 의미한다. 개별고객으로부터 벌어들인 수익(고객수익: Customer Revenue)에서 개별고객에게 투입된 비용(고객원가: Customer Cost)을 차감한 것으로서 고객 간에 어떤 차이를 보이며 어떤 고객의 이익이 최대인가 등을 파악할 필요가 있다.

신규고객확보, 고객유지 및 고객 수익성 향상은 고객관계관리(CRM: Customer Relationship Management)의 기본적인 구성요소라고 할 수 있다. 신규고객을 확보하기 위해 투입되는 비용과 현재 고객을 유지하기 위한 비용을 비교해 보면 전자가 최소 5배 비용이 더 들어간다는 연구결과도 있다. 따라서 회사 입장에서는 고객을 잠재고객, 일반고객, 우량 고객, 초우량 고객군 별로 구분하여 차별적인 관리가 필요하다〈그림 7-6〉.

고객층	수익성	비수익성
표적 고객층	유 지	전 환
비표적 고객층	모니터링	제 외

그림 7-6 고객의 차별적 관리

* 출처: Kaplan & Norton (1996)[26)]

수익성이 높은 고객 중 기업의 표적 고객층은 초우량 고객과 우량고객군으로 적극적으로 유지하고 장기적인 관계를 구축할 필요가 있다. 일반고객과 잠재고객에 대해서는 「수익성」과 「표적고객」기준에 따라 모니터링할 수도 있고 수익성 있는 고객층으로 전환 또는 제외시킬 수도 있다. 고객만족도와 고객유지율(또는 고객충성도, 재구매율) 간의 관계를 보면 일반적으로 비례관계이며 고객유지율은 만족도 수준여하에 따라 매우 민감한 반응을 나타낸다. 「아주 불만족」인 경우는 당연히 재구매율이 0%, 「보통」 수준도 30% 이하, 「만족」 수준도 40% 수준인데 「아주 만족」 수준은 거의 100%로 급상승하는 경향이 있다. 즉 만족하더라도 만족 수준이 매우 높아야 재구매가 이루어지게 된다〈그림 7-7〉.

26) Kaplan, R and Norton, D. (1996). The balanced scorecard, Harvard Business School Press.

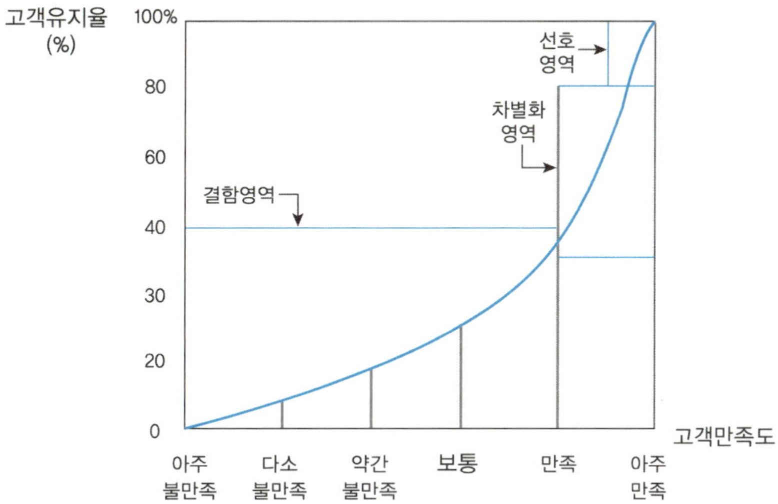

그림 7-7 고객만족도와 고객유지율 관계

* 출처: Heskett (2000)[27]

2. 균형성과표

회사의 비전이 추상적인 구호로 끝나지 않고 구체적인 실천과 성과로 연결되기 위해서는 이를 측정할 수 있는 성과지표가 있어야 한다. 균형성과표(Balanced Scorecard)는 비전 달성을 위한 기업의 성과목표를 「고객의 관점」뿐만 아니라 「주주의 관점」, 「내부업무 운영의 관점」 및 「지속적인 학습과 성장의 관점」을 반영하여 종합적인 관점에서 조직의 성과관리를 가능하게 한다(이승주, 2008) 〈그림 7-8〉.

27) Heskett, J. (2000). The service profit chain, 삼성경제연구소.

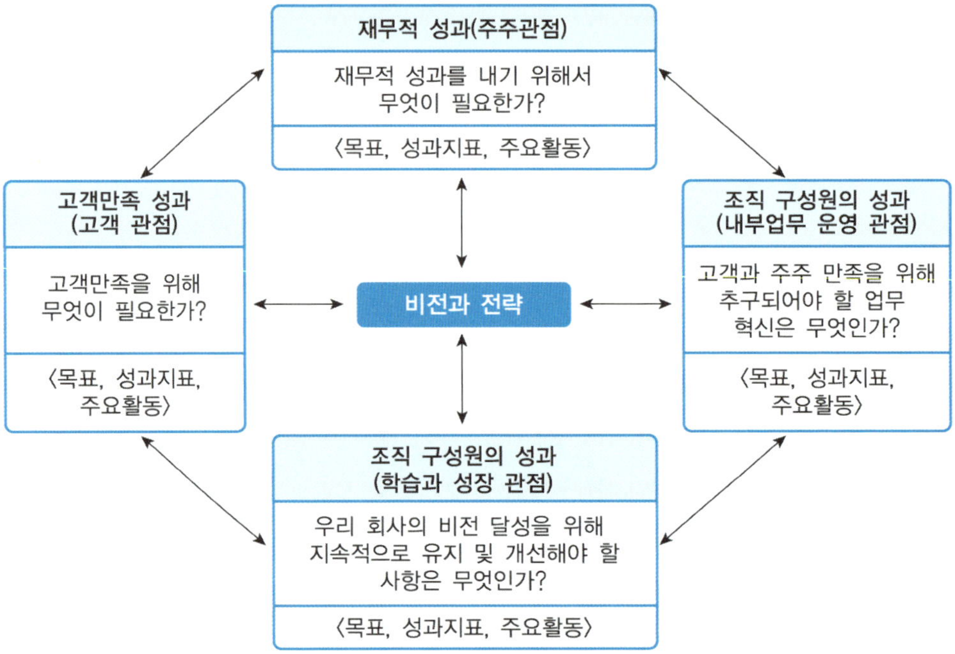

그림 7-8 균형성과표

관광기업의 경우 성과지표를 다음과 같이 세울 수 있다.

① **재무적 성과:** 회사의 성장성, 수익성, 활동성, 안정성, 생산성 등을 측정할 수 있는 재무적 지표 등

② **고객만족 성과:** 고객만족도 지수, 세분화된 고객층별 매출 성장률 등

③ **업무 성과:** 업무 효율성 및 효과성, 서비스 혁신, 업무혁신 등

④ **구성원 만족 성과:** 조직 구성원의 지속적인 성장과 발전을 도모하기 위한 활동의 성과지표로서 구성원 만족도 지수, 인력 유지율 등

이러한 네 가지 영역의 성과지표들은 상호 유기적인 인과관계를 갖고 있다. 기본적으로 조직 구성원들의 학습 및 업무 역량은 내부 업무 프로세스의 향상된 결과로 이어지며 이는 곧 고객만족도와 연계되며 이는 회사의 재무적 성과를 향상시킨다〈그림 7-9〉.

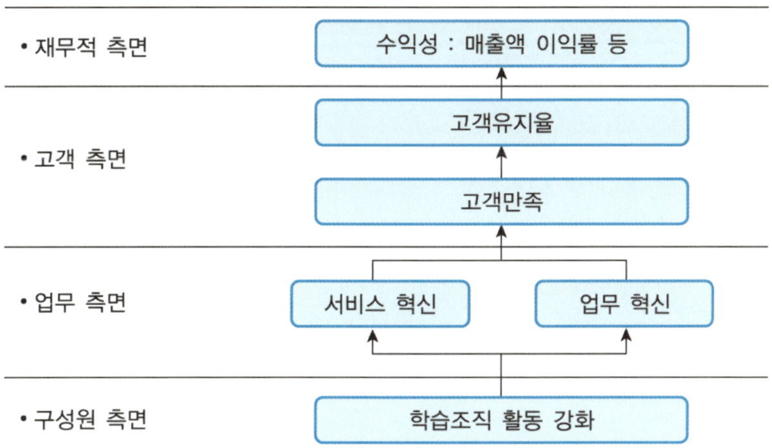

그림 7-9 성과지표 간의 관계

주요 토론주제

1. 여행산업(항공사, 소매여행사, 대형관광여행사, 크루즈 회사 등) 중에서 한 회사 사례를 선택하여 실행계획이 어떻게 수행되고 있는지 알아보자.
2. 숙박산업(호텔, 리조트, 콘도미니엄, 캠프장, 펜션, 휴양형 주거단지 등) 중에서 한 회사 사례를 선택하여 실행계획이 어떻게 수행되고 있는지 알아보자.
3. 레저산업(골프장, 주제공원, 카지노, 레스토랑, 스포츠클럽, 영화관 등) 중에서 한 회사 사례를 선택하여 실행계획이 어떻게 수행되고 있는지 알아보자.
4. 여행산업, 숙박산업, 레저산업별로 한 회사씩 실행계획을 비교해보고 서로 어떤 점이 연계되어 시너지 효과가 있는지, 어떤 점이 상호 보완되어야 하는지 파악하고 토론해보자.

참고문헌

김동철 · 서영우 (2010). 경영전략 수립 방법론, 시그마인사이트컴.

이승주 (2008). 경영전략실천 매뉴얼, 시그마인사이트.

Goldberg, B. and Sifonis, J. (1994). Dynamic planning: The art of managing beyond tomorrow, Oxford University Press.

Heskett, J. (2000). The service profit chain, 삼성경제연구소.

Kaplan, R. and Norton, D. (1996). The balanced scorecard, Harvard Business School Press.

제 3 부

관광경영전략의 실제

제8장 사례연구

제1절 비용우위전략
제2절 차별화전략
제3절 전략적 제휴
제4절 인수합병 및 다각화
제5절 해외시장 진출
제6절 아웃소싱
제7절 마케팅전략

❐ 개요

제3부 관광경영전략의 실제에서는 사례를 다루기로 한다. 사례는 다음과 같이 7가지 전략유형별로 구성하였다.

1. 비용우위전략
2. 차별화전략
3. 전략적 제휴
4. 인수합병 및 다각화
5. 해외시장 진출
6. 아웃소싱
7. 마케팅전략

위의 유형은 이해를 돕기 위해 구분하였지만 현실 기업경영에서는 복합적으로 전략이 수립되고 실행되는 경우가 많다. 특히 마케팅은 연구개발과 함께 기업의 핵심 경쟁력 분야로서 모든 유형과 관련성이 높다고 할 수 있다. 여기에 실린 사례들은 성공과 실패와 같은 결과적인 기준이 아니라 현재 진행 중인 사례를 이해 차원에서 정리한 것임을 밝혀둔다. 전략의 효과는 장기간에 걸쳐 나타나는 것이며 여기서 제시된 사례들에 대해 업데이트하고 토론하는 과정에서 시사점을 얻을 수 있을 것으로 판단된다.

❐ 무엇을 알 수 있는가?

- 전략유형별로 어떤 사례들이 있는가?
- 민간과 공공부문의 사례를 볼 때 어떤 연계점을 찾을 수 있는가?
- 마케팅 전략사례로서 어떤 것들이 있는가?

제8장 사례연구

제1절 비용우위전략

1) 저비용항공사

서비스 경쟁전략의 기본 유형은 ① 원가효율성, ② 서비스 품질, 그리고 ③ 개별화이다. 본원적 전략차원에서 원가효율성은 비용우위 전략이며 서비스 품질과 개별화는 차별화 우위 전략에 해당한다. 비용우위 전략의 핵심은 무조건 가격을 낮추는 것이 아니다. 가격이 다운되고 그만큼 서비스 품질이 저하된다면 이는 곧 경쟁력을 상실하게 되는 것이기 때문이다. 가격을 낮추면서 기본적인 서비스 품질은 유지하거나 또는 상승시키는 것이 비용우위 전략의 핵심가치이다. 예를 들어 저비용항공사들이 대형항공사를 상대로 경쟁력을 확보할 수 있는 방안은 기본적으로 다음과 같은 비용우위 전략에 있다.

① 항공기 기종 단일화
② 서비스 단순화
③ 기술적 품질(technical quality)에 집중
④ point-to-point 노선 및 짧은 회항시간

2018년 기준으로 국내선의 경우 국내 5개 저비용항공사의 수송분담률은 58.6%에 이르는 것으로 나타났다.[1] 국제선의 경우 국적사가 68.5%, 외항사가 31.5%를 차지하는데 이 중 6개 저비용항공사의 분담률은 29.2%(2018년)로 나타났다. 국내선과 국제선을 합친 여

1) 참고로 2008년 국내선 저비용항공사 수송분담률은 불과 9.7%였다.

객 수 기준 저비용항공사 분담률은 50.9%(2018년)를 기록하였다. 저비용항공사에게 국제선 시장은 앞으로 잠재력이 매우 높은 시장이다. 이러한 신장세에 따라 연간 5개 저비용항공사들의 매출 규모가 2012년 총매출액 규모가 1조 원을 넘어섰으며, 제주항공, 진에어, 에어부산, 이스타항공, 티웨이항공 등 국내 5개 저비용항공사들의 2012년 총매출액 1조 1,431억 원에서 2018년 42,219억 원으로 369.3% 가파른 증가세를 나타냈다. 다음은 5개 저비용항공사의 2012년에서 2018년까지 매출액이다.

(단위: 억 원, %)

	2012	2013	2014	2015	2016	2017	2018	증감률(%)
제주항공	3,412	4,341	5,106	6,080	7,476	9,964	12,594	369.1
진에어	2,475	2,833	3,511	4,612	7,197	8,884	10,107	408.4
에어부산	2,208	2,779	3,510	3,780	4,430	5,617	6,536	296.0
이스타항공	1,964	2,543	2,701	2,894	3,797	4,928	5,664	288.4
티웨이항공	1,372	1,668	2,185	2,669	3,828	5,840	7,318	533.4
합계	11,431	14,164	17,013	20,035	26,728	35,233	42,219	369.3

제주항공

2006년 6월 국내에서 처음 저비용항공사를 취항한 애경그룹의 제주항공은 연평균 여객수송 신장률 64.7%를 기록하여 5년 후인 2012년 누적 탑승객 1000만 명을 기록하였다. 이는 누적탑승객 500만 명을 돌파한 2010년 9월까지는 4년 3개월이 걸린 반면, 500만 명에서 1000만 명까지는 불과 1년 7개월여가 걸린 것이다. 이후 제주항공은 누적탑승객 기준으로 2014년 7월에 2,000만 명, 2016년 1월에 3,000만 명, 2018년 2월에 5,000만 명, 2018년 12월에 6,000만 명을 기록하였다. 앞으로 업계의 변화는 비용우위 전략에 근거한 저비용항공사간 경쟁이 치열해질 것으로 전망되며 동시에 근거리 국제선노선에서는 상대적으로 차별화전략에 초점을 둔 대형항공사와의 경쟁구도가 형성될 것으로 전망된다.

2) 중저가 숙박시설

저비용항공사와 마찬가지로 호텔을 포함한 숙박업계에서도 비용우위 전략에 근거한 중저가 숙박시설의 인기가 높다. 이러한 중저가 숙박시설들이 기존의 숙박시설에 비해 확보할 수 있는 경쟁력 요소는 다음과 같다.

① 저렴하고 탄력적인 숙박료
② 시설 단순화
③ 서비스 단순화
④ SNS 등을 활용한 구전효과

국내에도 2010년 이후 외래관광객의 증가에 따라 숙박시설 부족현상이 심화되면서 도심 내 오피스빌딩을 리모델링하거나 신축으로 중저가 비즈니스호텔이나 게스트하우스 등을 만드는 추세이다. 그리고 앞으로 이런 중저가 숙박시설의 프랜차이즈가 증가할 것으로 전망된다. 중저가 숙박시설의 경쟁력은 시설 및 기타 서비스를 단순히 하는 동시에 핵심서비스인 b & b(bed & breakfast)에 집중하는 데 있다.

Accor그룹(www.accor.com)은 1967년에 프랑스 Lille Lesquin시에 Novotel을 오픈하고 현재는 전 세계적으로 92개국 3,400여 개의 호텔에 160,000명의 종업원을 소유한 호텔그룹으로 성장한 회사이다. 지난 40여 년 동안 꾸준히 인수합병 등을 통해 다수의 호텔 브랜드를 갖고 있는데 가격대별로 보면 5등급으로 구분할 수 있다. 특히 Economy와 Budget 등급으로 구분되는 중저가 수준의 호텔브랜드에 경쟁력을 갖고 있는 것이 특징이다. 다음은 가격대별 Accor그룹의 호텔브랜드이다.

① Luxury – Sofitel
② Upscale – Pullman
③ Midscale – Novotel, Mercure, Adagio
④ Economy – ibis hotel, ibis styles hotel
⑤ Budget – ibis budget hotel, Motel 6

보다 세분화된 가격대별로 호텔브랜드의 라인업을 갖추고 있으며 중저가 등급에서도 Economy와 Budget으로 구분하여 3개의 ibis(www.ibis.com) hotel 브랜드를 갖고 있다. 세분화된 브랜드를 갖고 세분화된 관광객 시장에 타겟팅하여 호소할 수 있는 경쟁력을 갖춘 것이다.

다른 예로 일본의 캡슐호텔에서 착안하여 영국의 사업가 Simon Woodroffe는 2007년에 영국의 Gatwick과 Heathrow 공항에 yotel을 만들었고 2년 후에는 네덜란드 암스테르담의 Schiphol 공항과 2011년에는 미국 뉴욕의 맨해튼에 699개의 객실을 갖춘 미래형 첨단 비즈니스호텔을 오픈하였다. 공항은 24시간 환승객과 관광객의 이동이 많고 남는 시간 동안 휴식을 취하고자 하는 사람들의 수요는 있지만 기존호텔의 정해진 체크인과 체크아웃 시간은 장애가 된다. 이에 이용하고자 하는 시간에 따라 요금을 내는 Yotel의 전략은 이러한 수요를 충족시키기에 충분했다. 뉴욕에 오픈한 Yotel은 같은 시스템을 적용하였고 로봇 및 컴퓨터 시스템을 통해 인건비를 줄였다. 체크인, 체크아웃 및 식사까지 모두 24시간 카드열쇠 하나로 해결할 수 있게 만들고 객실 디자인의 경우 비행기 내부설계를 적용하여 공간이용의 효율성을 극대화하였다.

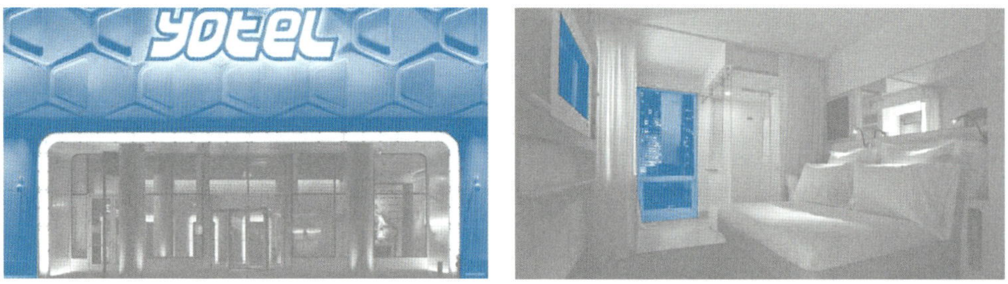

Yotel

주요 토론주제

비용우위 전략의 핵심은 원가효율성을 추구하면서 동시에 서비스 수준을 유지하거나 또는 핵심 서비스에 집중함으로써 오히려 향상시키는 데 있다. 이러한 사례를 찾아보고 원가효율성과 서비스 품질 경쟁력을 동시에 어떻게 가질 수 있는지 토의해보자.

제2절 차별화전략

1) 지역

제주도(www.jeju.go.kr)는 대한민국의 대표적인 휴양관광지로서 지리적 위치가 한국, 중국, 일본의 가운데에 위치해 있다. 제주도를 중심으로 비행시간 2시간 이내의 인구 백만 명 이상의 도시는 60여 개가 되며 인구 천만 명과 5백만 명 이상의 도시는 각각 다음과 같다.

① 1천만 명 이상 도시: 서울, 북경, 동경, 상해, 천진
② 5백만 명 이상 도시: 오사카, 타이페이, 대련, 심양, 항주, 소주, 연대, 청도, 남통, 영파, 온주, 남경, 제남

전 세계 섬 중에 비행시간 2시간 이내에 이렇게 많은 도시인구가 밀집해 있는 곳은 제주도를 제외하고 거의 없다고 볼 수 있기 때문에 접근성 측면에서 제주도의 지리적 위치는 매우 유리하다. 이에 제주도는 2001년 제정된 제주국제자유도시 기본계획 및 2006년 제주특별자치도 설치 및 국제자유도시 조성을 위한 특별법에 따라 전국에서 최초로 국제자유도시와 특별자치도로 지정되었다.

관광의 패러다임은 단순하게 보는 유람관광(Sightseeing)에서 체험 및 테마관광(Experiential & Thematic tourism)으로, 나아가 서비스투어리즘(Service tourism)으로 변화되고 있다. 서비스투어리즘이란 관광이 교육, 의료, 휴양, 쇼핑, 레저 등의 서비스부문과 1, 2차 산업과도 융복합화되어 시너지효과가 극대화되는 관광활동을 말한다. 서비스투어리즘이 활성화되면 지역의 차별화 우위는 다른 경쟁지역에 비해 훨씬 강화된다. 이런 측면에서 제주도는 일본의 오키나와, 중국의 해남도, 인도네시아의 발리, 미국의 하와이와 비교할 때 차별적 경쟁력을 가질 수 있다.

2002년부터 추진된 제주국제자유도시(freecity.jeju.go.kr) 핵심사업의 현황(2019년 기준)을 살펴보면 다음과 같다. 첨단과학(제주첨단과학단지), 교육(영어교육도시), 관광(신화역사공원, 제주항공우주박물관), 의료(헬스케어타운), 주택(공공임대주택), 면세점(제주국제공항 면세점, 제주항 1면세점, 제주항 2면세점), 미래사업(제주첨단과학기술단지 2단지, 업사이클링 클러스터, 스마트시티 실증단지, 전기자동차 시범단지, 첨단 농식품 단지, 드론사업, 국제화사업) 등을 추진하

고 있으며, 이러한 모든 사업은 국토교통부 산하 특수법인인 제주국제자유도시개발센터(JDC)가 주도하고 있다.

영어교육도시의 경우 2011년 영국의 사립학교인 NLCS, 공립학교인 한국국제학교(KIS), 2012년 캐나다 사립학교인 브랭섬홀 아시아(BHA), 2017년 미국 사립학교인 St. Johnsbury Academy가 오픈하였다. 이러한 국제학교 유치에 따른 해외 유학수요 대체효과는 4,619억 원(2011년~2018년 누적 기준)인 것으로 평가된다. 첨단과학기술단지는 2010년부터 국내 인터넷 포털사이트 기업인 카카오(kakao)를 비롯해 약 126개 기업(직원 2,230여 명)이 입주했다. 이러한 사업성과에 힘입어 2010년부터 제주도 인구가 증가했으며 중국인 관광객 증가에 따라 외국인 관광객도 2016년 약 360만 명, 내국인을 포함하여 총 1,585만 명을 기록했다.

그러나 제주도가 서비스투어리즘을 극대화하는 국제적인 휴양관광도시가 되기 위해서 남은 과제도 많다. 이는 크게 하드웨어적인 인프라 측면과 소프트웨어적 측면으로 구분할 수 있다. 인프라 측면에서 24시간 운영되는 수용력이 확충된 첨단 국제공항과 관광, 오락, 외식, 쇼핑을 함께 할 수 있는 쇼핑몰 및 아울렛 등의 복합쇼핑시설, 외국인 개별관광객들의 편의성 향상을 위한 인프라 확충, 야간관광을 할 수 있는 관광매력물 등이 필요하다.

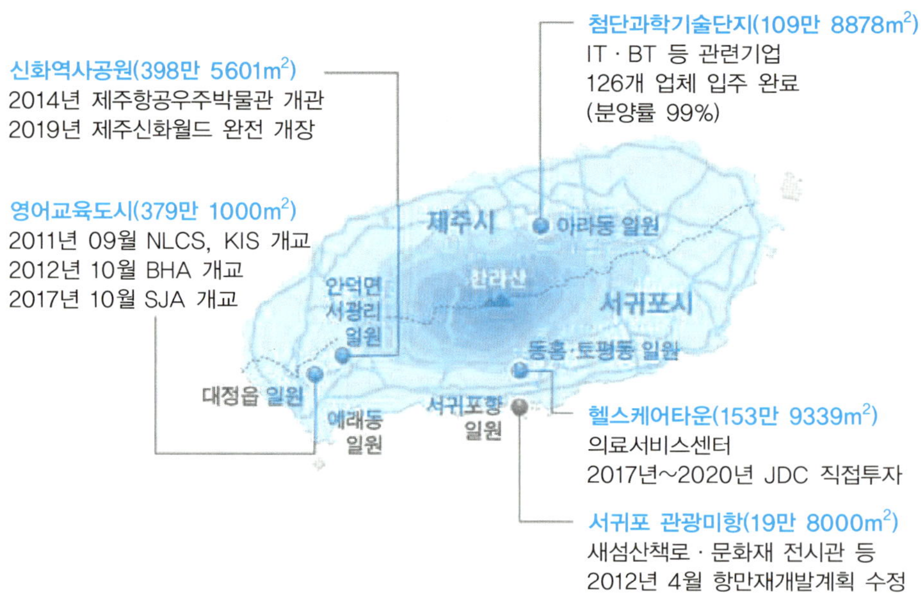

제주국제자유도시 프로젝트 현황(2019년)

소프트웨어적 측면에서는 관광의 선순환적 경제적, 사회문화적 파급효과를 높이기 위한 제도개선, 제주도 특유의 정체성을 살린 문화관광콘텐츠 개발, 지역주민의 국제화 마인드 제고 및 가장 근본적으로는 청정환경 유지를 위한 지속가능성 강화 등이 필요하다.

2) 관광지

'문화예술 자연생태 청정정원'을 표방하는 강원도 춘천시 남이섬은 한국을 방문하는 외국인 관광객들에게 꼭 방문해야 할 관광지로 소문이 나 있다. 2012년 10월 기준으로 총 220여만 방문객 중 외국인 관광객은 50여만 명에 이른다. 국가별로는 태국이 16만 4000여 명으로 가장 많고 대만 10만 4000명, 중국 8만 2000명, 말레이시아 4만 4000명, 인도네시아 3만 1000명, 홍콩 1만 8000명, 싱가포르 1만 2000명, 일본 1만 명 순이다. 남이섬을 찾은 외국인 관광객은 2008년 17만 189명, 2009년 24만 234명, 2010년 33만 2244명, 2011년 41만 9452명, 2012년 64만 명으로 매년 증가해 왔다. 2017년에는 총 280여만 명의 방문객 중 외국인 관광객이 104여만 명에 이르고 있다. 서울시내에 있는 관광지도 이러한 상승세의 기록을 세우기 어려운데 남이섬의 비결은 무엇일까? 그 이유는 남이섬만이 갖고 있는 독특한 차별성에 있다.

첫째, 남이섬은 1966년부터 그랜드 하얏트호텔 회장을 역임한 수재 민병도 선생이 개인적으로 300여 종의 육림사업을 해서 40여 년이 지난 지금 울창한 자연환경이 조성되었다. 메타세콰이어 나무 등 국내에는 없는 수종 등으로 이국적 분위기가 나고 2002년 인기드라마 겨울연가의 촬영장소로 많은 사람들에게 깊은 인상을 남기게 되었다.

둘째, 2000년 이후 CEO를 맡고 있는 강우현 회장의 독특한 문화관광콘텐츠로 1년 사계절 볼거리, 즐길거리, 놀거리를 제공하고 있기 때문이다. 가족관광객, 연인, 친구, 단체, 장년층, 노년층 모든 계층에게 어필할 수 있는 전시, 공연 등이 열리는 것이 강점이다. 남이섬 안에 있는 유니세프와 같은 국제구호기구 홍보관의 경우 유명인사들이 친선대사로 활동하면서 많은 방문객을 유도하는 효과도 있고 외국작가들의 전시관은 해당국가 동호인단체 및 관광객을 유도하는 효과가 있다. 셋째, 단순한 관광지 이미지를 벗어나고자 하는 독특한 아이디어 마케팅 차별성이다. 2006년부터 남이섬은 한 국가로 독립을 선포하여 상상나라 나미나라공화국임을 선포하였다. 이에 관광지 입구는 다른 관광지와 달리 매표소가 아니라 나미나라공화국 출입국관리사무소이며 입국비자(입장권)를 받아 배를 타고 들어가게 된다. 섬 안에서만 통용되는 화폐, 문자 및 독특한 상품들이 있다.

나아가 다양한 외국인 관광객층을 위한 맞춤형 서비스도 주목할 만하다. 매일 오전 서울 종로구 인사동에서 출발하는 외국인 전용 셔틀버스를 운영하고 외국어 구사가 가능한 전담 안내원도 배치하고 있다. 해외 관광객의 유치 다변화를 목적으로 2016년부터 동남아 관광객을 위한 외국어 서비스를 도입하였으며, 영어, 일어, 중국어로 한정된 홍보 카탈로그, 프로그램 안내책자 등에 태국어, 말레이-인도네시아어, 베트남어를 추가하였다. 특히 가장 많은 비중을 차지하는 태국인 관광객을 위해 남이섬에 태국어 안내 직원을 두고 태국어 안내 방송을 하고 있다. 또한, 남이섬 식당가인 밥플렉스 건물에는 무슬림 관광객을 위해 130여 명이 동시에 기도할 수 있는 무슬림 기도실을 만들고 다양한 아시아 지역의 음식을 서비스하는 레스토랑을 오픈하였다. 2007년부터는 남이섬에 단풍나무 1만5000천그루를 추가로 심었다. 4계절의 변화가 없어 단풍을 볼 수 없는 동남아시아 국가들의 관광객을 끌어들이기 위한 전략이다.

이렇게 외국인 관광객을 위한 세심한 배려와 정성이 외국인이 꾸준히 남이섬을 방문하는 요인이 되고 있다.

나미나라공화국 입구와 섬 안의 은행나무 터널

3) 호텔

세계에서 가장 사진이 많이 찍힌 호텔이 있다. 바로 아랍에미레이트의 두바이에 있는 버즈 알 아랍(Burj Al Arab) 호텔인데 오늘날 두바이의 상징물로 통하고 있는 호텔이다. 이 호텔은 두바이가 세계적인 관광도시로 포지셔닝하기 위해 전략적으로 지원하여 만들어졌으며 1997년에 설립된 쥬메이라 호텔 및 리조트그룹(Jumeirah Hotels & Resorts)이 소유하고 있는 여러 호텔 중 가장 최상급의 차별화된 호텔이다. 버즈 알 아랍이란 아랍어로 '아랍의 탑'이란 뜻이다. 총 28층에 202개의 스위트 룸으로 구성되어 있고 모든 객실에서 아라비아의 바다를 볼 수 있게 디자인되어 있다. 객실타입은 7가지로 가장 싼 디럭스 스위트(51평)는 1박에 150만 원이며 가장 비싼 로열 스위트(235평)는 1,000여만 원에 이른다. 호텔 옥상에는 테니스장이 있는데 세계에서 가장 높은 곳에 있는 테니스장으로도 알려져 있다. 호텔을 이용하는 투숙객뿐만 아니라 스릴과 이색적 경험을 즐기려는 전 세계 부호들을 겨냥해 만들었고 사진에 보듯이 그물이나 보호벽이 없어 아웃되는 볼은 바다로 떨어지게 되어 있다.

호텔 옥상 테니스장과 호텔 전경

헨나호텔(144개 객실)은 일본 큐슈 나가사키에 있는 테마파크 하우스텐보스에 있는 호텔로 2015년 세계 최초로 모든 서비스를 로봇이 제공하는 로봇호텔로 국제적인 관심을 받고 있다. 호텔이 영업을 시작한 2015년 로봇 수는 6개종 82대에서 2년 후 2017년 25종 214대로 증가한 반면 종업원 수는 2015년 30명에서 2017년 6명으로 감소함으로써 전통적으로 노동집약적인 호텔경영에서 벗어나 자본집약적인 호텔경영의 패러다임을 선보인 것으로 볼 수 있다. 로봇이 해결하지 못하는 부분(고객 중 환자 발생 시 대응 등)에 대해서만 현재 종업원이 담당하고 있는데 4차 산업혁명시대에 이러한 현상은 호텔 및 여타 서비스업계의 고용 창출 측면에서 큰 과제가 되고 있다.

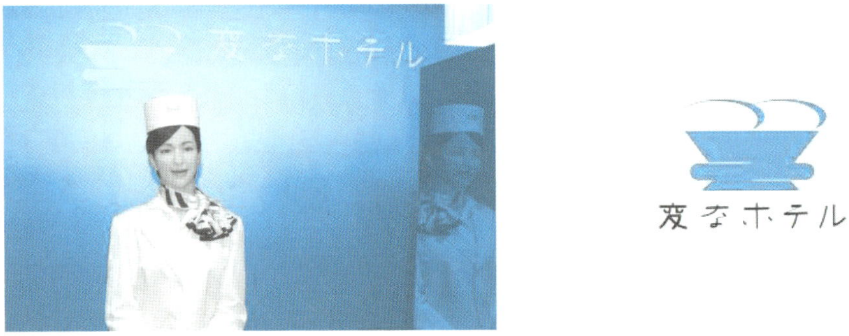

헨나호텔 호텔로비 로봇

리츠칼튼호텔은 1898년 미국에서 설립된 호텔로서 2018년 기준으로 전 세계 30개국에서 97개의 호텔을 운영하고 있으며 종업원 수는 약 40,000명이다. 이 호텔의 차별화전략은 미스틱 시스템이라는 고객관리시스템을 이용하여 맞춤형 서비스를 제공하고 있는 것인데 예로써 고객이 선호하는 방의 특징이나 음식, 특이사항 등을 모두 데이터로 관리하여 전 세계 리츠칼튼 체인과 공유한다. 따라서 고객이 다른 국가, 지역의 리츠칼튼 어떤 호텔을 가더라도 고객의 선호도에 맞춘 서비스를 제공하는 것이다. 최근에는 페이스북과 블로그 등에 고객이 남긴 정보와 보유하고 있던 데이터를 함께 분석하여 고객의 취향과 특성을 보다 세밀하게 파악하고 있다.

마카오 리츠칼튼호텔 전경

4) 여행사

my real trip은 한국의 스타트업 기업으로 2012년에 서비스를 시작하였고 2018년 기준 전 세계 700개 도시에서 19,850개의 투어 수와 735,150개의 투어리뷰 수를 나타냈다. 자유 여행자들을 대상으로 방문하려는 현지에서 활동하는 가이드들을 서로 연결시켜주는 서비스를 제공한다. 즉 이 회사가 제공하는 여행 상품은 철저히 개인 맞춤형 상품이며 현지 가이드와 직접 일정 조율 및 소통할 수 있는 1:1 메시지 전송 서비스를 제공함으로써 언제 어디서든 본인이 원하는 일정으로 조절이 가능하다는 특징이 있다.

my real trip 스마트폰 앱

주요 토론주제

관광서비스분야에서 어떤 차별화전략이 있을 수 있는지 사례를 더 찾아보고 이를 유지하는 데 어떤 점이 필요한지 그리고 어떤 점이 가장 큰 애로사항인지 토론해보자.

제3절 전략적 제휴

전략적 제휴의 유형에는 계약형 제휴와 지분형 제휴가 있다. 계약형 제휴는 공동마케팅, 공동 컨소시엄, 공동 연구개발, 기술제휴 등과 같은 기능별 수준에서 지분참여 없이 기업 간의 계약과 거래에 의해 이루어지는 것이 일반적이다. 그러나 이러한 제휴관계가 전략적 중요성이 높아지고 보다 큰 경제적 성과와 시너지를 창출할 필요성이 있다면 합작투자(Joint venture)의 형태로 높은 수준의 제휴관계를 맺을 수 있다.

1) 항공사 및 택시회사

항공사 간 제휴는 공동운항을 통한 점유율 확대 및 비용절감 등의 혜택 때문에 이루어지고 있는데 항공사의 전략적 제휴는 항공사 사이뿐만 아니라 다른 업종과도 광범위하게 이루어지고 있다. 2012년 8월 아시아나항공은 일본의 택시회사와 전략적 업무협약을 체결하였다. MK택시회사는 도쿄, 오사카 등 일본 핵심 8개 도시에 지사를 둔 택시와 리무진 서비스 회사로 미국의 타임지에 세계 최고의 서비스기업으로 소개된 적이 있는 회사이다. 협약 내용은 항공사 회원은 하네다, 나리타 공항과 동경 시내 간 이동 시 MK택시를 이용하면 미터 요금 대비 최대 40% 할인과 결제금액 1000원당 5마일 적립 혜택을 받게 된다.

일본 MK택시와 아시아나 항공

2) 여행사 및 병원

여행사는 주요한 관광매체 기능을 하기 때문에 다른 업종과 전략적 제휴를 통한 시너지 효과를 기대할 수 있다. 서비스투어리즘 측면에서 의료관광은 고부가가치 상품이며 관광서비스를 제공하는 여행사와 의료서비스를 제공하는 병원 사이에는 의료관광을 위한 사업 파트너가 서로 필요하다. 여행사 모두투어는 의료관광을 위해 2012년 7월 제주도에 있는 한라병원(www.hallahosp.co.kr)과 양해각서를 체결하였다. 한라병원은 의료관광목적의 'WE(Water and Energy)'호텔을 설립해 관광과 치료를 함께 한다는 컨셉으로 사업을 진행하며, 업무협약을 통해 모두투어는 WE호텔과 연계한 의료관광상품을 개발한다는 것이다. 의료관광상품은 아토피 치료나 다이어트 상품, 그리고 건강식 위주의 식단과 제주의 자연경관을 연계한 힐링상품 등으로 구성된다.

의료관광

3) 리조트 및 호텔

국내 한화리조트와 보광리조트는 2011년 12월 업계 최초로 회원 전면 교류라는 비교적 높은 단계의 제휴를 하였다. 양쪽 회원들이 상호 구분 없이 두 곳의 리조트를 자유롭게 쓸 수 있게 한 것이다. 제휴를 통해 5만 명에 달하는 전국 한화리조트 회원들은 강원도 보광 휘닉스파크의 스키장, 블루캐니언, 퍼블릭 골프장 등 부대시설을 회원 자격으로 이용할 수 있게 한 것이다. 아울러 1만 명이 넘는 휘닉스파크 회원들 역시 전국 12개 한화리조트 업장에서 회원 자격을 확보할 수 있게 하였다. 두 회사는 회원 교류뿐 아니라 고객만족과 프로모션, 홍보, 이벤트 등 공동마케팅활동도 전개한다고 발표하였다.

이와 같이 전략적 제휴는 같은 업종 내에서는 서로 보완관계에 있을 때 쉽게 성사될 수 있다. 한화리조트의 회원들은 전국 12개 체인망을 갖고도 스키장이 없어 불만이 있었고 보광리조트 회원들은 평창과 제주 두 곳에만 리조트가 있었기 때문에 다양한 장소의 리조트 이용에 제약이 있었다.

보광 휘닉스파크 리조트와 한화리조트

전략적 제휴에 대한 맥킨지 연구에 의하면 49개의 전략적 제휴 중 51%는 제휴당사자 모두에게 성공적이었고 33%는 두 기업 모두에게 실패였다. 전략적 제휴가 실패하는 여러 요인 중 문화적 갈등이 있는데 이에 해당하는 사례는 인터컨티넨탈호텔과 SAS호텔의 경우를 들 수 있다. SAS호텔은 최고 경영진의 수가 적고 실무종사원들의 수가 많은 분권화된 조직형태이다. 따라서 의사결정 권한이 단위 부서 지배인에게 많이 집중되어 있었다. 반면에 인터컨티넨탈호텔은 피라미드형 조직으로 중간관리 계층 이상에 의사결정 권한이 많았다. 조직문화가 다른 양쪽 회사는 의견 차이에 따른 갈등이 심화되었고 전략적 제휴는 결국 실패하게 되었다.

인터컨티넨탈호텔과 SAS호텔

아코르호텔그룹은 1967년 프랑스에서 노보텔 오픈을 시작으로 현재는 95개국에 4200개 호텔을 운영하는 국제적인 기업으로 성장하였다. ibis, Motel6, Novotel, Mercure, Fairmont, Pullman, Sofitel 등 저가부터 최고급 호텔까지 다양한 브랜드를 갖고 있다. 1987년부터 국내 앰배서더호텔그룹과 합작형태의 제휴(아코르앰배서더코리아)를 맺어 운영하고 있다. 2019년 기준 국내에 24개의 앰배서더그룹의 호텔이 있고 2021년까지 프리미엄급인 페어몬트호텔을 서울 여의도 등지에 9개 더 지을 계획이다. 30년 제휴가 가능한 주요 요인으로 두 회사 간 비전 및 가치 공유의 적합성과 상호 보완성을 들 수 있다. 아울러 객실 내 인공지능 서비스를 통해 현지의 여행, 맛집 및 교통정보를 알 수 있도록 하고 고객에게 경험을 파는 호텔을 지향하고 있다.

노보텔 앰배서더 서울 강남

4) 면세점

신라면세점은 호텔신라의 사업부로서 2015년 미주 중심의 중견 면세기업인 디패스의 지분 44%를 인수하여 지분참여를 통한 전략적 제휴를 체결하였다. 또한 2017년에는 인터넷전문은행인 카카오뱅크와 결제 서비스관련 제휴를 체결하여 다양한 서비스를 제공하기 시작했다.

신라면세점과 카카오뱅크의 제휴 서비스

5) 온라인 여행사

Booking.com은 네덜란드의 스타트업 기업으로 1996년 서비스를 시작했으며 현재는 Priceline Group의 자회사로서 2017년 기준 70개국 198개 사무소에 17,000여 명의 직원을 두고 있다. 전 세계 40개 이상의 언어로 155만 개의 숙소와 15만 개 이상의 관광지를 소개하고 있다. 사업모델은 플랫폼 비즈니스로서 회사 홈페이지를 통해 손쉽게 서비스 제휴를 맺을 수 있도록 제휴 협력업체 프로그램을 운영하고 있고 2018년 기준 12,500개 이상의 제휴 파트너로 구성된 대규모 네트워크를 보유하고 있다. 제휴 중인 국내 기업은 신한카드, LG유플러스, 진에어, 티켓몬스터 등이 있다.

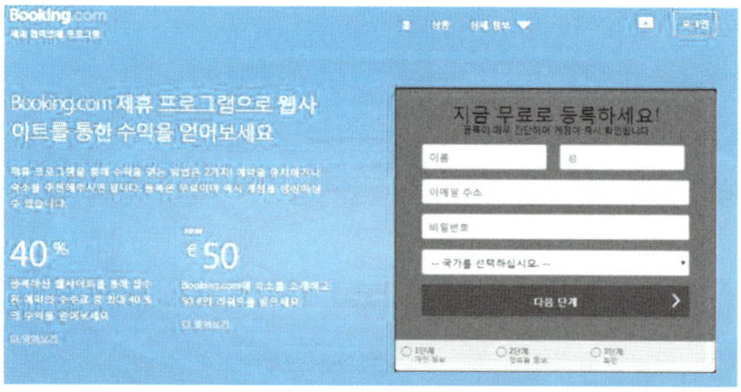

Booking.com 제휴 협력업체 프로그램

주요 토론주제

성공적인 전략적 제휴의 요건으로 양립성(compatibility), 능력(capability), 헌신성(commitment)을 들 수 있다. 관광분야의 계약형 제휴와 지분형 제휴의 사례를 더 찾아보고 각각의 사례에 대해 위 세 가지 기준을 적용하여 제휴 시너지가 극대화될 수 있는 방안에 대해 토의해보자.

제4절 인수합병 및 다각화

인수합병의 '인수'란 한 기업이 다른 기업의 주식이나 자산을 취득하면서 경영권을 획득하는 것이며, '합병'이란 두 개 이상의 기업들이 법률적으로나 사실적으로 하나의 기업으로 합쳐지는 것을 말한다. 인수합병은 기업의 외적성장을 위한 대표적인 방법 중의 하나라고 할 수 있다. 다각화란 기업이 서비스(또는 상품)와 시장이 새로운 분야로 진출하여 사업을 확장하는 전략을 말한다.

인수합병은 다각화의 주요한 수단이라 할 수 있다. 인수합병은 수평적 통합과 수직적 통합으로 구분된다. 수평적 통합은 동일 산업에 속하고 같은 생산단계에서 영업하는 기업들간의 통합이다. A여행사가 B여행사를 합병할 경우 수평적 통합이 된다. 수직적 통합은 동일한 산업에 있지만 서로 다른 생산단계에 있는 두 기업이 합병할 때 일어난다. A여행사가 C호텔을 합병하거나 D항공사가 E호텔을 인수하는 경우이다(Tribe, 1997[2]).

다각화는 소유하는 사업의 관련성에 따라 5가지 유형으로 분류할 수 있다.

① 단일사업기업(주력사업 내에서 매출의 95% 이상을 얻는 기업)
② 수직적 통합기업(수직적으로 통합된 사업 내에서 매출의 70% 이상을 얻는 기업)
③ 주력사업 중심기업(주력사업 내에서 70~95%의 매출을 얻는 기업)
④ 관련다각화기업(관련 사업에서 70% 이상의 매출을 얻는 기업)
⑤ 비관련다각화기업(관련 사업에서 70% 미만의 매출을 얻는 기업)

1) 여행사(인수합병)

여행사는 고객과 관광사업체(호텔, 교통, 관광지 등)를 연결하는 매체기능을 한다. 그러나 경쟁 환경이 변화함에 따라 여행사들은 전략적 중요도에 따라 특정한 관광목적지에 관광사업체를 소유함으로써 자사의 경영 통제력을 강화할 수 있다.

2012년 모두투어는 제주도에 위치한 1급 호텔 로베로를 85억 원에 인수했다. 이 호텔은 113개의 객실을 보유하고 있고 공항과 항구 등 기반 시설과 관광지에 인접하여 좋은 입지

2) Tribe, J (1997), Corporate strategy for tourism, London: International Thomson Business Press.

조건을 구비하고 있으며 2011년 기준으로 객실 점유율은 85%이고 연간 매출과 순이익은 각각 36억 원(객실 단가 75,000원)과 8억 원 수준이다. 모두투어가 100%의 지분을 소유하면서 자회사인 모두투어 H&D(지분율 80%)가 위탁 경영하고 있다.

로베로호텔과 모두투어

Expedia.com은 1996년 마이크로소프트사의 사업부로 시작된 미국의 대표적인 온라인 여행사로서 2018년 기준 매출액은 112억 달러, 순이익은 4억 달러를 나타내고 있다. 기업의 주요 성장 전략으로 인수합병을 통한 사업 규모 확대 및 다각화를 취하고 있는데 인수한 기업은 15개에 이르며 예를 들면 Travelocity.com, Trivago.com, Hotels.com, CarRentals.com 등을 포함한다. 33개국 언어별 사이트를 운영하며 전체 매출의 43%는 미국 외 해외에서 이루어지고 있다.

Ctrip.com은 중국의 온라인 여행사로 1999년 설립되었으며 2003년 뉴욕거래소에 상장돼 2017년 6월 기준 시가 약 282억 달러 규모에 달하는 중국 최대의 여행사로 성장하였다. 2억 5,000만 명의 온라인 회원을 확보하고 있으며 모바일 앱의 누적 다운로드 수는 23억 건에 달하고 전 세계 200여 개 국가 100만 여 개의 호텔, 5,000여 개의 도시 항공노선을 취급하고 있다. 공격적인 인수합병을 통해 기업 규모를 확대하고 있으며 2015년 중국 2위 온라인 여행플랫폼 취나와 이룽을 인수하였고 2016년 동방항공에 지분 투자를 통해 항공 사업에도 참여하고 있다. 해외에서는 유럽 최대 여행검색엔진 Skyscanner를 인수하고 미국 여행사의 인수, 인도의 최대 여행사인 Make My Trip의 지분 15%를 매입하는 등 활발한 인수를 통해 해외진출을 꾀하고 있다.

Expedia.com과 Ctrip.com

2) 지역(다각화)

싱가포르는 국제적인 휴양관광, 비즈니스, 쇼핑, MICE(Meeting, Incentive, Convention, Exhibition) 목적지라는 여러 마리의 토끼를 잡기 위하여 2000년 이후 대대적인 투자유치를 통해 두 개의 복합리조트를 2010년 개장하였다. 싱가포르는 전통적으로 매우 보수적인 정책을 유지해 온 국가이다. 그러나 2008년 북경올림픽 이후 해외여행 자유화를 통해 쏟아져 나올 중국인 관광객을 겨냥하여 금지해 오던 카지노에 대한 규제를 풀고 대규모 카지노를 포함한 복합리조트를 오픈한 것이다.

2010년 2월과 4월에 각각 개장한 두 개의 복합리조트 '리조트월드센토사'와 '마리나베이샌즈'는 현재 싱가포르의 관광산업을 견인하고 있다. 두 리조트 개장 전인 2009년 970만 명에 불과하던 싱가포르 관광객 수는 2010년 1,160만 명, 2011년 1,320만 명으로 크게 늘어났으며, 두 개의 복합리조트에 있는 카지노의 매출이 약 60억 불, 수익도 28억 불로 미국 라스베가스 39개 카지노 매출을 훌쩍 뛰어 넘어 싱가포르 경제가 2009년 -2%에서 2010년 14.8%, 2011년 4.9% 성장, 그리고 일자리 3만 300개 창출, 관광객의 소비는 48% 증가하는 등 관광 활성화는 곧바로 싱가포르 경제 활성화로 이어졌다.[3)]

이러한 성공요인으로는 리조트의 다각화, 즉 복합리조트로서의 오픈이 주효했다고 평가할 수 있다. 리조트월드센토사는 카지노, 쇼핑몰, 호텔, 리조트, MICE, 유니버설 스튜디오, 센토사 해변 등 그야말로 가족단위든 어떤 유형의 관광객이 오더라도 한 장소에서 긴 시간 이동이 필요 없이 모든 형태의 관광 및 레저활동을 할 수가 있다. 마리나베이샌즈의 경우는 상대적으로 비즈니스 및 MICE 중심의 호텔이지만 도심지 내에 위치하고 있다는 차이점 말고는 휴양관광을 위한 리조트형 호텔로서 손색이 없다.

---

3) 싱가포르관광공사(STB)에 따르면, 2017년 싱가포르를 방문한 전체 외국인 방문자수는 전년 대비 6.2% 증가한 1,740만 명을 기록했다.

리조트월드센토사와 마리나베이샌즈 호텔

주요 토론주제

수평적 통합, 수직적 통합, 다각화 등 통합의 세 가지 유형별로 관광분야의 기업 사례를 찾아보고 어떤 특징이 있는지 논의해보자.

제5절 해외시장 진출

일반적으로 기업의 해외진출방식은 수출, 계약, 직접투자의 3가지 유형이 있다. 수출에 의한 해외사업의 운영은 단기적이고 위험의 정도가 낮은 가장 단순한 해외시장 진출방식이다. 계약에 의한 진입방식은 주로 외국의 현지기업과의 계약에 의해 해외사업을 운영하는 방식이다. 해외직접투자는 기업 측면에서 가장 통제력이 큰 사업방식으로 자금, 인력, 브랜드 등에 대한 투입을 많이 해야 하며 장기적으로 해외시장 성장에 다른 높은 수익을 기대할 수 있는 만큼 위험도도 높은 진입유형이다. 각 유형별 방식을 정리하면 다음과 같다.

① 수출[4](간접수출, 직접수출 등)

② 계약(라이센스, 프랜차이즈, 기술계약, 서비스계약, 경영관리계약 등)

③ 직접투자(합작투자, 자회사 신설, 외국기업 인수)

1) 항공사

새로운 노선 확대를 통한 해외시장 개척은 항공사에 있어서 중요한 전략 중 하나이다. 대한항공은 다른 항공사와 비교할 때 적극적으로 많은 신규 노선을 개설해왔다. 2017년 4월에는 스페인 바르셀로나 노선, 2018년 9월에는 크로아티아 자그레브 노선을 신규 개설하였으며 2019년 10월 기준으로 해외 44개국 126개 도시에 노선을 보유하고 있다. 신규 노선을 개설하는 데는 많은 리스크가 따르지만 개설 원칙은 미래에 대한 시장성이다. 당장 흑자가 나지 않더라도 이르면 1년, 길게는 3~4년 후 시장성을 보고 접근하는 게 필요하다.

대한항공

4) 서비스기업의 경우 서비스수출이 해당된다. 예를 들면 항공사가 해외 신규노선에 취항하는 경우 이는 서비스수출에 해당한다고 볼 수 있다.

2) 면세점

롯데면세점은 국내 면세점 업계 최초로 2012년 2월 인도네시아 자카르타에 해외 1호점을 오픈했다. 2013년 6월에는 자카르타 시내점을 열었고, 7월에는 미국 괌 공항점을 오픈했다. 이후 일본 간사이 공항점과 도쿄 긴자점, 태국 방콕 시내점, 베트남 다낭 공항점에 면세점을 추가로 열었다. 롯데면세점은 2023년까지 오세아니아 최대 면세사업자로 올라서겠다는 목표를 세우며 2019년 1월 호주 브리즈번, 멜버른, 다윈, 캔버라 공항에 4개의 면세점 및 뉴질랜드 웰링턴 공항 면세점까지 입점하였다. 2019년(7월 기준) 해외매장은 7개국 12개 점포를 운영 중이다.

또한 롯데면세점은 싱가포르 창이공항 입찰 성공, 향후 6년간 약 8000m^2(2500평)의 사업장에서 주류, 담배 품목을 취급한다. 이는 현재 운영 중인 해외 매장 중 가장 큰 규모이며 개점일은 2020년 6월이다. 해외 면세점 확장 등으로 롯데면세점은 2018년 약 7조 5000억 원의 매출을 거두며 2014년 약 4조 원, 2016년 약 6조 원 등 급격히 매출이 커지고 있다. 글로벌 면세점 순위는 매출 기준 2위까지 상승했고 1위 스위스 듀프리와 격차가 매년 좁혀지고 있어 3년 이내 1위 달성이 가능할 것으로 롯데면세점은 기대하고 있다. 창이공항은 이용객은 2017년 기준 약 6157만 명으로 세계 6위 수준으로 롯데면세점은 6년간 약 4조 원의 매출을 벌어들일 것으로 예상했다.

싱가포르 창이국제공항 롯데면세점과 창이국제공항

3) 엔터테인먼트 공연

2000년대 '난타(NANTA)'와 '점프(JUMP)' 등은 국내에서 성공한 대표적인 문화관광상품이다. 이 비언어극(Non-verbal performance)들은 이렇게 국내에서 쌓은 명성을 바탕으로 2011년 해외진출을 시도하였다. 난타 공연을 기획하는 PMC 프로덕션은 태국 방콕 중심가에 800석 규모의 '난타' 전용관을 개관했다. 이 지역은 극장 등 문화 시설이 밀집해 있고 관광객 등 유동인구가 많아 '난타'를 세계시장에 알리는 최고의 적지로 평가되고 있다. PMC는 대표적 관광도시인 중국 상하이(上海)와 미국 등에도 전용관을 설치하기로 하고 후보지를 섭외하고 있다.

1997년 시작 된 난타 공연은 남녀노소 누구나 쉽게 즐길 수 있는 한국 최초의 비언어극 공연으로 2000년에 서울 충정로에 난타 전용관을 개설하였고 2010년 국내공연 10,000회를 돌파하며 퍼포먼스 시장을 이끌어 간 국내 대표적인 엔터테인먼트 공연이다. 해외 첫 무대인 1999년 에든버러 프린지 페스티벌 참가하여 전회 매진 기록을 세우며 최고의 평점을 받았으며, 2003년 아시아 공연물로는 최초로 뉴욕 브로드웨이에서 성공적으로 공연을 시작하며, 2004년 3월에 오프브로드웨이 미네타 레인 극장에 아시아 최초로 전용관을 개관, 브로드웨이의 세계적인 유명작품들과 어깨를 나란히 하며 해외시장진출에 성공하였다. 2019년 8월 기준으로 총 58개국, 318개 도시에서 46,169회 공연을 기록하며, 위대한 두드림을 이어가고 있다.

(주)예감에서 기획한 또 다른 넌버벌퍼포먼스 '점프'는 현재 서울전용극장(488석)에서 상설 공연하고 있으며 70%의 관객이 외국인 관광객이다. 미국 뉴욕에서 두 달간 공연을 하기도 하였다. 연극의 대부분이 의성어, 몸짓, 타악으로 구성되어 있기 때문에 언어장벽을 넘어 쉽게 외국인들이 이해할 수 있다는 점이 비언어극의 장점이다. 아울러 해외 진출 시에는 현지 특성을 고려한 작품 현지화가 필요하다. 예를 들면 두 극에 똑같이 등장하는 결혼식 장면을 한국 전통 혼례 형식이 아닌 태국이나 미국식으로 바꾸는 게 한 방법이 될 수 있다.

난타와 점프

4) 호텔

롯데호텔양곤(미얀마)

호텔롯데는 1973년 설립된 호텔기업으로 1979년 서울에 롯데호텔 개관을 시작으로 2017년 4월 국내 최고층 123층 롯데월드타워 내 시그니엘 호텔 오픈 및 해외에도 지속적인 투자를 통해 호텔을 개관하고 있다. 2018년 기준 해외에도 롯데호텔을 개관하였으며 미국 2개(괌, 뉴욕팰리스), 러시아 4개(모스크바, 상트페테르부르크, 사마라, 블라디보스토크), 일본 2개(아라이리조트, 시티호텔긴시초), 베트남 2개(하노이, 사이공), 미얀마 1개(양곤), 우즈베키스탄 1개(타슈켄트팰리스) 총 12개를 운영하고 있다.

주요 토론주제

관광분야 기업의 해외시장 진출사례를 수출, 계약 및 직접투자의 각 유형별로 찾아보고 사업의 특징에 대해 토의해보자.

제6절 아웃소싱

아웃소싱이란 기업의 경영자원을 외부화하는 것을 말하며 일반적으로 외주, 하청, 업무대행, 분사경영, 컨설팅, 인력파견 등 모두 넓은 의미의 아웃소싱 범위에 포함된다. 미국의 경제학자 Ronald Coase과 Oliver Williamson의 거래비용이론(Transaction cost theory)에서 기업은 시장을 통한 거래비용(아웃소싱비용)과 기업조직에서 발생하는 관리비용을 비교하여 비용이 절감되는 방향으로 경제활동이 이루어진다고 주장하였다. 경영학자 Peter Drucker 교수는 21세기 기업은 핵심역량부분인 마케팅과 연구개발을 제외한 모든 분야에서 아웃소싱이 가능하다고 하였다. 운영 측면에서 노동집약적 특성을 지닌 관광기업의 경우 많은 아웃소싱이 이루어지고 있으며 이에 따른 경영성과와 동시에 문제점도 있는 것이 현실이다.

1) 항공사

국내 항공사의 경우 아웃소싱은 주로 여객 운송 업무에 적용되고 있으며 국내 공항 지상직은 운영과 지원 등의 핵심부서를 제외한 모든 여객 운송업무는 항공사 아웃소싱기업의 종사원에 의해 운영되고 있다(신성원, 2012[5]). K항공사의 여객운송 부문 아웃소싱 현황은 다음과 같다.

K항공사 여객운송 부문 아웃소싱 현황

업무분류	업무내용
입국안내 업무	Stop-over on Company's Account 업무, 마일리지 업무, 안내 업무, 항공기 비정상 운항 시 업무
출입국 업무	입국편 Door Open, Pouch 인수 및 Delivery, 입항보고, 유모차 Gate Delivery, Flight Coupon Bag Gate에서 접수, 도착(티켓 lift, Fare collection) 승객 업무, 출발 항공편 출항보고, 출항편 Pouch Delivery, 탑승구 신원확인, GATE 입국 승객 안내

5) 신성원(2012), 항공사 아웃소싱 기업 종사원의 직무만족과 이직의도에 대한 연구, 호텔관광연구, 46호(14권 3호), pp267-282.

업무분류	업무내용
수속보조 업무	단체 승객 BAG Check-In, 단체 승객 카운터 양식 관리, 단체 카운터 정리정돈, Bag 투입 전 귀중품/위험품 지입금지 안내, KIOSK 이용승객에 대한 위탁 수하물 탁송
특수고객 업무	제한승객(휠체어, 사망자 등) 업무, 한가족 데스크 운영, 한가족 서비스 업무, 외항사 지원서비스 업무, 비동반 소아(UM) 업무, 주니어케어 서비스(UM 승객 지상 Escort 서비스), 전동차 업무, 기타 기내 부상 승객 업무
라운지 서비스 업무	Hall 서비스 업무, Reception Desk 업무, Help Desk 업무, Cocktail Bar 업무, Main Bar 서비스, Suite Room 업무, Business Center 업무, 라운지 비용 및 물품 업무
수하물 보조 업무	수하물 Carousel 업무, 환승 수하물 관련 업무, 미검 수하물 업무, 후착 수하물 택배 및 미인도 수하물 관리
마일리지 업무	카드발급, 정보 수정 업무, 당일/사후 마일리지 입력, 마일리지 사용(Upgrade Auth 발급) 자료검증, 스카이패스 양식 관리

* 출처: 신성원 (2012)

2) 호텔

국내 호텔의 경우 1990년대 중후반부터 아웃소싱이 적극적으로 도입되었다. 일반관리부문(시설 및 경비)은 대부분 아웃소싱이 이루어지고 있으며 객실관리부문에서는 룸메이드, 공공분야 청소, 호텔미관분야 청소, 세탁부, 안전 및 주차요원 등에 적용되고 있다. 식음료 및 조리부문 중 식음료 부문에서는 아르바이트 인력 활용과 조리부문에서는 스튜어드분야의 아웃소싱은 일반화되어 있고 베이커리분야에서는 부분적으로 아웃소싱이 이루어지고 있다(최영준 외, 2005[6]). 다음은 부산지역 특급호텔 6군데의 아웃소싱 현황을 나타내고 있다.

6) 최영준, 오홍철, 김영규 (2005), 호텔 아웃소싱 활성화를 위한 탐색적 연구, 관광레저연구, 32호(17권, 3호), pp7-21.

특급호텔 아웃소싱 현황

호텔명	각 분야별 아웃소싱 도입현황
A	객실(청소요원, 라운드리, 룸메이드, 리넨, 세탁발렛서비스), 식음료, 지원, 시설(영선, 전기, 건축, 금속, 목공, 도장, 조경, 보수 등), 면세점, 조리(스튜어드, 제과제빵, 기타 반 · 완제품 식품류 등), 총무(안전요원, 발레파킹서비스), 연회(아이스 카빙)
B	한식당, 일식당(임대), 룸메이드, 조리(스튜어드, 베이커리, 기타 식품류 등), 경비, 시설, 차량, 전산, 플라워샵
C	조리부문(극히 소수부문), 경비, 청소
D	조리(스튜어드, 베이커리, 기타 식품류 등), 공공장소 청소, 경비, 세탁, 전산, 기타
E	경비, 룸메이드, 청소시설
F	마케팅, 당직, 객실, 조리(스튜어드, 제과제빵, 기타 식품류 등), 지원, 시설, 신규사업, 외식조리부문(부대업장)

* 출처: 최영준 외 (2005)

3) 숙박업

에어비앤비 서비스

airbnb는 2008년 미국 캘리포니아주 샌프란시스코에서 시작된 숙박 공유 서비스로 현재 전 세계 거의 대부분의 국가에서 서비스가 이루어지고 있다. 공간을 빌리는 사람(guest)과 공간을 빌려주는 사람(host)을 연결시켜주는 서비스로 호텔, 모텔과 같은 전통적인 숙박시설의 형태를 벗어나 관광지의 지역주민과 직접 접촉을 할 수 있고 특별한 경험을 할 수 있는 민박의 형태를 진화시킨 것이다. airbnb는 숙박시설을 직접 보유하거나 운영하지 않으면서 호스트에게 숙박시설과 서비스를 아웃소싱하여 운영하게 하는 커뮤니티 플랫폼이라 할 수 있으며 현재는 숙소뿐만 아니라 여행과 레스토랑 예약 서비스도 제공하고 있다.

주요 토론주제

관광분야 기업의 아웃소싱 사례를 찾아보고 어떤 경영성과가 있고 어떤 개선점이 필요한지 논의해보자.

제7절 마케팅전략

관광마케팅은 방문객의 필요를 충족시키기 위해 민간부문과 공공부문에서 수행하는 모든 제반활동을 의미한다고 해도 과언이 아니다. 즉 기업과 지역에서 관광객을 유치하기 위해 온라인과 오프라인을 통해 이루어지는 모든 활동은 마케팅활동이라는 뜻이다. 제3부에서 다루어왔던 비용우위, 차별화, 전략적 제휴, 인수합병 및 다각화, 해외시장 진출 등의 사례에 모두 밀접하게 관련이 되는 것이 마케팅전략이다.

1) 항공사

관광기업의 브랜드, 디자인, 서비스, 명성과 같은 무형자산은 고객들에게 매우 중요한 기업 이미지로서 큰 영향을 미친다. 세계 최고의 서비스와 최신기종으로 유명한 싱가포르 항공사의 이미지는 '싱가포르 걸'(Singapore girl) 또는 '싱가 걸'(Singa girl)이라 불리는 싱가포르 항공의 승무원에 의해 상징적으로 각인되어 왔다. 즉 싱가포르 항공사는 수십 년 동안 지속적인 브랜드 전략을 통해 여성 승무원의 아시아적 환대서비스 이미지를 구축한 것이다. 항공업계의 서비스와 기술은 변화하였지만 이들이 지속적으로 구축해 온 것은 감성 이미지이다(서용구 외, 2009[7]).

여성성은 기본적으로 배려와 사랑이라는 모성애에 기반하고 있고 관광기업의 경우 이를 잘 활용하면 고객들에게 좋은 호응을 얻을 수 있다. 이에 싱가포르항공은 "Singapore girl - you're a great way to fly"라는 광고 캠페인을 30여 년간 지속적으로 하고 있는데 이는 광고 역사상 가장 오래 지속된 것으로 기록되고 있다. 2009년도에 싱가포르 항공은 CNN, BBC 방송 등 TV광고와 지면광고, 인터넷 홈페이지, 판촉물, 이벤트 등을 통해 최첨단 초대형 Airbus380의 취항을 대대적으로 홍보하였다. 당연히 이 속에는 항상 싱가포르 걸이 있다. 최신과 최고의 서비스를 고집해 온 싱가포르 항공의 이미지를 싱가포르 걸을 통해 연출하고 있는 것이다.

---

7) 서용구 · 전영애 (2009), Ultimate hospitality branding-The case of Singapore airlines, Sookmyung Hospitality Business School.

그 결과 싱가포르 걸은 소비자의 마음속에 수준 높은 서비스를 전달하는 브랜드 정체성을 형성하게 되었고 싱가포르 걸을 전면에 내세운 이러한 일관성 있는 마케팅 전략은 싱가포르 항공을 경쟁사로부터 차별화된 브랜드로 인지하게 하는 중요한 역할을 해왔다. 나아가 이러한 브랜드 개성은 고객의 브랜드 자아동일시와 고객만족 및 충성도에 큰 영향을 미치기 때문에 기업 차원에서는 특정 정체성에 기반한 일관적이고도 지속적인 브랜드 마케팅전략이 필요하다(우종필 외, 2009[8]).

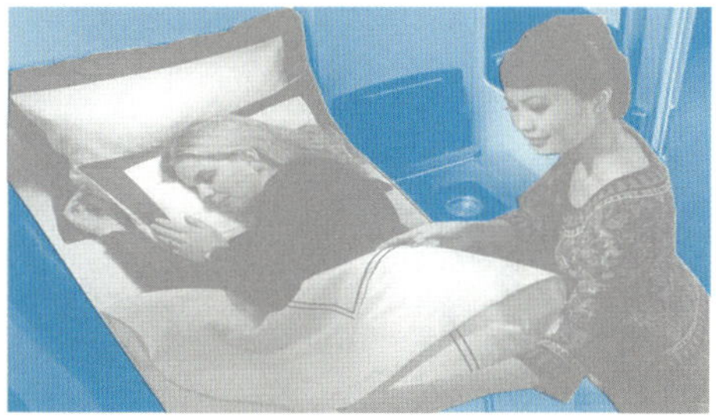

싱가포르 항공기와 항공사의 상징인 싱가포르 걸

또한 싱가포르 항공은 전 세계 항공사 중 유일하게 항공편의 식당점 설계 및 품질 문제를 해결하기 위한 자문단을 두고 있다. 1998년부터는 세계 유명 음식도시에서 온 유명 셰프들을 초청해 '국제조리 고문단'을 구성했다. 이 고문단은 새로 운항하는 노선에 자신의 요리사와 긴밀하게 협력하여 승객들을 위해 정선된 좋은 음식을 개발하였다. 새로운 항공의 "명요리사 유약" 서비스는 더욱 사람의 마음을 잡게 되며, 이 서비스는 모든 싱가포르발 항공편과 싱가포르행 특정 항공편에 적용되며, 비즈니스 클래스 좌석의 경우 퍼스트 클래스와 A380의 승객 모두가 자신이 좋아하는 메뉴를 24시간 일찍 사이트에 예약할 수 있다. 선택은 서양식, 중국식, 일본식, 싱가포르식, 말레이시아식, 태국식 등 다국적 취향을 포함한다. 싱가포르 항공사는 2018년 5월 15일 홍콩에서 열린 제9회 세계 항공사 차트 브리핑 겸 제8회 세계 스튜어디스 데이 시상식에서 세계 10대 안전 항공사 순위 2위에 올랐다.

8) 우종필 · 서용구 · 서용건 (2009), 항공사 브랜드 개성이 고객의 브랜드 자아동일시와 고객만족 및 충성도에 미치는 영향, 관광연구, 23권(4호), pp419-438.

2) 호텔

관광은 서비스 상품으로서 오프라인과 온라인상의 구전효과가 매우 중요하다. 서비스를 경험한 고객들의 평가로부터 만들어지는 구전 마케팅은 신뢰도가 높은 만큼 효과도 크다고 할 수 있다.[9] 2009년 2월 문을 연 독일의 별 2개짜리 '프리체오텔'(Prizeotel)은 각종 호텔 리뷰 사이트에서 1위를 기록하고 있는 호텔인데 하룻밤 숙박료는 불과 59유로(9만원) 수준이다. 가격은 다른 2성급 호텔처럼 저렴한데 분위기는 웬만한 4성급 호텔보다 더 세련되었기 때문이다. 이 때문에 투숙객의 추천도는 평균 97%에 달하고, 재방문율 또한 높아 유럽에서도 손꼽히는 디자인 호텔로 명성을 날리고 있다.

이 호텔은 '뛰어난 디자인'과 '저렴한 가격'이라는 모순된 두 요소를 어떻게 모두 충족시킬 수 있었을까? 해법은 바로 불필요한 서비스를 과감히 없애는 데 있었다. 그 대신 절감한 비용을 고객들이 기대하지 못했던 디자인 강화에 쏟아 부어 고객들에게 신선한 기쁨을 준 것이다. 프리체오텔의 디자인을 담당한 사람은 유명 디자이너인 카림 라시드(Karim Rashid)이며 2010년 이 호텔은 건축과 실내디자인 부문에서 세계적 디자인상을 수상하기도 하였다.

제거한 서비스는 객실 유선전화, 미니바, 유료 TV 채널, 옷장 등이다. 객실 유선전화는 누구나 휴대전화를 갖고 다니기 때문이고 2성급 호텔은 주머니 사정이 가벼운 단기 투숙객들이 주로 이용하기 때문에 미니바나 유료 TV 채널에 대한 이용률이 낮기 때문이다. 대신 무료 와이파이 서비스를 제공해 급증하는 스마트폰 사용자들의 환심을 샀다. 옷장의 경우는 저렴한 호텔 이용객들은 대개 짐이 적으니 이도 필요 없었다. 대신 짐을 놓을 수 있는 의자와 옷걸이로 대체해 공간 효율성을 극대화했다. 이 같이 군살을 뺀 프리체호텔은 대신 디자인에 주력했다. 전등에 내장된 아이팟 플레이어, 객실에 어울리는 디자인 액자와 평면 TV, 주문제작된 컬러풀한 조명장식 등은 하룻밤 59유로라는 여느 2성급 호텔에선 기대하기 힘든 세련된 분위기를 연출했다(조선일보, 2012-1-15, 기사 재구성).

이제 스마트기기 활용이 갈수록 확대되자 호텔들은 '테크놀로지 카드'를 꺼내들며 손님

---

9) 여행정보와 의견을 제시하고 공유하는 트립어드바이저(www.tripadvisor.co.kr)와 같은 호텔과 여행리뷰 사이트를 예로 들 수 있다. 물론 불특정 다수가 의견을 올리는 인터넷의 특성상 평가가 주관성은 높고 객관성은 낮은 단점이 있다.

의 눈높이를 맞추며 체험을 늘리고 있다. Prizeotel Hotel는 세계 11대 하이테크 호텔 중 하나가 되었다. 각 방에는 블루투스로 음악을 듣고 휴대폰을 충전하거나 전화를 걸거나 평판 TV에 연결할 수 있는 하이테크 뮤직 램프가 있다. 동시에, 비즈니스 여행자는 호텔 공공 서비스 구역의 Work&Surf 스테이션 및 디지털 레퍼런스 아키텍처로부터 많은 하이테크의 편리한 서비스를 누릴 수 있다.

Prizeotel 입구와 내부

다음은 CEO가 블로그를 통해 회사를 마케팅하는 사례이다. 빌 메리어트는 메리어트 호텔의 CEO로서 창업주인 부친으로부터 경영권을 승계 받아 40여 년간 메리어트 호텔을 경영해 오고 있다. 이 호텔그룹은 현재 18개의 호텔 브랜드를 가진 글로벌 기업으로 성장했다. 1932년생인 빌 메리어트는 2007년 75세의 나이에 홍보담당 임원의 권유에 따라 블로그(blogs.marriott.com)를 시작하였다. 그의 블로그를 방문한 사람 수는 꾸준히 늘어 2009년 한 해 동안 21만 명의 방문자 수를 기록했는데 방문자의 22%는 메리어트 직원이고 78%는 고객이다. 이러한 효과는 한 해 동안 블로그 방문자들이 200만 달러 이상 매출에 기여하고 364명의 신규고객이 블로그를 계기로 호텔의 VIP 고객멤버로 가입한 것으로 나타났다. 그는 블로그를 통해 회사의 소식과 경영 계획을 자신의 목소리로 알릴뿐 아니라 개인적인 관심분야에 대한 글을 고객과 직원에게 그 어떤 미디어보다 더 친밀하게 전달한다. 블로그를 통해 돌아오는 고객의 실시간 피드백은 현장 경영에 큰 도움을 준다. 온라인 채널을 통해 고객, 직원과 맞닿아 실시간으로 소통함으로써 큰 효과를 본 것이다 (매일경제, 2010-9-17, 기사 재구성).

빌 메리어트의 블로그

3) 관광지

매슬로우의 욕구 5단계 중 '안전에 대한 욕구'는 '생리적 욕구' 다음으로 인간의 가장 기본적인 욕구에 해당한다. '소속감' 및 '자존'에 대한 욕구는 차후의 문제이다. 이와 같은 고객의 안전에 대한 욕구를 어떻게 마케팅전략에 활용할 것인가?

제주도 서귀포시에 위치한 (주)대국해저관광의 서귀포잠수함(회장 김용이, www.submarine.co.kr)은 지난 1988년 세계에서 세 번째, 아시아에선 처음으로 해저잠수함 관광을 시작했다. 김용이회장은 잠수함관광이 오랜 기간 무사고 운항을 하고 있음에도 불구하고 고객들이 해저로 들어가는 잠수함관광에 대해 일정부분 불안을 갖고 있는 점에 주목했다. 이에 회사는 '무사고 안전운항'이라는 무형의 가치를 외부에 알리고 브랜드화하기 위해 세계 기네스북 인증 등록을 시도하였다.

이러한 노력 끝에 회사는 마침내 한국기록원으로부터 '관광잠수함 무사고 안전운항 2만시간' 인증서를 받은 데 이어 영국 런던의 세계기네스 기록본부로부터 공식인증을 받게 되었다. 기네스 인증서는 두 잠수함 함장(김원장, 김광현)이 1988년 12월 22일부터 2007년 10월 17일까지 18년 9개월 26일 동안 조종했음을 증명한다. 이들이 조종한 관광잠수함은 1988년에 처음 도입한 46인승 마리아호와 2003년부터 대체한 67인승 지아호가 있다. 현재도 무사고 세계기록을 경신하고 있다.

서귀포잠수함과 무사고 안전운항 기네스북 등재

테마파크 디즈니랜드와 에버랜드는 유형적인 면에서 모두 성공한 테마파크이다. 그러나 무형적인 측면에서 큰 차이가 난다. 디즈니랜드하면 미키마우스가 떠오르지만 에버랜드하면 딱히 떠오르는 심벌이 없다. 미키마우스 관련 상품은 디즈니랜드 현장뿐만 아니라 세계 곳곳 디즈니랜드숍에서도 많이 팔린다. 그만큼 디즈니랜드는 미키마우스라는 이미지 때문에 큰 경제적 효과를 얻고 있는 셈이다.

제주도 제주시 만장굴 입구에 있는 김녕미로공원(www.jejumaze.com)은 국내 최초의 미로공원으로 제주대학교 관광경영학과 교수를 역임한 더스틴(Dustin) 설립자가 1982년부터 구상하고 식재작업을 거쳐 1995년에 개장한 공원이다. 미로공원 전체가 제주도 형상을 본떠서 디자인되었고 2000년대 들어 방문객 수는 비약적으로 증가하였다. 그러나 최근 들어 공원 주위에 사는 야생 고양이들이 큰 골칫거리였다. 야생 고양이들은 번식력도 높은데다 미로공원 입구부터 쓰레기통 주위를 어지럽히고 지저분한 모습으로 방문객들로 하여금 혐오감을 느끼게 하였다. 또한 길과 주차장에서 차에 치여 죽기도 하여 사람들에게 부정적인 장소 이미지를 심어줄 수 있었다.

이러한 문제를 해결하기 위해 공원측에서는 야생고양이를 근절하는 대신 길들이는 방법을 선택하기로 하였다. 직원들은 매일같이 야생 고양이들에게 영양가 있는 사료를 끊임없이 제공하고, 고양이들이 편히 쉴 수 있는 집과 놀이터를 만들어 주었다. 야생 고양이들은 조금씩 공원 직원들에게 경계심을 풀었고, 공원 사무실에서 새끼를 낳는 일까지 생기게 되었다. 이렇게 1년여의 세월이 흐른 결과, 미로공원 안에 서식하는 고양이들의 개체 수는 30여 마리에 이르렀고, 이들은 건강하고 깨끗한 모습으로 공원에서 평화롭게 지내게 되었다. 고양이들은 마치 강아지처럼 공원 직원들을 따랐고 낯선 관광객들의 손길도 마다하지 않게 되었다. 이렇게 고양이들이 경계심 없이 낯선 관광객들에게 다가가는 모습은 관광객들의 호기심을 자극하게 되었고 공원측은 관광객들에게 친근하게 다가서는 고양이를 심벌화하여 마케팅에 활용하기로 하였다. 블로그와 SNS 등에서 고양이를 좋아하는 사람들이 김녕미로공원에 대해 입소문을 내기 시작하였고 공원은 〈고양이 천국, 김녕미로공원〉이라는 긍정적 이미지를 얻는 효과가 생기게 된 것이다. 장기적으로 고양이와 연계된 미로공원은 디즈니랜드의 미키마우스처럼 보이지 않는 큰 무형의 자산을 쌓게 된 것이다.

고양이 이미지와 연계한 김녕미로공원

4) 지역

(1) 의료관광

서비스 투어리즘의 한 유형인 의료관광은 21세기 고부가가치산업으로 인식되고 있다. 의료관광객의 절대적인 수는 외래관광객 전체에서 차지하는 부분이 많지 않지만 체류기간이 길고 비용이 크기 때문에 1인당 소비지출액은 일반관광객에 비해 수배에 달한다. 의료관광 마케팅전략은 초기부터 공공부문과 민간부문의 협력이 매우 중요하다. 의료관광의 경쟁력은 높은 수준의 의료서비스, 저렴한 병원비, 사후관리 및 서비스 등이 매우 중요하며 이를 뒷받침하는 제도적 틀이 갖추어져야 하기 때문이다.

태국정부는 1997년 금융위기 이후 경제정책의 중심을 관광에 기반한 서비스산업에 두고 집중육성하고 있다. 2017년 약 330만 명의 외국인 환자가 태국 병원을 찾았으며 이는 태국을 방문하는 총 관광객 3540만 명 중 약 10%에 해당한다. 국가적 차원에서 1997년 의료시장을 개방하여 외국인들이 국내병원 지분의 49%까지 보유할 수 있다. 대표적인 범룽랏 병원 등 13개 병원이 태국 주식시장에 상장되어 있고 민간병원에 대한 영리활동 및 가격에 대한 규제가 없다. 민간 대형병원은 외국인 전문 경영인이 경영과 의료를 분리하여 시장원리에 따라 우수한 의료진과 시설을 확보하고 수준 높은 서비스를 제공하고 있는데 범룽랏병원의 경우 영어, 한국어 등 14개국 언어로 의료서비스를 제공하고 있다(한국의료관광협회, 2012[10]).

태국 및 싱가포르 등 의료관광이 활성화된 국가의 주요 마케팅 활동의 특성은 다음과 같다. 첫째, 의료관광의 핵심은 고객의 현지 병원에 대한 신뢰도이다. 따라서 많은 민영병원들이 유럽과 미국에 있는 최고수준의 의과대학 및 보건연구소와 협력관계 및 제휴를 맺고 있고 글로벌 의료서비스 표준을 나타내는 국제의료기관평가위원회의 JCI(Joint Commission International) 인증을 통해 의료서비스에 대한 신뢰도를 확보하고 있다.

둘째, 의료관광 마케팅은 주로 전문 에이전시를 통해 이루어지고 있다. 어떤 에이전시는 태국관광청과 공동으로 의료기관, 항공사, 호텔, 리조트, 스파, 레스토랑까지 의료관광과 관련된 모든 서비스에 대해 통합적인 마케팅 활동을 하고 있다. 의료관광의 경우 서비스 표준화와 동시에 고객 맞춤형 서비스 수준을 높이는 것이 중요한 만큼 고객의 일정과 서비스 수준에 따른 패키지 상품 개발이 중요하다.

셋째, 태국 사립병원들은 5성급 호텔 수준의 쾌적한 환경과 전문 통역 서비스를 제공하면서 국제수준에 부합하는 양질의 의료 서비스를 저렴한 가격으로 제공하여 비용 측면에서도 경쟁력을 보유하고 있다. 의료서비스 비용이 매우 높은 미국 등지에 비해서는 태국 최고급 병원인 범룽랏 병원에서의 치료를 기준으로 하더라도 50~70% 가량 저렴한 수준이다.

한국의 경우에도 해외환자 유치는 2005년에 760여 명에 불과하였으나 2018년에는 379,000명으로 비약적인 성장을 하였다. 2018년 한국방문 외래관광객 수가 15,300,000명이므로 37만 9천 명은 불과 2.48%에 해당하는 수치이다. 이는 앞으로 의료관광시장의 성장 잠재력이 매우 크다는 것을 나타낸다. 국내의 의료관광은 서비스 전문인력 부족과 영리병원 설립과 관련된 제도 마련 등 해결해야 할 과제도 많은 것이 현실이다.

---

10) 한국의료관광협회(2012), 한국의료관광총람

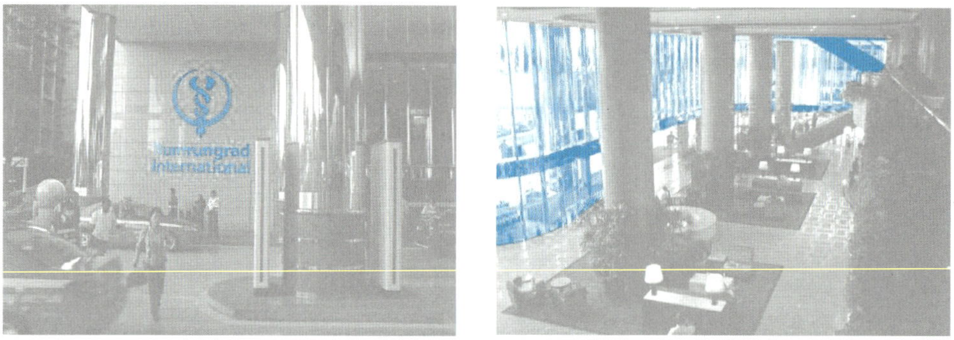

태국의 범룽랏병원

(2) 교육관광

앞서 차별화전략에서 제주도의 국제영어교육도시 프로젝트가 국제학교를 유치하여 유학수요 대체효과가 크다고 하였다. 국제적 수준의 학교를 유치하여 나타나는 지역 파급효과는 경제적 측면뿐만 아니라 사회문화적, 지역이미지 등 총체적 차원에서 지역에 매우 큰 긍정적 효과를 가져온다. 일본 큐슈의 오이타(大分)현은 2000년 온천도시 벳푸시에 아시아태평양대학교(Asia Pacific University)를 유치하였다. 총사업비 297억 엔 가운데 오이타현이 150억 엔, 벳푸시가 42억 엔을 지원했다. 벳푸시는 시 부지 42만m^2를 대학 용지로 제공하기도 했다. 대학을 유치해 침체해 가는 지역 경제를 살리려는 오이타현, 벳푸시와 글로벌 시대에 맞춰 새로운 국제화 대학을 만들려던 교토(京都)의 리쓰메이칸(立命館)대학이 협력을 통해 국제대학을 오픈한 것이다. 2019년 5월 기준 이 대학의 학부 · 대학원생 5,695명 가운데 152개국 출신 외국인 학생이 2,802명으로 약 49.1%를 차지하며 교수의 44%가 25개국에서 왔고 수업은 전부 영어로 이루어지는 아시아 최대 규모의 국제대학교이다.

2010년 학교 설립 10년 후 현청이 제시한 대학유치 파급효과 보고서에 따르면 10년 동안 연간 211억 엔의 경제 효과와 1358명의 고용 효과가 생긴 것으로 나타났다. 벳푸시는 APU 유치 효과로 '경제 발전, 젊어진 지역, 국제문화 도시화' 등 세 가지를 꼽았다. 첫째, 외국인 학생들의 부모 방문 등으로 외국인 관광객이 2000년 12만여 명에서 2008년에는 25만여 명으로 늘었고,[11] 국제적인 지명도까지 매우 높아진 것으로 나타났다. 보고서에 따르면 학생 · 교직원 · 대학 · 방문객 등이 벳푸시에서 연간 지출하는 돈은 121억 엔에 이른다. 일부 외국 유학생은 현지 중소기업에서 아르바이트 등을 하면서 무역에 도움도 준다.

둘째, 벳푸시의 하마다 시장은 "벳푸시 인구는 1980년 13만 6000여 명에서 2000년에는 12만 7000명으로 줄었는데, APU 개교 후 젊은 층이 늘어나 인구 감소가 억제되고 지역 활기가 되살아났다"라고 밝혔다. 2005년 벳푸시의 20~24세 인구 비율(7.1%)은 전국 평균(5.8%)을 훨씬 웃돌았다. 2018년 벳푸시의 20~29세 인구 비율(10.9%)은 전국 평균(9.9%)을 웃돌았다. 고레나가 슌(是永駿) APU 총장도 "APU의 학생과 교직원·가족 인구 7000여 명이란 숫자는 변함이 없어 벳푸시의 고령화를 막는 효과가 매우 크다"라고 밝혔다.

셋째, 외국인 학생 증가로 전통적인 온천 도시가 국제문화 도시로 바뀌고 있다는 점이다. 인구 1만 명당 외국 유학생 수의 전국 평균은 10.4명이지만 오이타현은 34.6명으로 도쿄(34.1명)를 제치고 전국 47개 광역자치단체 가운데 가장 많았고 벳푸시는 266.1명이나 됐다(2009년). 이들은 벳푸시에 새로운 바람을 가져왔다. 고레나가 총장은 "많은 우리 대학 외국 학생이 초·중·고에서 영어를 가르치고 있으며 일부 유학생은 각종 행사를 열어 자기 국가의 문화를 소개하는 등 주민들과 국적을 뛰어넘는 교류를 하고 있다"라고 밝혔다. 벳푸시는 국제교류 담당과를 두고 외국학생과 교수들을 위해 일본 문화 교실 운영, 자녀 교육 지원, 아르바이트 및 생활 상담, 시 운영 주택 지원 등 각종 지원책을 시행하고 있고 대학 측은 시민들을 위해 국제문화 교류 등 다양한 주제의 공개강좌를 80회 이상 열어 지역과의 벽을 허물고 있다.

결론적으로 서비스 투어리즘의 한 유형인 교육관광 마케팅전략의 핵심은 국제적으로 경쟁력 있는 학교를 유치하는 것으로부터 시작된다고 볼 수 있다. 이는 지역에 있는 학교도 글로벌 경쟁력을 갖추면 서비스 투어리즘 효과를 누릴 수 있다는 것을 뜻한다. 저출산 고령화시대에 진입한 사회일수록 지역 활성화를 위해 교육관광은 매우 중요한 발전전략이 될 수 있다.

---

11) 2019년에는 총 59만 명이 벳푸시를 찾았다.

일본 벳푸시 Asia Pacific University

주요 토론주제

지역과 관광분야 기업의 마케팅 사례를 온라인과 오프라인상에서 어떻게 이루어지고 있는지 찾아보고 어떤 사항이 성공요인인지 논의해보자.

부록

1. 재무제표 분석
2. 재무 및 비재무 자료원

1. 재무제표 분석

1) 의의

(1) 정의

재무비율(Financial ratio)은 재무제표에서 논리적이고 연관관계와 경영적 시사점이 분명한 특정한 두 항목을 서로 대비하여 이해하기 쉬운 지표로 나타낸 것이다.

(2) 유용성

① 저렴하고 손쉽게 구할 수 있다.

② 계산이 용이하다.

③ 적은 수의 재무비율로도 기업경영의 주요 내용을 평가할 수 있다.

④ 기업의 수익성, 안정성, 성장성, 효율성 등에 관한 다양한 정보를 제공함으로써 여러 형태의 의사결정에 도움이 된다.

(3) 유의점

① 재무제표가 신빙성이 있고 비교 가능한 자료이어야 한다.

② 자료의 특성을 고려하여 수정 또는 조정이 필요하다. 예를 들어 관광기업인 경우 계절성이 있기 때문에 이를 고려한 회계자료를 이용해야 한다.

③ 재무비율분석의 결과에 대한 해석은 질적 자료 또는 다른 분석 결과를 함께 활용해야 한다. 즉 재무비율은 기업의 재무적 강점과 약점을 나타내는 부분적인 정보이기 때문에 이에 대한 원인분석이 있어야만 그 의미가 커진다.

④ 재무비율의 정보는 기업의 이해관계자(경영자, 종업원, 투자자, 거래처, 금융기관 등)별로 상대적일 수 있기 때문에 해석에 유의할 필요가 있다.

⑤ 재무제표는 과거 일정기간의 재무 건전도에 대한 평가이므로 경과자체를 미래예측에 활용하는 데는 한계가 있다.

2) 분류

재무비율은 「대차대조표」와 「손익계산서」를 중심으로 재무제표의 두 항목에서 구하는 것으로서 50여 개 정도가 되며 여러 가지 기준에 따라 분류가 가능한데 여기서는 기업의 가치평가(수익과 위험의 상관관계)적 측면에서 「기업 수익력 평가비율」, 「기업위험 평가비율」 그리고 「기타 평가비율」의 세 가지 비율군으로 구분하기도 한다.

재무비율의 분류		정보내용	주요 재무비율
기업 수익력 평가비율	수익성 비율	투하자본에 대한 경영성과, 이익 창출 능력	총자산 이익률, 자기자본 순 이익률, 매출액 이익률
	활동성 비율	특정자산의 이용 효율성, 현금화 속도, 자산투자의 적절성	총자산 회전율, 자기자본 회전율, 경영자산 회전율
기업위험 평가비율	유동성 비율	단기채무의 상환능력, 자금사정	유동비율, 당좌비율
	레버리지 비율	안정성, 원리금 상환능력, 채권보전의 안전도	부채비율, 비유동 비율
기타 평가비율	성장성 비율	기업외형 · 수익력의 향상정도	매출액 증가율, 총자산 증가율, 순이익 증가율
	생산성 비율	노동 · 자본 등 생산요소가 달성하는 경영능률, 성과배분의 합리성	자본집약도, 부가가치율, 종업원 1인당 매출액 증가율
	보통주 평가비율	수익가치나 자산가치가 증권시장에서 평가되고 있는 상대적 수준	주가수익비율(PER), 주당순자산비율(PBR)

* 출처: 장영광 (2012)[1)]

3) 사례

다음은 J리조트 그룹(종업원 수 250명)의 대차대조표와 손익계산서이다. 이러한 특정기업의 재무비율은 산업평균비율과 같은 표준비율과 상호 비교하여 경영상황을 평가할 수 있고 과거 수년간의 추세를 분석함으로써 경영내용이 개선되고 있는지 또는 악화되고 있는지를 평가할 수 있다.

1) 장영광 (2012). 경영분석, 무역경영사.

- J기업의 재무비율 VS 산업평균비율
- 과거 5년간 재무비율 변화 분석
- J기업의 재무비율 VS 경쟁사의 재무비율

→ 비교 평가

비율계산을 통해 재무제표를 분석하기 전에 우선 대차대조표와 손익계산서를 구성하는 요소별 구성비율을 살펴볼 필요가 있다. 전체적인 모습을 보아야 회사의 전반적인 재무구조를 이해할 수 있기 때문이다. 대차대조표에서는 총자산과 총자본(부채와 자본통계)을 각각 100%로 하여 각 세부항목별 구성비를 계산할 수 있다. 손익계산서에서는 매출액을 100%로 하며 각 세부항목별로 구성비를 산출할 수 있다.

- 대차대조표는 일정시점의 회사의 재무상태를 나타낸 것으로서 차변(자산항목)과 대변(부채와 자본 항목)으로 구성되어 있다. 차변항목은 자금을 어디에 써서 얼마나 남아 있는지를 나타내는 것이며 대변항목은 자금을 어디에서 조달했는지를 나타내는 것이다.
- 손익계산서는 일정기간 동안 회사에서 발생한 모든 수익과 비용을 한 표에 나타낸 것이다. 기업의 경영성과와 수익성을 알 수 있는 정보를 제공하는 중요한 회계자료라 할 수 있다.

대차대조표

(단위: 만 원)

구분	****년(전기)	****년(당기)
자 산		
I. 유동자산	1,235,259	1,252,809
(1) 당좌자산	1,218,712	1,204,157
(2) 재고자산	16,547	48,652
II. 고정자산	1,542,022	2,005,800
(1) 투자자산	242,876	348,273
(2) 유형자산	1,293,230	1,648,536
(3) 무형자산	5,916	8,991
자산총계	2,777,281	3,258,609
부 채		
I. 유동부채	334,038	797,250
II. 고정부채	1,733,918	1,403,954
부채총계	2,067,956	2,201,204
자 본		
I. 자본금	28,660	29,177
II. 자본잉여금	186,176	313,203
III. 이익잉여금	494,489	715,025
자본총계	709,325	1,057,405
부채와 자본총계	2,777,281	3,258,609

손익계산서

(단위: 만 원)

구분	****년(전기)	****년(당기)
1. 매출액	1,322,540	2,676,025
2. 매출원가	933,938	2,026,412
3. 매출총이익	388,602	649,613
4. 판매비와 관리비	109,700	187,534
5. 영업이익	278,902	462,079
6. 영업외 수익	86,299	119,875
7. 영업외 비용	91,263	214,012
8. 경상이익	273,938	367,942
9. 특별이익	23	35
10. 특별손실	1,438	16,309
11. 법인세 비용 차감전 순이익	272,523	351,668
12. 법인세 비용	91,680	155,653
13. 당기순이익	180,843	196,015

대차대조표 구성비율(당기)

(단위: 만원)

계정과목	금액	구성비	계정과목	금액	구성비
자산			부채		
Ⅰ. 유동자산	1,252,809	38.5%	Ⅰ. 유동부채	797,250	24.5%
(1) 당좌자산	1,204,157	36.9%	Ⅱ. 고정부채	1,403,954	43.1%
(2) 재고자산	48,652	1.5%			
			부채총계	2,201,204	67.6%
Ⅱ. 고정자산	2,005,800	61.5%	자본		
(1) 투자자산	348,273	10.7%	Ⅰ. 자본금	29,177	0.9%
(2) 유형자산	1,648,536	50,6%	Ⅱ. 자본잉여금	313,203	9.6%
(3) 무형자산	8,991	0.3%	Ⅲ. 이익잉여금	715,025	21.9%
			자본총계	1,057,405	32.4%
총자산	3,258,609	100.0%	총자본	3,258,609	100.0%

손익계산서 구성비율(당기)

(단위: 만원)

구분	금액	구성비	비고
매출액 (−)매출원가	2,676,025 2,026,412	100.0% 75.7%	
매출총이익 (−)판매비와 관리비	649,613 187,534	24.3% 7.0%	$\frac{\text{매출총이익}}{\text{매출액}}$ =매출액총이익률
영업이익 (+)영업외 수익 (−)영업외 비용	462,079 119,875 214,012	17.3% 4.5% 7.9%	$\frac{\text{영업이익}}{\text{매출액}}$ =매출액영업이익률
경상이익 (+)특별이익 (−)특별손실	367,942 35 16,309	13.7% 0.0013% 0.6%	
법인세 비용 차감전 순이익 (−)법인세	351,668 155,653	13.1% 5.8%	$\frac{\text{세전이익}}{\text{매출액}}$ =매출액경상이익률
당기순이익	196,015	7.3%	$\frac{\text{당기순이익}}{\text{매출액}}$ =매출액순이익률

대차대조표의 구성비율을 보면 자산 중 38.5%가 유동자산이고 이 중에서 당좌자산이 차지하는 비중이 36.9%를 차지하고 있다. 고정자산은 61.5%이며 이 중 유형자산은 50.6%를 차지하고 있다. 이러한 구성비율을 볼 때 이 회사는 비영업활동 차원에서 보유하고 있는 자산비중이 크다는 것을 알 수 있다. 자금조달측면에서 부채는 67.6%, 자본은 32.4%로서 타인자본 의존도가 높은 것을 알 수 있다.

손익계산서의 구성비율을 보면 매출액을 100%로 보았을 때 매출원가가 75.7%, 판매비와 관리비가 7%, 영업외 비용이 7.9% 그리고 법인세가 5.8%를 차지하고 있다. 따라서 100원짜리 객실을 판매하면 원가가 75.7원, 판매 및 관리 활동에 7원을 사용하여 영업이익이 17.3원이 되었다는 것과 같다. 아울러 금융비용 등과 같은 영업외 비용으로 7.9원을 사용하였고 이자 등과 같은 영업외 수익(4.5월)을 더하면 재무활동의 결과 경상이익은 13.7원으로 나타났다. 세전이익은 13.1원이며 법인세 5.8원을 차감하면 순이익은 7.3원으로 나타났다(홍성수 · 김성민, 2007).[2]

(1) 수익성 비율

수익성이란 회사가 벌어들이는 수익능력을 측정하는 지표로서 일반적으로 높을수록 양호한 수준을 나타낸다.

① **총자산 이익률**(ROA: Return on Assets)

여러 가지 회계이익을 총자산으로 나눈 비율로서 주로 경영자의 입장에서 기업에 조달된 총자산(총자본)에 대한 투자 효율성을 평가하는 지표이다.

㉠ 총자산 영업이익률 = $\frac{\text{영업이익}}{\text{총자산}}$

기업이 운용하고 있는 총자산에 대하여 핵심적인 영업활동(생산, 판매, 관리 등)으로부터 이익을 낼 수 있는 능력 측정

㉡ 총자산 순이익률 = $\frac{\text{순이익}}{\text{총자산}}$

기업의 「영업외 활동」인 「재무활동」의 성과까지 고려한 비율

② **자기자본 순이익률**(ROE: Return on Equity)

주주지분인 자기자본에 대한 투자효율성을 나타내는 비율로서 주주입장의 수익성을 평가하는 지표이다.

$$\text{자기자본 순이익률} = \frac{\text{순이익}}{\text{자기자본}}$$

③ **매출액 이익률**(ROS: Return on Sales)

일정기간 동안 발생한 매출액으로부터 여러 가지 비용을 뺀 이익항목들을 대비시켜 구하는 비율로서 매출액으로부터 수익을 얼마나 낼 수 있는지를 평가하는 지표이다.

㉠ 매출액 영업이익률 = $\frac{\text{영업이익}}{\text{매출액}}$

영업활동에서의 이익발생능력인 영업마진으로서 「영업효율성」의 지표이며 매출액 영업이익률은 다음과 같이 「생산효율성」×「관리효율성」으로 구성된다.

2) 홍성수 · 김성민 (2007). 재무제표를 읽으면 기업이 보인다—새로운 제안.

$$\frac{\text{매출총이익}}{\text{매출액}} \times \frac{\text{영업이익}}{\text{매출총이익}}$$

↓ (생산효율성) ↓ (관리효율성)

ⓛ 매출액 순이익률 = $\frac{\text{당기순이익}}{\text{매출액}}$

영업활동 외 이자비용과 같은 「영업 외 비용」, 「특별손익」, 「법인세」 등을 차감한 순이익을 매출액으로 나눈 것으로 재무효율성의 지표

(2) 활동성 비율

활동성이란 기업의 영업활동이 어느 정도 활발하게 이루어지고 있는가를 측정하는 지표로서 일반적으로 「회전율」이라고 한다. 기업의 활동성은 최종적인 경영성과인 매출액과 각 자산 · 부채 · 자본 항목에 대한 회전 배수로 측정된다.

① **총자산 회전율**(Total asset turnover)

매출액을 총자산으로 나누어 구하는 비율로서 기업이 보유하는 전체자산에 대한 투자효율성을 측정하는 비율이다. 총자산 회전율이 높으면 기업전체로 볼 때 자산 1단위를 투자하여 상대적으로 높은 매출을 실현하고 있음을 뜻하므로 기업운영에 투하된 총자산의 이용이 효율적인 것으로 평가된다. 아울러 이 회전율이 높으면 마진은 낮게 된다.

$$\text{총자산 회전율} = \frac{\text{매출액}}{\text{총자산}}$$

② **자기자본 회전율**(Stockholders' equity turnover)

자기자본에 대한 이용의 효율성을 측정하는 지표이다. 이 회전율이 높으면 일단 자기자본 이용의 효율성이 높다고 평가할 수 있지만 지나치게 높을 때는 타인자본에 비해 자기자본이 너무 적지 않은지 검토해 볼 필요가 있다. 따라서 자기자본비율(자기자본/총자본)과 비교하여 분석할 필요가 있다.

$$자기자본\ 회전율 = \frac{매출액}{자기자본}$$

③ **경영자산 회전율**(Operating asset turnover)

매출액을 경영자산으로 나누어 구하여 경영자산이란 영업활동에 직접 투입되어 활용되고 있는 자산을 뜻한다.

$$경영자산 = 총자산 - 건설중인\ 자산 - 투자자산$$

총자산 회전율과 경영자산 회전율이 큰 차이가 없다면 총자산 대부분이 영업활동에 활용되고 있다는 것을 뜻한다.

$$경영자산\ 회전율 = \frac{매출액}{경영자산}$$

(3) 유동성 비율

기업의 단기채무에 대한 변제능력 또는 자금 사정에 대한 정보를 제공해 주는 재무비율이다.

① **유동비율**(Current ratio)

유동부채에 대한 유동자산의 비율로서 단기간 내에 갚아야 하는 부채를 단기간 내에 현금화가 가능한 자산으로 상환할 수 있는지 여부를 측정하는 지표이다.

$$유동비율 = \frac{유동자산}{유동부채} \times 100$$

② **당좌비율**(Quick ratio)

유동부채에 대해 당좌자산이 차지하는 비율로서 단기 채무에 대한 기업의 초 단기적인 지급능력을 파악하는 데 사용된다. 일반적으로 100%를 상회하면 양호하다고 본다.

$$당좌비율 = \frac{당좌자산}{유동부채} \times 100$$

(4) 레버리지 비율

기업경영의 안정성과 장기부채 사용에 따른 원리금 상환능력에 관한 정보를 제공해 주며 안정성 비율이라고도 한다. 레버리지(Leverage)란 자본 조달 시에 부채를 이용하는 것을 말한다.

① **부채비율**(Debt ratio)

부채와 자기자본과의 관계를 나타내는 안정성 지표로서 일반적으로 100% 이하를 표준비율로 보고 있다.

$$부채비율 = \frac{총부채}{자기자본} \times 100$$

② **비유동**(또는 고정) **비율**(Fixed ratio)

회사의 비유동자산을 고정성 자금 중의 하나인 자기자본으로 얼마나 조달하였는지 여부를 측정하는 비율이다. 즉, 운용기간이 장기간에 속하는 비유동자산을 얼마나 자기자본으로 충당하였는가를 나타내는 것으로서 낮을수록 양호하다. 특히 100% 이하를 양호한 것으로 본다.

$$비유동비율 = \frac{고정자산}{자기자본} \times 100$$

(5) 성장성 비율

회사의 규모나 경영성과가 전년에 비해 어느 정도 증가하였는지를 측정하는 지표이다. 이러한 성장성 지표를 분석하게 되면 미래에 회사의 경쟁력이나 수익창출능력의 예측이 가능하게 된다.

① **매출액 증가율**(Growth rate of sales)

회사가 1년 동안 영업활동에 의해 판매한 서비스 또는 상품의 총액이 전년 대비 얼마나 증가했는지를 나타내는 지표이다.

$$매출액\ 증가율 = \frac{당기말\ 매출액 - 전기말\ 매출액}{전기말\ 매출액} \times 100$$

② **총자산 증가율**(Growth rate of total assets)

경영관리활동을 위해 회사가 보유하고 있는 자산의 총액이 전년도에 비해 어느 정도 증가하였는가를 나타내는 지표이다. 기업의 전체적인 성장규모를 측정하는 지표로서 총자산 증가의 원인 분석을 위해서는 어떤 유형의 자산이 증가하였는지 그 요인을 상세히 분석할 필요가 있다.

$$총자산\ 증가율 = \frac{당기말\ 총자산 - 전기말\ 총자산}{전기말\ 총자산} \times 100$$

③ **순이익 증가율**(Growth rate of net income)

기업 활동의 최종성과인 순이익이 전년도에 비해 증가한 정도를 나타내는 지표이다. 영업활동 성과뿐만 아니라 비영업활동 성과까지 포함한 총괄적인 경영성과의 변화율을 나타낸다.

$$순이익\ 증가율 = \frac{당기\ 순이익 - 전기\ 순이익}{전기\ 순이익} \times 100$$

(6) 생산성 비율

기업경영활동에 투입되는 노동, 자본, 경영 등 여러 가지 생산요소가 달성하는 경영능률과 성과배분의 합리성을 평가하는 비율이다. 생산성 지표는 경영합리화의 척도라고 할 수 있으며 생산성 향상으로 얻은 성과에 대한 분배기준이 된다. 생산성을 측정하는 지표는 서비스기업의 경우 노동력과 설비 투자규모와 연관되어 계산된다.

① **자본집약도**(Total assets per capita)

종업원 한 사람이 어느 정도의 자산액을 보유하고 있는가를 나타내는 지표로서 총자산을 종업원 수로 나누어 계산한다. 일반적으로 노동집약적 업종일수록 자본집약도가 낮고 자본집약적 업종의 경우 자본집약도가 높다. 그러나 노동집약적 업종도 설비 자동화에 따라 자본집약도가 점차 높아지는 추세이다.

$$\text{자본집약도} = \frac{\text{총자산}}{\text{종업원 수}}$$

② **부가가치율**(Gross value added to sales)

부가가치액을 매출액으로 나눈 비율로서 「소득률」이라고도 한다. 생산활동을 위해 투입된 노동력, 설비, 자금 등의 생산요소에 대해 벌어들인 소득으로 나누어 주는 개념이다. 부가가치율이 높다는 것은 회사의 최종 서비스(상품)가 최초의 서비스(원료)에 많은 가공작업이 거쳐져서 가치를 높였다는 것을 뜻한다.

부가가치율은 가격과는 상관없이 회사가 창출한 가치의 증가분만으로 계산한다.

부가가치 = 매출액 − 타 기업의 생산가치

→ (재료비+구입부품비+외주가공비+구입용역비 등)

$$\text{부가가치율} = \frac{\text{부가가치}}{\text{매출액}} \times 100$$

③ **종업원 1인당 매출액 증가율**(Growth rate of sales per capita)

매출액을 종업원 수로 나눈 1인당 매출액이 전년에 비해 얼마나 증가하였는가를 나타내는 지표이다.

$$\text{종업원 1인당 매출액} = \frac{\text{매출액}}{\text{종업원 수}}$$

$$\text{종업원 1인당 매출액 증가율} = \frac{\text{당기말 종업원 1인당 매출액} - \text{전기말 종업원 1인당 매출액}}{\text{전기말 종업원 1인당 매출액}} \times 100$$

(7) 보통주 평가비율

보통주 평가비율(Valuation ratio)은 증권시장에서 형성되는 주식가격과 회계수치를 대응시켜 작성한 비율로서 기업의 수익가치나 자산가치에 대한 증권시장에서의 평가수준을 나타내는 비율이다.

① **주가수익비율**(PER: Price-earnings ratio)

주가(주식의 시장가격)를 주당 순이익으로 나눈 값으로 이익승수(Earning multiplier)라고도 한다. 기업이 벌어들이고 있는 1원의 이익에 대해서 증권시장의 투자자들이 얼마의 대가를 지불하고 있는가를 측정한 것이다.

$$\text{주가수익비율} = \frac{\text{주가}}{\text{주당 순이익}}$$

$$\text{주당 순이익} = \frac{\text{당기순이익}}{\text{총 주식수}}$$

(1주가 1년 동안 벌어들인 수익)

따라서 PER가 낮을수록 현재 주가가 저평가되고 있는 만큼 미래에 상승할 수 있는 가능성이 높다고 볼 수 있다.

② **주당 순자산 비율**(PBR: Price on book-value ratio)

주가를 주당 순자산으로 나눈 것으로서 자기자본 평가지수(Equity valuation index)라고도 한다. 주당 순자산은 순자산(자기자본)을 총 주식수로 나눈 값으로 장부가액 기준으로 주주의 입장에서 자산가치를 나타내는 것이다.

$$\text{주당 순자산 비율} = \frac{\text{주가}}{\text{주당 순자산}}$$

$$\text{주당 순자산} = \frac{\text{순자산}}{\text{총 주식수}}$$

(주주지분의 자산가치)

따라서 자산운용이 효율적이며 경영의 종합력이 뛰어날수록 PBR 비율은 높게 나타난다. PBR이 낮을수록 해당 기업의 자산가치가 저평가되고 있다고 볼 수 있다.

4) 연습문제

J 리조트그룹의 대차대조표와 손익계산서에 대해 다음 질문에 답하시오.

① 수익성 지표로서 다음에 대해 평가하시오.

㉠ 총자산 영업이익률 : 10% 이상 양호, 5% 이하 불량

㉡ 총자산 순이익률 : 5% 이상 양호, 2% 이하 불량

㉢ 자기자본 순이익률 : 20% 이상 양호, 10% 이하 불량

㉣ 매출액 순이익률 : 5% 이상 양호, 2% 이하 불량

② 활동성 지표로서 다음에 대해 평가하시오.

㉠ 총자산 회전율 : 1.5회 이상 양호

㉡ 자기자본 회전율 : 3회 이상 양호

③ 유동성 지표로서 다음에 대해 평가하시오.

㉠ 유동비율 : 150% 이상 양호

㉡ 당좌비율 : 100% 이상 양호

④ 레버리지 지표로서 다음에 대해 평가하시오.

㉠ 부채비율 : 100% 이하 양호

㉡ 비유동비율 : 100% 이하 양호

⑤ 성장성 지표로서 다음에 대해 평가하시오.

㉠ 매출액 증가율 : 20% 이상 양호, 10% 이하 불량

㉡ 총자산 증가율 : 20% 이상 양호, 10% 이하 불량

⑥ 생산성 지표로서 다음에 대해 평가하시오.

〈J 리조트 그룹의 총 종업원 수는 250명〉

㉠ 자본집약도 : 1억 5천만원 이상 양호, 8천만원 이하 불량

㉡ 종업원 1인당 매출액 증가율 : 20% 이상 양호, 10% 이하 불량

2. 재무 및 비재무 자료원

1) 재무자료

(1) 인터넷상 정보자료원

WEB 주소(해당기관)	주요 내용 및 특징
http://www.bok.or.kr/(한국은행)	통화, 금융경제통계, 경제통계, 기업경영분석자료
http://www.mosf.go.kr/(기획재정부)	경제관련 정부기관, 금융협회 및 유관기관
http://www.fss.or.kr/(금융감독원)	기업공시사항, 금융감독법규 · 통계
http://dart.fss.or.kr/(전자공시시스템)	상장기업재무제표, 공시사항
http://www.krx.co.kr/(한국거래소)	주식, 채권, KOSPI 선물옵션 관련자료
http://www.kofia.co.kr/(금융투자협회)	한국증권업관련 현황자료, 채권시장자료
http://www.nice.co.kr/(한국신용정보)	상장기업분석
http://www.kica.or.kr/(상장회사협의회)	상장회사관련 자료 · 통계
http://www.kmcc.com/(한국기업평가)	기업어음, 회사채, 신용등급 공시
http://www.kfb.or.kr/(전국은행연합회)	재무정보, 소유구조 · 근로조건 등 비재무정보
http://www.kdb.co.kr/(한국산업은행)	산업분석자료, 재무분석자료
http://cnnfn.cnn.com/(해외)	미국 해외주식시장관련 CNN금융뉴스
http://www.bloomberg.com/(해외)	해외시장관련 불룸버그 뉴스
http://www.samsungfn.co.kr/(증권회사)	증권관련 투자정보
http://www.dscbs.daishin.co.kr/(증권회사)	증권관련 투자정보
http://www.paxnet.co.kr/(투자정보회사)	개인투자자의 장세분석
http://www.edaily.co.kr/(투자정보회사)	국내외 증시속보
http://www.mk.co.kr/(경제신문)	실시간 경제 · 증권뉴스
http://www.hankyung.com/(경제신문)	실시간 경제 · 증권뉴스
http://www.valuetock.co.kr/(투자정보회사)	한국의 증권 및 금융시장에 대한 심층분석, 가치주분석
http://www.jstock.com/(투자정보회사)	비상장주식 증권정보, 코스닥 증권정보, 장외시장 증권정보

WEB 주소(해당기관)	주요 내용 및 특징
http://www.isda.org/(국제파생상품협회)	국제파생상품 및 시장동향, 위험관리
http://www.forextouch.co.kr/(투자정보회사)	외환시장 외환시세정보 제공, 일별 환율정보 제공(자료실)
http://www.finguide.com/(투자정보회사)	기업·산업 경제분석, 기업재무 DB 제공
http://www.seri.org/(경제연구소)	경제동향분석자료, 이슈 연구보고서, 국내외학술지 포털
http://www.lgeri.org/(경제연구소)	경제분석, 연구조사보고서
http://www.hri.org/(경제연구소)	경제분석, 연구조사보고서

(2) 국내외 기업경영분석 통계

자료명	작성기관(홈페이지)	주요 내용
기업경영분석	한국은행(bok.or.kr)	업종별 재무제표 및 경영분석비율, 주요국 경영분석지표, 현금흐름표
재무분석	한국산업은행(kdb.or.kr)	위와 같음
중소기업 실태조사보고	중소기업협동조합중앙회(kfsb.or.kr)	중소기업 경영실패(설비투자, 기술개발, 구매, 판매, 도급거래, 고용) 및 경영분석비율
Quarterly Financial Report	미국상무부(census.gov)	분기별·업종별 재무상태표 및 손익계산서와 경영분석지표
법인기업통계연보	일본대장성(mof.go.jp)	업종별 재무상태표 및 손익계산서
Annual Account of West German Enterprises	독일연방은행(bundesbank.de)	업종별 재무상태표 및 손익계산서

2) 비재무자료

(1) 내부자료

자료의 구분	자료내용
기본자료	• 기업형태 • 기업의 사명과 설립목적 • 회사의 정관 • 회사의 역사 • 조직도 • 이사회의 구성과 배경(교육, 경력) • 관계회사의 내역 • 주주의 분포상태(소유구조) • 공장의 입지 • 취급 제품 및 진출시장 · 지역 • 최근 수년간의 제품별 매출액 성장률 • 최근 수년간의 시장점유율 추세
경영전략 · 장기경영계획 관계자료	• 장기경영계획의 목표와 정책, 주요방침 • 기업환경변화에 대한 분석자료(업종의 전망 등) • 회사 자체에 대한 강 · 약점 분석자료 • 제품별 · 시장별 경쟁력(가격요소, 비가격요소) • 상황변화에 대한 상황적응계획(Contingency plan)
경영전략 · 장기경영계획 관계자료	• 신제품, 신시장 개발계획 및 실적 • 다국적(해외) 경영전략(현지법인, 해외지점현황 및 경영실적자료) • 수직적 계열화(생산통합도)에 관한 자료 • 부문별 경영계획과 목표, 실행 방법 • 제품 및 시장 포트폴리오 재구성 계획 • 특허권, 로열티 • 기업과 관계되는 법규 • 대정부관계
조직 및 인사관계자료	• 조직의 형태 및 특징 • 조직관리계획과 방침 • 직무분석자료(직무의 기능별 · 직종별 분류, 직무평가제도) • 권한과 책임의 분담(권한위양의 정도) • 조직 내 커뮤니케이션의 경로 • 인원현황, 장기인력수급계획(인력 소요의 예측 및 정원관리) • 인력개발, 교육훈련계획 및 실적, 교육 및 기술수준 • 보수관계자료(임금수준, 임금체계, 임금결정 방법, 각종 수당 · 복리후생비, 인센티브 상여금의 내역, 퇴직금제도, 임금격차) • 복리후생시설과 제도 • 인사고과제도(평정 방법, 승진제도 및 현황, 인사규정) • 노사관계(작업조건, 고용의 안정성, 노동조건, 노조운영, 인간관계)

자료의 구분	자료내용
조직 및 인사관계자료	• 내부평가제도(내부평가절차와 지침), 경영성과측정방법, 인센티브제도, 조직단위별 성과측정제도, 목표관리제도, 제안제도, 고정처리제도 등의 하의상달제도) • 이직률과 이직원인
생산 관계자료	• 제품별 생산실적과 계획(계절성 품목일 경우 월별 실적) • 주요 제조공정, 입지조건 • 생산능력(Capacity)과 제조단가 • 조업도(공장가동률) 수준 • 생산부문 종업원의 구성 및 현재의 기술수준, 숙련도 • 비용우위요소(누적 경험, 규모경제) • 비용구조(변동비 대 고정비) • 원자재 구매실태, 하청기업 관리실태(국내수입지붕, 조달가격) • 재고관리실태 • 품질관리실태
연구개발 관계자료	• 장기연구개발계획 및 단기실천계획 • 연구개발비(대 매출액비율), 시설과 투입인력 • 기술관련 정보수집체계 • 신기술개발실적 • 기술도입실적, 외부기관과의 공동연구 · 위탁연구실적 • 연구개발결과의 실용화실적 • 장 · 단기 교육훈련 계획 및 실적(교육내용, 인원, 시간, 비용, 시설) • 전산화계획 및 실적 • 전산화에 따른 업무효율화 효과측정
마케팅 관계자료	• 제품별 · 주요 거래처별 판매실적 및 판매계획 • 판매단가 및 가격정책 • 제품의 종류, 질과 서비스 • 판매경로 및 판매조직 • 광고 및 판매촉진책(인지도, 평판, AS수준) • 지점 및 대리점망 현황 • 해외시장관계 • 판매대금 회수실적(외상판매비중, 결제기간)
재무 관계자료	• 예산편성지침 및 규정 • 자본예산 · 손익계산자료(사업별 · 비용별 우선순위계획) • 자본투자사업에 대한 사전 경제적 타당성 검토자료 • 투자사업별 우선순위 지침 • 이익계획

자료의 구분	자료내용
재무 관계자료	• 증자실적 및 자금계획(부채차입, 주식발생계획) • 영업레버리지 · 재무레버리지 • 거래은행 및 거래실적(연체 유무) • 내부통제제도(부문별 예산절감실적 및 계획) • 예비비집행내역 • 원가계산자료 • 재고자산의 구매 · 사용 및 재고현황 • 신용공여합계, 담보상황 • 외상매출금내역 및 신용정책 • 배당실적 • 시장가치평가자료(주가, 주가수익비율(PER), 거래량 등)

(2) 외부자료

자료구분	내용	제공처 및 자료명
경제동향 자료	• 총량경제지표(경제성장률, GNP, 1인당 국민소득, 물가 등) • 경기변동지표(경기예고지표, 실업 · 재고지수, 생산지수, 건축허가면적 등) • 통화 및 재정금융통제(통화량, 이자율, 물가, 예산 등) • 무역 · 해외경제동향(수출입, 국제수지, 외환보유액, 대 주요국 환율, 주요국 금리 · 상품지수, 원자재가격, 주요국 경제지표 등)	• 기획재정부, 통계청(월간경제동향, 한국통계연감) • 한국은행(조사통계월보, 경제통계월보, 주요 경제지표, 기업경영분석, 국제금융, 환율동향속보 등)
증권시장 자료	• 증권시장통계(주가지수, 거래량, 발행시장 · 유통시장통계) • 투자자료(주가수익비율(PER), 주당순자산비율(PBR), 국공채 · 회사채수익률, 채권등급, 배당수익률 등) • 산업동향정보 • 개별기업 투자정보(상장회사개요, 사업전망, 주가관련지표, 주요재무비율, 공시사항)	• 금융감독원(금융통계월보, 자본시장연보) • 한국거래소(주식, 증권통계연보) • 상장회사협의회(상장, 상장회사총람) • 투자금융협회(증권시장지, 증권) • 한국증권전산(증권전산망 시세정보) • 주요 증권회사, 경제연구소(금리 · 환율전망, 상장기업분석 등)

* 출처: 장영광 (2012). 경영분석, 무역경영사

저자소개

서용건 교수(제주대학교 관광경영학과)는 국제관광 및 민간과 공공부문의 관광경영전략 분야를 연구하고 있으며 문화관광부 산하 한국관광연구원 책임연구원, APEC Tourism Working Group 컨설턴트 및 Brain Korea 제주국제자유도시 연구인력양성사업단 단장, 미국 San Jose State University 객원교수를 역임하였다.

제주특별자치도 관광정책 자문위원 및 중소기업청 시장경영지원센터 자문위원으로 활동하고 있으며 교육사항으로는 한양대학교 경영학사, 미국 캘리포니아주립대학교 관광경영학석사, 미네소타대학교에서 여가 및 관광분야로 박사학위를 취득하였다. Preferences and trip expenditures — a conjoint analysis of visitors to Seoul, Korea, 국가경쟁력 증진을 위한 국민여가생활: 고령화사회와 여가의 중요성 등 현재까지 40여편의 논문과 다수의 보고서 및 『국제관광-경영과 문화』, 『Jeju island-History & Lives, Tourism & Citrus, Plants & Animals』 등의 저서가 있다.

시오노 나나미의 『로마인 이야기』에서 로마인이 주변 민족보다 지성, 체력, 기술력 및 경제력 측면에서 못했지만 1000년 제국건설의 이유를 로마인의 개방성과 합리성에 있다고 했듯이 진정한 관광의 의의는 여행을 통해 배우는 개방성, 포용 그리고 겸허함에 있다고 생각하고 있으며 글을 쓰는 것보다 현장을 체험하고 아는 것을 실천하는 것이 더욱 중요하다는 것을 생활철학으로 삼고 있다.

email : yong@jejunu.ac.kr

天下難事 必作于易
天下大事 必作于細
— 老子

세상의 어려운 일도 반드시 쉬운 일부터 만들어지며
세상의 큰일도 반드시 작은 것부터 만들어진다.
— 노자

저자와의
합의하에
인지첩부
생략

관광경영전략

2020년 3월 5일 초판 1쇄 인쇄
2020년 3월 10일 초판 1쇄 발행

지은이 서용건
펴낸이 진욱상
펴낸곳 (주)백산출판사
교 정 박시내
본문디자인 이문희
표지디자인 오정은

등 록 2017년 5월 29일 제406-2017-000058호
주 소 경기도 파주시 회동길 370(백산빌딩 3층)
전 화 02-914-1621(代)
팩 스 031-955-9911
이메일 edit@ibaeksan.kr
홈페이지 www.ibaeksan.kr

ISBN 979-11-90323-58-1 93980
값 18,000원

• 파본은 구입하신 서점에서 교환해 드립니다.
• 저작권법에 의해 보호를 받는 저작물이므로 무단전재와 복제를 금합니다.
이를 위반시 5년 이하의 징역 또는 5천만원 이하의 벌금에 처하거나 이를 병과할 수 있습니다.